Thomas Maschke

Faszination der Schwarzweiß-Fotografie

Thomas Maschke

Faszination der Schwarzweiß-Fotografie

Technik, Themen und Motive

Augustus Verlag

Dieses Buch wurde von keinem Hersteller in Auftrag gegeben oder gesponsert, auch hat der Autor bei der Anfertigung des Manuskripts keine Anweisungen oder Forderungen von Herstellern erhalten bzw. befolgt.

Die Deutsche Bibliothek - CIP - Einheitsaufnahme

Maschke, Thomas

Faszination der Schwarzweiss-Fotografie / Thomas Maschke. -

3., erg. Aufl. - Augsburg : Augustus-Verl., 1994

(Ein Color-Foto-Buch)

ISBN 3-8043-5046-1

Dieses Buch ist auf umweltfreundlich chlorfrei gebleichtem Papier gedruckt.

Fotografie: Thomas Maschke, Jochen Fiebig,
Harald Grotowsky
Umschlaggestaltung: Wolfgang During, München.
Unter Verwendung von Fotos von Jochen Fiebig
Layout: Rainald Schwarz, München
Satz: Helga Schörnig, München
Gesetzt aus der Gill Sans Light 9/11pt von
Adobe Systems Incorporated

3. ergänzte Auflage
AUGUSTUS VERLAG AUGSBURG 1994

Reproduktion: Fotolito Longo, Bozen
Druck und Bindung: Bosch-Druck, Landshut
ISBN 3-8043-5046-1
Printed in Germany

Inhalt

Pro – und kontra – Schwarzweiß

Mit dem Aufkommen der Farbe hat Schwarzweiß zunächst den Ruch des Billigen, des nicht mehr Zeitgemäßen bekommen. Das galt für die Fotografie, aber auch für andere Medien wie z.B. das Fernsehen. Nur was bunt war, war auch gut. Das hat sich in letzter Zeit wieder geändert. Die Schwarzweißtechnik wird heute als eigenständiges Ausdrucksmittel ganz bewußt eingesetzt. Das kann man im Fotobereich an den Anzeigenkampagnen einiger Firmen beobachten, die ganz bewußt auf die Überzeugungskraft des Bildes in Schwarz und Weiß setzen. Beispiele sind die Firmen Hasselblad und Leica.

Auch in einem Bereich, der sich ganz besonders durch den Einsatz experimenteller Techniken auszeichnet, dem der Musik-Videoclips, ist eine fast schon erschreckend große Zunahme an Schwarzweißaufnahmen festzustellen. Kein Zweifel also, die Schwarzweißtechnik ist wieder »in«.

Von den ganz eigenen Möglichkeiten der Schwarzweißfotografie muß ich Sie wohl nicht groß überzeugen. Denn wenn Sie dies lesen, dann sind Sie bereits – zumindest halbwegs – von den Ausdrucksmöglichkeiten überzeugt, die sich im Spiel zwischen Schwarz und Weiß ergeben.

Und doch möchte ich Sie hier als allererstes dazu anregen, sich einmal alte Fotoalben anzusehen. Da werden Sie feststellen, daß oft noch bis in die 60er Jahre hinein ausschließlich Schwarzweiß vorherrscht. Dann tauchen langsam die ersten, etwas blassen Farbfotos auf, die mit dem chronologischen Ablauf zunehmend bunter werden. Fotos neuesten Datums schließlich sind wunderschön bunt; nicht zwingend, aber auch wunderschön.

Beim Zurückblättern und Vergleichen werden Sie wohl denselben Eindruck gewinnen, den auch ich in solchen Momenten immer wieder habe: Die Farbfotos sind nicht unbedingt schöner oder besser oder aussagekräftiger. Ganz im Gegenteil. Ein Schwarzweißfoto sagt oft mehr über eine Person aus als ein Farbfoto.

Das erklärt sich zunächst aus ganz banalen Sachverhalten, denn durch den Verzicht auf die Farbinformation wird das Porträt abstrahiert, das heißt auf das Wesentliche reduziert. Ob die Farben von Hemd und Hose, von Rock und Bluse zusammengepaßt haben oder nicht, spielt keine Rolle mehr; alles wird in einer Welt von Grautönen wiedergegeben. Und so springen einem die Nebensächlichkeiten nicht so sehr ins Auge; der Betrachter kann sich besser auf die Person konzentrieren. Das einstmals totschicke Blümchenkleid reduziert sich im schwarzweißen Bild auf ein Wechselspiel von Hell und Dunkel. Ein Farbfoto brächte hier zusätzliche, gar nicht benötigte oder gewünschte Informationen ins Bild, die nur von der Hauptsache ablenkten.

Andererseits wird es auch schlechte Schwarzweißfotos geben. Solche, auf denen man nicht genug Informationen wiederfindet. Ist der Himmel damals an der Nordsee nun blau gewesen oder grau? Und es wird auch gute Farbfotos im Familienalbum geben, die beispielsweise das Kleid der Braut, die eben nicht in weiß, sondern in pink erschienen ist, zeigen.

Diese Anmerkungen sollen deshalb nicht dahingehend mißverstanden werden, daß Sie nun wieder unter allen Umständen umschwenken sollen auf Schwarzweiß, um Ihre Familie festzuhalten. Dazu ist Schwarzweiß heute einfach zu teuer. Und Sie werden beim Durchblättern des Fotoalbums sehen, daß es ausgesprochene Schwarzweißmotive gibt. Genauso, wie es Motive gibt, die nach der Farbe geradezu schreien. Egal also, welchen Film Sie gerade in der Kamera haben, es wird immer wieder just das Motiv auftauchen, von dem Sie sagen: »Das ist aber ein tolles Farbmotiv. Und ich Esel habe den Schwarzweißfilm eingelegt.« Oder umgekehrt. Dann für die Familie lieber Farbe, weil: die ist billiger.

Sie sehen, daß dieses Weglassen von (Farb)-Informationen sich positiv auswirken kann, indem der Betrachter zum Wesentlichen gelenkt wird. Es kann sich gleichermaßen – bei ungeeigneten Motiven – dahingehend auswirken, daß wichtige Informationen nicht übermittelt werden können. Beim Durchblättern der alten Aufnahmen können Sie schon einmal ein bißchen über den Unterschied zwischen Schwarzweiß- und Farbfotografie lernen. Sie sehen durch Anschauung ganz unmittelbar, wann Schwarzweiß seine Berechtigung hat – und wann nicht.

Ein monochromes Bild zeigt eine ganz andere Ästhetik als ein Farbbild. Deshalb bedeutet ein schwarzweißes Foto, wenn es gut gesehen und umgesetzt wird, nicht Verzicht auf Information (Farbe), sondern ein Hinführen auf die wesentlichen Bildinhalte.
Aufnahmedaten: Film PAN F, belichtet wie ISO 50/18° und entwickelt in LC29, Verdünnung 1+29. Vergrößert auf Multigrade FB, zwei aufeinanderfolgende Belichtungen mit Filter 1 und 4,5 (jeweils 4 s / Blende 8).

»Teuer«, das Stichwort ist bereits gefallen. Und in der Tat ist es so, daß Schwarzweiß nicht billiger ist als Farbe. Ja, beim Fotohändler kann es sogar sein, daß er für Schwarzweiß mehr verlangt. Das ist keine Schikane, sondern Schwarzweiß kommt so selten vor, daß es quasi in Handarbeit gemacht werden muß. Und das ist nun einmal teurer als maschinelle Arbeit. Für die Farbfilme und Farbbilder gibt es in jedem Labor riesige und schnelle Maschinen. Nicht so für Schwarzweißfilme und -bilder.

Beim eigenen Fotolabor mag es sein, daß es als Schwarzweißlabor etwas weniger kostet als die Farbversion. Aber wenn Sie aus diesem schnöden Grunde Schwarzweiß fotografieren und vergrößern wollen, dann rate ich Ihnen, sich wieder auf die Farbseite zu schlagen und die Farbfilme und -bilder auswärts entwickeln zu lassen. Das ist am allerbilligsten. Ein eigenes Labor braucht man nicht, um Geld zu sparen, sondern um Spaß zu haben und das Beste aus seinen Fotos zu machen. Und dabei möchte ich Ihnen im folgenden ein bißchen zur Hand gehen.

Danksagung
Ganz herzlich möchte ich an dieser Stelle meinem Freund Thomas Heinemann für seine kompetente Hilfe danken.
Seine fundierten Anregungen und Hinweise waren mir an entscheidenden Stellen dieses Manuskriptes eine wertvolle Hilfe.

Weiterhin danke ich der Firma Ilford: namentlich den Herren Fröhlich, Lauer und Lohmann, die mich mit Material und technischen Hinweisen unterstützt haben.

Alle Tests und Erprobungen sowie alle Vergrößerungen, die für dieses Buch nötig waren, sind auf Ilford-Materialien entstanden.

Filme und Formate

Es gab mal eine Zeit, da schien die Schwarzweißfotografie langsam auszusterben. Zumindest konnte man das annehmen, wenn man sich umschaute, was es auf diesem Sektor Neues gab: so gut wie nichts. Während eine Farbfilmgeneration die nächste jagte, tat sich bei Schwarzweißfilmen wenig.

Zwar wurden die vorhandenen Emulsionen immer wieder einmal verbessert, doch das geschah weitgehend im Stillen und im Zuge ganz normaler Produktpflege. Aufsehenerregend neue Filme wurden nicht angeboten. Eine Ausnahme bildete allein der XP2, der als unkonventioneller »Farbfilm« Schwarzweißaufnahmen ermöglichte. Er tat und tut sich allerdings immer noch etwas schwer in der Akzeptanz.

Mittlerweile jedoch sind die Firmen auch im Schwarzweißsektor wieder innovationsfreudiger geworden, und der Fotograf kann unter mehreren Filmen unterschiedlicher Technologie seine Auswahl treffen.

Bestes Beispiel ist die Empfindlichkeitsklasse um ISO 400/27°. Drei ganz verschiedene Filme bietet allein Ilford in diesem Segment an: den konventionellen HP5 Plus, den 400 Delta mit moderner Kristalltechnologie und schließlich noch den XP2, den Schwarzweißfilm mit Farbtechnologie. Welcher Schwarzweißfilm denn nun was kann und welcher wofür am besten geeignet ist, davon soll im folgenden die Rede sein.

Filme für die bildmäßige Schwarzweißfotografie sind panchromatisch sensibilisiert, das heißt, sie sind für alle Farben des Lichts annähernd gleich empfindlich. Moderne Emulsionen wie im Beispiel der FP4 Plus sind so ausgewogen, daß sie auch weiße Wolken von blauem Himmel gut trennen können.

Schwarzweißfilme – Eigenschaften und Einsatzgebiete

Alle Materialien für die bildmäßige Schwarzweißfotografie sind panchromatisch sensibilisiert. Das bedeutet, sie sind für alle Lichtfarben mehr oder weniger gut empfindlich. Das ist so selbstverständlich nicht, denn eine unsensibilisierte Emulsion ist lediglich für energiereiches blaues Licht empfänglich.

Ein Beispiel für eine unsensibilisierte Schicht kennen Sie alle aus dem Fotolabor: Gradationspapiere werden bei gelbgrünem Licht verarbeitet und mit vorgeschaltetem Rotfilter kann auf das Papier scharfgestellt werden, ohne eine Belichtung zu bewirken. Und auch das Gegenbeispiel für eine sensibilisierte Schicht ist hier zu finden: Gradationswandelpapiere enthalten eine Mischung zweier Emulsionen (hart und weich), wobei jede Emulsion für eine andere Lichtfarbe empfindlich ist. Durch Ändern der Lichtfarbe kann so die Gradation festgelegt werden.

Durch die Anlagerung geeigneter Sensibilisatoren an die Silberhalogenide gelingt es, die Emulsion für alle Lichtfarben empfindlich zu machen und einen Schwarzweißfilm zu schaffen, der Farben in etwa so in Grauwerte umsetzt, wie es unserem Augeneindruck entspricht. Dermaßen sensibilisierte Filme werden »panchromatisch« (allfarbenempfindlich) genannt.

Daneben werden vor allem in der Reproduktion noch orthochromatische Filme verwendet. Sie sind für Rot unempfindlich, was den Vorteil hat, daß sie bei Rotlicht belichtet und verarbeitet werden können. Und da bei der Reproduktion – beispielsweise von Schwarzweiß-Halbtonvorlagen – ihre Rotunempfindlichkeit keine Rolle spielt, werden sie hier mit Vorteil

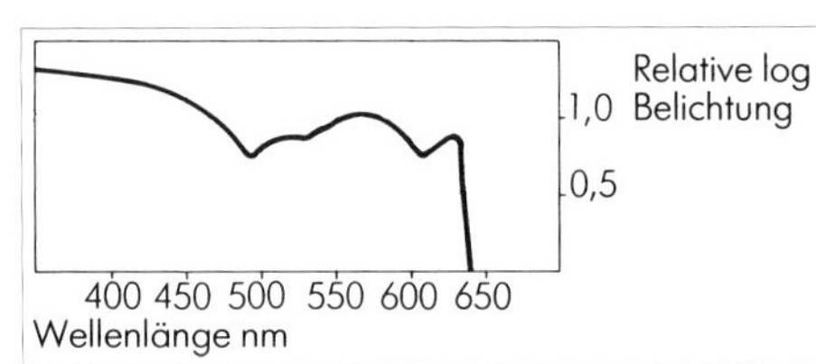

nach wie vor eingesetzt, da bei Sicht ein bequemeres Arbeiten möglich ist.

Ein Sonderfall schließlich sind Infrarotfilme, die außer für das Spektrum sichtbaren Lichts auch für den nahen Infrarotbereich sensibilisiert sind. Sie werden vor allen Dingen für wissenschaftliche und militärische Zwecke eingesetzt, sind aber auch für experimentelle Fotografie durchaus geeignet.

Tip: Gelagert werden die Filme am besten bei niedrigen Temperaturen, da sie sich so besser halten. Für einige Tage genügt der Kühlschrank, bei langen Lagerzeiten sind Tiefkühltruhe oder das Eisfach im Kühlschrank vorzuziehen. Vor dem Auspacken benötigt der Film Zeit, sich zu akklimatisieren. Zwei bis drei Stunden, wenn er im Kühlschrank war; über Nacht aus der Tiefkühltruhe.

Filmempfindlichkeit

Die wichtigste Kenngröße bei der Entscheidung für einen bestimmten Schwarzweißfilm ist seine Empfindlichkeit. Mit der Wahl der Empfindlichkeit werden gleichzeitig Vorentscheidungen getroffen über Korn und Schärfe, aber auch über die Möglichkeit, bei wieviel bzw. wenig Licht noch aus der Hand fotografiert werden kann.

Die Empfindlichkeit eines Films wird in ISO angegeben und vereint die früheren DIN- und ASA-Werte in einem neuen Wert. Aus früheren 21 DIN oder 100 ASA, die die gleiche Filmempfindlichkeit mit unterschiedlichen Ausdrücken bezeichneten, ist heute ISO 100/21° geworden. In der Übersicht stellt sich das so dar:

Gegenüberstellung ASA DIN ISO

ASA	DIN	ISO
12	12	12/12°
25	15	25/15°
50	18	50/18°
100	21	100/21°
200	24	200/24°
400	27	400/27°
800	30	800/30°
1600	33	1600/33°
3200	36	3200/36°
6400	39	6400/39°

Werden die einzelnen Werte dieser Reihe nach unten gelesen, dann entspricht die Werteänderung jeweils einer Verdoppelung der Filmempfindlichkeit. Das wird an den ASA-Werten und dem ersten Teil der ISO-Norm sehr deutlich. Der Sprung von ISO 50/18° auf ISO 100/21° bedeutet, daß letzterer Film doppelt so empfindlich ist wie der erste. Das ist gut zu erkennen an der Zunahme des Wertes »50« auf »100«. Je empfindlicher ein Film ist, desto weniger Licht benötigt er, um eine bestimmte Schwärzung zu erzeugen. Deshalb kann mit steigender Filmempfindlichkeit entweder das Licht oder die Belichtung geringer sein.

Bei verdoppelter Empfindlichkeit etwa kann unter sonst gleichen Lichtverhältnissen um eine Blenden- oder Zeitstufe knapper belichtet werden. Oder es kann bei halb so viel Licht immer noch mit gleicher Einstellung fotografiert werden.

Der Wechsel von einem ISO 50/18°-Film zu einem ISO 400/27°-Film bedeutet also den Gewinn von drei Stufen, der je nach Gegebenheiten folgendermaßen ausgenutzt werden kann:

- Die Blende kann – bei sonst gleichen Voraussetzungen – um drei Werte geschlossen werden; die Schärfentiefe wird größer.
- Die Verschlußzeit kann – bei unveränderten Voraussetzungen – achtmal so schnell werden – zum Beispiel 1/1000s statt 1/125s; die Verwacklungsgefahr sinkt, und bewegte Motive werden schärfer abgebildet.
- Es kann bei einem Achtel des Lichts noch mit gleicher Zeit- und Blendeneinstellung fotografiert werden.

Selbstverständlich ist in der Praxis auch eine Kombination dieser Möglichkeiten gegeben. So gestattet es die Wahl eines hochempfindlichen Films beispielsweise, auch bei wenig Licht noch Aufnahmen mit ausreichend schneller Verschlußzeit aus der Hand zu machen. Leider stehen diesen unbestreitbaren Vorteilen auch Nachteile gegenüber: Mit zunehmender Empfindlichkeit nimmt das Filmkorn zu, und damit nehmen Schärfe und Auflösungsvermögen ab.

Gering empfindliche Filme bis ISO 50/18° haben ein sehr feines Korn und hohes Auflösungsvermögen und eignen sich deshalb besonders, wenn feinste Details zu fotografieren sind oder eine Großvergrößerung gemacht werden soll. Sie verlangen eine sorgfältige Aufnahmetechnik (Stativ oder schnelle Verschlußzeiten), sollen die Vorteile genutzt werden. Gering empfindliche Filme zeigen vergleichsweise hohen Kontrast und geringen Belichtungsspielraum und eignen sich deshalb vorzugsweise für Motive mit nicht allzu ausgeprägtem Kontrast; sie sollten wirklich nur dann eingesetzt werden, wenn es auf höchste Schärfe ankommt.

Mittelempfindliche Filme um ISO 100/21° weisen ein noch feines Korn und hohe Schärfe auf; sie gelten nicht zu Unrecht als Universalfilme für fast alle Fälle. Der Belichtungsspielraum ist höher als bei den geringempfindlichen Filmen, der Kontrast geringer.

Hochempfindliche Filme ab ISO 400/27° lassen in einer Vergrößerung 20×25 cm das Korn schon recht deutlich sichtbar werden, wenn im Kleinbildformat fotografiert wird. Dies kann aber sehr wohl auch gestalterisch eingesetzt werden. Im Mittel- und Großformat dagegen können die hochempfindlichen eine echte Alternative zum Film mit ISO 100/21° darstellen, denn das etwas gröbere Korn wird durch den Formatvorteil zum Teil wieder wettgemacht.

Wenn es die Beleuchtungsverhältnisse zulassen, bieten gering empfindliche Filme das Optimum an Feinkörnigkeit und Schärfe. Voraussetzung ist allerdings reichlich Licht nicht zu hohen Kontrastes.
Aufnahmedaten: Film PAN F, belichtet wie ISO 18/50° und entwickelt in LC29, Verdünnung 1+19. Vergrößert auf Multigrade FB.

Bild links
Mittelempfindliche Filme gelten nicht zu Unrecht als «Universalfilme», zeigen sie doch eine hervorragende Kombination aus Empfindlichkeit und Schärfe bzw. Korn.
Aufnahmedaten: Film FP4, belichtet wie ISO 125/22° und entwickelt in LC29, Verdünnung 1+19. Vergrößert auf Multigrade III RC de Luxe.

Bild rechts
Hochempfindliche Schwarzweißfilme sind erstaunlich feinkörnig - deutlich feinkörniger als entsprechende Farbfilme. Forciert entwickelt finden Sie Anwendung in der Available-Light-Fotografie.
Aufnahmedaten: Film HP5, belichtet wie ISO 1600/33° und forciert entwickelt in Ilfotec HC, Verdünnung 15.

Interessant sind auch Filme mit ISO 800/30° und mehr. Sie finden vor allem in der Available-Light-Fotografie, der Freihandfotografie bei gegebenem (geringem) Licht, Anwendung. Das ausgeprägte Korn und die reduzierte Schärfe führen zu einer Art Weichzeichnereffekt, da die feinsten Details überdeckt werden.

Exposure Index

Das Kürzel E.I., auf das Sie manchmal in Datenblättern stoßen, ist der »Exposure Index«, was frei übersetzt etwa »Belichtungsanhalt« heißt. Nach der ISO-Norm ist die Bestimmung der Empfindlichkeit eines fotografischen Materials genau festgelegt – das heißt, es kann für ein bestimmtes Material auch nur eine einzige Empfindlichkeit existieren. Die verschiedensten Faktoren jedoch weichen in der Praxis von der Norm ab. Farbtemperatur des Lichtes, Entwicklungsbedingungen, Filterfaktoren und dergleichen Dinge mehr beeinflussen die Empfindlichkeit. Mit diesen Faktoren ändert sich auch die effektive Empfindlichkeit des Materials.

Es wäre aber nicht ganz korrekt, bei solchen Einflüssen zu behaupten, die Empfindlichkeit des Materials habe sich geändert – schließlich ist die Angabe der Filmempfindlichkeit in ISO ein Vergleichsmaßstab, mit dem sich unterschiedlichste Materialien einordnen lassen, und die genormten Prüfbedingungen zur Feststellung dieser Filmempfindlichkeit haben durchaus ihre Berechtigung, denn nur so ist Vergleichbarkeit gewährleistet.

Was sich allerdings ändert, ist die effektive Empfindlichkeit. Um die Auswirkungen solcher Faktoren nun zu beschreiben, bedient man sich der Formulierungen »zu belichten wie«, »effektive Empfindlichkeit« oder eben »E.I.«. All dies meint dasselbe. Daß sich nämlich das Material unter den angegebenen Bedingungen anders verhält, als es die Norm vorsieht, und daß, dem Rechnung tragend die Empfindlichkeit an der Kamera auf diesen Wert einzustellen ist.

Ein Beispiel ist die forcierte Entwicklung. Durch Unterbelichten und Überentwickeln wird eine scheinbare Empfindlichkeitssteigerung erzielt – der E.I. ändert sich.

Kontrast

Das unterschiedliche Kontrastverhalten von Filmen liegt in der Dicke der Filmschicht begründet. Stellen Sie sich dazu einen Film vor, der aus einer einzigen Kornlage besteht. Dieser Film könnte nur Schwarz und Weiß wiedergeben, denn ein einzelnes Kristall kennt nur ein Entweder-Oder: Entweder reicht die Lichtmenge aus oder eben nicht.

Ein normaler Film jedoch besteht aus einer Schicht von Silberhalogeniden, die in vielen Lagen unregelmäßig übereinander liegen. Tonwerte im Negativ entstehen nun, indem je nach Lichtmenge unterschiedlich viele Kristalle in der Tiefe der Schicht angeregt werden: Ein geringer Lichteinfall belichtet nur wenige an der Oberfläche, ein starker Lichteinfall belichtet bis in die Tiefe der Schicht. Abhängig davon stehen nach der Entwicklung mehr oder weniger Kristalle zur Grauwertbildung zur Verfügung. Je dicker nun eine Schicht wird, desto differenzierter ist im Prinzip die Tonwertwiedergabe.

Gering empfindliche Filme haben – der Schärfe wegen – eine möglichst dünne Schicht und zeigen deshalb hohen Kontrast. Daraus ergibt sich das Paradox, daß hochempfindliche Filme prinzipiell bessere Negative bei hellem, kontrastreichem Licht ergeben als niedrigempfindliche.

Belichtungsspielraum

Moderne mittel- und hochempfindliche Filme wie zum Beispiel der Ilford FP4 Plus oder HP5 Plus sind aus zwei unterschiedlich empfindlichen Emulsionslagen aufgebaut. Eine niedriger- und eine höherempfindliche Schicht sprechen auf geringe beziehungsweise reichliche Belichtung an. Das erhöht den Belichtungsspielraum und verbessert in der Summe die Schatten- und Lichterzeichnung.

Bei Filmen mit kontrollierter Kristallstruktur, wie dem 400 Delta, wird dieselbe Eigenschaft durch ein Mischen der beiden Emulsionen bereits vor dem Beschichten erreicht.

Was genau der Belichtungsspielraum für die fotografische Praxis bedeutet, das wird im Kapitel »Tonwertsteuerung I« noch zu erläutern sein.

Korn und Körnigkeit

Was bei starker Vergrößerung eines Negativs sichtbar wird, das ist keinesfalls das Korn. Sichtbar wird vielmehr eine Kornzusammenballung, die als Körnigkeit bezeichnet wird. Das eigentliche Filmkorn ist wesentlich kleiner. An den Stellen allerdings, wo eine Belichtung stattgefunden hat, werden mehrere einzelne, unregelmäßig in der Schicht eingebettete Körner angeregt. Sie gemeinsam bestimmen den visuellen Eindruck der Körnigkeit.

Der Begriff der Schärfe ist komplex. Viele Faktoren wie Filmempfindlichkeit, Belichtung, Kontrast bestimmen den letztendlichen Schärfeeindruck eines Bildes. Aufnahmedaten: Film HP5, belichtet wie ISO 1600/33° und entwickelt in Ilfotec HC, Verdünnung 15. Vergrößerung ca. 15fach linear auf Multigrade III RC de Luxe.

Schärfe

Die Schärfe eines Films wird durch zwei Faktoren bestimmt: die Korngröße und die Lichtstreuung in der Schicht während der Belichtung. Während der Einfluß der Korngröße auf die Schärfe offensichtlich ist, wird sich mancher wohl fragen, was denn das Licht damit zu tun hat.

Nun, Streulicht kann während der Belichtung weitere, eigentlich gar nicht angesprochene Silberhalogenide belichten. Das führt dann zu einer visuell größeren Körnigkeit und auch dazu, daß feinste Details nicht mehr aufgelöst werden. Moderne Filme haben deshalb eine Lichthofschutzschicht, die Streulicht möglichst weitgehend absorbieren soll. Da sie jedoch auf der Rückseite der Schicht aufgebracht ist, kann sie im wesentlichen auch nur den sogenannten Reflexionslichthof unterdrücken. Dieser entsteht, wenn schräg einfallende Lichtstrahlen vom Schichtträger reflektiert werden können.

Ein weiterer schärfemindernder Faktor ist jedoch der Diffusionslichthof. Die einzelnen Körner absorbieren das Licht nämlich nicht vollständig, sondern reflektieren es auch teilweise. Das kann dazu führen, daß benachbarte Körner angeregt werden. Überbelichtung führt deshalb nahezu zwangsläufig zu unschärferen Negativen mit gröberer Körnigkeit.

Beachten Sie bitte, daß die hier geschilderten Filmeigenschaften nicht allein ausschlaggebend sind für den Schärfeeindruck eines Bildes. Ob uns ein Bild scharf erscheint, ist von weiteren Faktoren abhängig. So spielt der Bildkontrast eine Rolle. Auch deutliche Hell-Dunkel-Übergänge verstärken den Eindruck von Schärfe. Und ein zartes Bild, überwiegend aus hellen und mittleren Grauwerten aufgebaut, erscheint unschärfer als ein Bild, das harte Lichtkontraste zeigt. Typische Beispiele hierfür sind High-Key- und Low-Key-Aufnahmen (vergl. Seite 57).

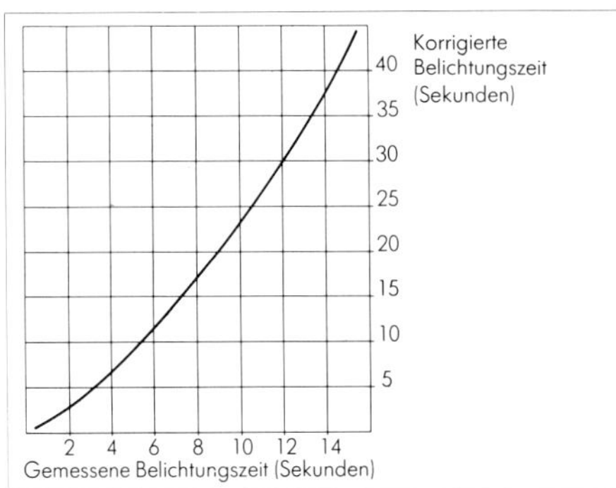

In dem Datenblatt eines Films ist auch der Schwarzschildeffekt angegeben: Anhand der Grafik kann genau abgelesen werden, wie die gemessene Belichtungszeit korrigiert werden muß.

Schwarzschildeffekt

Wir gehen bei der Belichtung unserer Filme stillschweigend davon aus, daß gleiche Lichtmenge auf dem Film auch gleiche Schwärzung ergibt, egal ob diese Lichtmenge über die Objektivöffnung (Blende) oder die Verschlußöffnung (Zeit) auf den Film gelangt. Diese Annahme stimmt auch für einen sehr weiten Bereich.

Bei besonders langen Belichtungszeiten jedoch verhält sich die Emulsion nicht mehr linear. Eine Verdoppelung der Belichtungszeit bedeutet dann nicht mehr unbedingt auch eine Verdoppelung der Schwärzung. Deshalb muß die Belichtungszeit über das eigentlich angenommene Maß hinaus verlängert werden. Werden des öfteren Langzeitaufnahmen gemacht, dann sollten Sie beim Hersteller auf jeden Fall die Datenblätter zum Film anfordern.

Es sei hier noch auf den Ultrakurzzeiteffekt hingewiesen, der sich bei Zeiten kürzer 1/1000 Sekunde durch Farbabweichungen und Empfindlichkeitsverluste bemerkbar machen kann.

Interessante neue Schwarzweißfilme

Filme wie der Ilford Delta zeichnen sich durch neuartige Kristalle, die sogenannten »Core Shell Cristals« aus, die von Ilford speziell für die

Sehr gute Schärfe und feines Korn zeichnen moderne hochempfindliche Schwarzweißfilme wie den 400 Delta aus.
Foto: Jochen Fiebig

Schwarzweißfotografie entwickelt worden sind. Dieser Schwarzweißfilm unterscheidet sich vor allem in zwei Eigenschaften von herkömmlichen Filmen. Einmal ist die Struktur der Kristalle grundsätzlich anders. Zum anderen wurde beim Filmaufbau auf die Eigenschaften der neuen Emulsionstechnik Rücksicht genommen.

Grundlegendes Merkmal dieser Filme ist das kontrollierte Kristallwachstum während der Herstellung. Kristallwachstum und -struktur werden hier genauer kontrolliert, was neue, verbesserte Eigenschaften ergibt. So entsteht ein Kristall, das aus drei Hauptschichten besteht. Das Kristallinnere steuert die Filmempfindlichkeit. Darauf folgt eine »Entwicklungskontrollschicht«, die die Körnigkeit und die allgemeinen Bildeigenschaften verbessert. Und außen schließlich liegt eine Schicht, die eine schnelle Entwicklung ermöglicht.

Um diese Eigenschaften zu unterstützen, ist der Delta anders als herkömmliche Filme aufgebaut. Er besteht nicht aus einer zweilagigen Emulsion, sondern die Emulsionen werden bereits vor der Beschichtung gemischt und dann gemeinsam als eine Schicht aufgebracht. Das erhöht die Schärfe und Brillanz des Films. Zusätzlich agieren diese beiden Emulsionen in der Mischung wie ein »Superadditiv«. Das bedeutet, die Mischemulsion ist deutlich besser, als das die jeweiligen Eigenschaften der einzelnen Emulsionen erwarten ließen. So hat der 400 Delta ein besseres Korn-/Empfindlichkeitsverhältnis, als es der Fall wäre, wenn die Emulsionen separat aufgebracht würden, und erreicht die Leistungsdaten früherer mittelempfindlicher Filme.

Der 100 Delta hat bei seinem Erscheinen die Vorstellungen darüber, was Korn und Schärfe sind, gewissermaßen neu definiert. Er ist so gut, daß es wenig Sinn macht, ihn mit einfachen Kameras oder mittelmäßigen Objektiven einzusetzen. Seine hohe Leistung wird man nur dann feststellen können, wenn auch die Ausrüstung allererster Güte ist und die Aufnahmen sorgfältig gemacht werden. Bei 1/15 s aus der freien Hand mit der Kompaktkamera hat dieser Film keine Chance zu zeigen, was in ihm steckt.

Der Delta ist ein hervorragender Film, aber er ist kein »einfacher« Film. Die hohe Präzision dieses Films verlangt auch nach einer präzisen Verarbeitung. Er ist der passende Film für den, der höchste Ansprüche stellt, dafür aber auch bereit ist, sorgsam selbst zu verarbeiten oder ein spezialisiertes Fachlabor aufzusuchen. Hervorragende Ergebnisse lassen sich mit dem Klassiker ID-11 erzielen. Dieser Pulverentwickler hat Standards gesetzt (D 76 von Kodak ist baugleich) und wird von sehr vielen Fotografen nach wie vor hoch geschätzt.

Das genaue Verfahren übrigens, mit dem die herausragenden Eigenschaften des Delta erzielt werden, bleibt ein Geheimnis. Besucher werden unauffällig, aber geflissentlich, um jenen Teil des Werkes in England herumgeführt, wo der Delta entsteht.

Zusammenfassend bleibt festzuhalten, daß ein Film mit kontrolliertem Kristallwachstum prinzipiell um etwa eine Klasse besser ist als ein konventionell gegossener Film. So zeigt der hochempfindliche 400 Delta Ergebnisse, die denen eines mittelempfindlichen Films vergleichbar sind, und der 100 Delta ist einer der feinkörnigsten und schärfsten Filme, die es gibt. Ansonsten aber bleiben die prinzipiellen Eigenschaften des Silberfilms, wie sie schon ausführlich geschildert wurden, grundsätzlich bestehen.

Außergewöhnliche Eigenschaften des XP2

Das ist beim XP2 zum Teil ganz anders, denn er ist ein Schwarzweißfilm, der aufgebaut ist wie ein Farbfilm. Einige Eigenschaften, die im Vorangegangenen für die Silberfilme geschildert wurden, treffen deshalb für ihn entweder gar nicht oder aber mit umgekehrten Vorzeichen zu.

Um hier ein Mißverständnis zu vermeiden: Auch der XP2 enthält Silber. Das wird allerdings während der Entwicklung ausgewaschen, und die fertigen Negative sind tatsächlich silberfrei. Hier bleiben nach der Entwicklung halbtransparente, sogenannte »Farbstoffwölkchen« zurück. Ein Grauwert wird nun durch Anzahl dieser Wölkchen dargestellt, die teilweise auch überlappen können, ohne gleich – wie beim Silberfilm – volle Dichten zu erzeugen. So kann eine ungleich größere Anzahl an der Bildung eines Grauwertes beteiligt sein und die Fläche ist insgesamt homogener, was lokale Dichteunterschiede und damit den Körnigkeitseindruck mindert. Beim XP2 werden darüber hinaus wie bei modernsten Farbfilmen DIR-Kuppler eingesetzt, die bei der Entwicklung dafür sorgen, daß die Farbstoffwölkchen besonders klein geraten und die Schärfe steigt.

Diese Technologie ändert nun die Eigenschaften des Films zum Teil ganz wesentlich. So verhält sich der XP2 bei Überbelichtung gänzlich anders als konventionelle Filme das tun: Er reagiert darauf mit feinerem (!) Korn. Der XP2 kann im weiten Bereich zwischen ISO 50/18° und ISO 800/30° belichtet werden, ohne daß die Entwicklung geändert werden müßte.

Die Verminderung der Körnigkeit ist jedoch nicht so evident, daß es sich deshalb lohnen würde, den Film generell überzubelichten und dafür auf die Vorteile eines schnellen Films zu verzichten. Erstaunlicher ist vielmehr, daß eine Überbelichtung nicht wie bei den Silberfilmen zu einer Vergröberung der Körnigkeit führt. Bemerkenswert ist weiter der immense Belichtungsspielraum von rund 12 Blendenstufen, durch den auch die überbelichteten Stellen noch einen erstaunlichen Reichtum an Zeichnung enthalten.

In aller Regel sollte der XP2 deshalb mit seiner Nennempfindlichkeit von ISO 400/27° belichtet werden. Befolgt man dann noch die alte Regel: »Auf die Schatten messen«, dann erhält man Negative, die aufgrund der Messung hervorragend gezeichnete Schatten zeigen. Dank des hohen Belichtungsspielraums aber werden auch die Lichter noch voll durchgezeichnet und es liegt dann am Fotografen, wieviel davon er auf seiner Vergrößerung zeigen will.

Unter schlechten Lichtverhältnissen kann die Empfindlichkeit an der Kamera auch auf ISO 800/30° eingestellt werden. Die Entwicklung muß dabei nicht angepaßt werden. Eine forcierte Entwicklung macht auch wenig Sinn, da sich damit keine nennenswerte Empfindlichkeitssteigerung mehr erzielen läßt.

Zugegeben, auf den ersten Blick ist das schon ein »komischer« Film: wird entwickelt wie ein Farbnegativfilm, ist hochempfindlich und sieht nach der Entwicklung ziemlich dicht und leicht bräunlich aus – alles nicht unbedingt Eigenschaften, die den erfahrenen Schwarzweißfotografen begeistern können. Wo bleibt die einfache Kippentwicklung bei Zimmertemperatur? Wo das feine Korn und die Schärfe?

Auch der Autor tat sich schwer, die objektiv vorhandenen Vorteile des XP2 zu schätzen. Doch es lohnt wirklich, sich näher mit diesem Film zu beschäftigen. Wie hoch Ilford die Bedeutung und die Qualitäten des XP2 einschätzt, ersieht man aus der Tatsache, daß der Film nicht nur in Kleinbildkonfektionierung, sondern auch als Roll- und sogar Planfilm zu erhalten ist. Und selbstverständlich kann der XP2 gefiltert werden wie jeder andere Schwarzweißfilm auch.

Ein nicht unerheblicher Vorteil des XP2 liegt letztlich auch in der Tatsache begründet, daß er im Prozeß C–41 mit streng festgelegten Verarbeitungsbedingungen entwickelt wird. Besonders SW-Anwender ohne eigenes Labor, die die Filme außer Haus geben müssen, haben damit die Gewähr, jeweils ein optimal entwickeltes Negativ zu erhalten. Das ist bei der Fremdentwicklung konventioneller SW-Emulsionen nicht immer gewährleistet.

Der **Ilford XP2** ist der Nachfolger des XP1 400. Im Vergleich zum XP1 400 wurden beim

Ein enormer Belichtungsspielraum und Feinkörnigkeit sind die außergewöhnlichen Eigenschaften des XP2, der auch schwierige Beleuchtungssituationen meistert.
Foto: Jochen Fiebig

neuen XP2 folgende Verbesserungen erzielt:

- Feineres Korn.
- Höhere Schärfe.
- Größere Brillanz.
- Optimierte Abstimmung auf Ilford Multigrade-Papiere.
- Größere Widerstandsfähigkeit gegen Schichtverletzungen in nassem und trockenem Zustand.
- Stabileres Prozeßverhalten.

Besonders die beiden letzten Punkte sollen die bislang schon hervorragenden Ergebnisse im Prozeß C–41 noch weiter stabilisieren, denn der XP2 ist gegenüber Verarbeitungsfehlern ausgesprochen tolerant.

Die Wahl des richtigen Films

Die Entscheidung für einen Schwarzweißfilm allein über die Eigenschaft »Empfindlichkeit« und damit indirekt über Korn und Schärfe führt heute nicht mehr zwangsläufig zu einem bestimmten Film. Abgesehen davon, daß es ja auch unterschiedliche Fabrikate gibt, wird die Wahl noch dadurch erschwert, daß es mehrere verschiedene Technologien gibt, nach denen Filme gefertigt werden. Doch so unübersichtlich, wie das zunächst scheinen mag, ist die Entscheidung gar nicht geworden. Wenn nur die Anforderungen präzise formuliert werden und die Eigenschaften der einzelnen Technologien bekannt sind, findet sich schnell der passende Film.

Im vorangegangenen ist deutlich geworden: Es hat sich wieder etwas getan im Bereich der Schwarzweißfilme. Bewährte Filme sind verbessert worden, neue sind hinzugekommen.

Neu überdenken sollten Sie dabei insbesondere den Einsatz von Filmen wie dem 400 Delta oder dem XP2. Denn hier hat sich doch einiges, was landläufig galt, deutlich verschoben.

Bei konventionellen Filmen stimmen die bekannten Voraussetzungen – wenn auch unter besseren Vorzeichen – nach wie vor: Der mittelempfindliche Film ist universell und bietet den besten Kompromiß zwischen Empfindlichkeit und Schärfe. Hoch- und niedrigempfindliche Filme sind für besondere Einsatzgebiete gedacht.

Filme mit kontrolliertem Kristallwachstum allerdings oder der XP2 stellen diese Annahmen in Frage, denn sie sind signifikant schärfer und feinkörniger, als das bislang bei Filmen entsprechender Empfindlichkeit der Fall war.

Der XP2 kann, soweit er Ihre Sympathie findet, also unbedenklich als Universalfilm benutzt werden – und zwar in allen Formaten. Sein hoher Belichtungsspielraum und die standardisierte Entwicklung bieten weitere Pluspunkte. Filme mit kontrolliertem Kristallwachstum wie der 400 Delta zeigen als herausragende Eigenschaften hohe Schärfe und Brillanz. Auch hier kann unbesorgt eine Empfindlichkeitsklasse höher gegriffen werden, als man das gemeinhin tun würde.

Das bedeutet, daß Filme dieser Technologien, die eine Empfindlichkeit von ISO 400/27° aufweisen, ohne weiteres das Prädikat »Universalfilm« zugesprochen bekommen können. Mit ihnen sind selbst bei großformatigen Vergrösserungen von 30×40 cm ab Kleinbildformat Ergebnisse möglich, die sich scharf und kornlos präsentieren. Das heißt, daß auch noch größere Bilder diesen Eindruck hinterlassen, soweit der normale Betrachtungsabstand nicht unterschritten wird.

Und da eine Steigerung von »scharf und kornlos« nicht möglich ist, hieße es Möglichkeiten zu verschenken, wenn sklavisch an der »Universalempfindlichkeit« ISO 100/21° festgehalten würde.

Und was für Kleinbild gilt, gilt natürlich umso mehr für die größeren Formate. Wegen des großen Filmformates und der somit geringeren notwendigen Nachvergrößerung können im Mittel- und Großformat die Hochempfindlichen auf jeden Fall eine Alternative sein – ganz besonders dann natürlich Filme wie XP2 oder 400 Delta.

Sogenannte konventionelle Schwarzweißfilme schließlich sollen hier nicht vergessen werden, denn sie haben durchaus ihre Vorteile. Zum Beispiel die unkomplizierte, schnelle Verarbeitung einschließlich kurzer Fixier- und Wässerungszeiten. Und vor allen Dingen zeigen sie ein gutmütiges Verhalten in nahezu jedem Schwarzweißentwickler. Es wird zwar nicht in jedem Entwickler das denkbar beste Ergebnis erzielt, aber auch unter ungünstigen Umständen erhält man ein verwertbares Negativ.

Schwarzweiß-Diafilme

Schwarzweißdias stoßen auf nahezu einhellige Begeisterung – vor allem wohl deshalb, weil die Ergebnisse sofort im Positiv vorliegen. Da fallen Beurteilung und Auswahl leichter als bei Schwarzweißnegativen, wo es immer erst einen Kontaktbogen braucht, bevor feststeht, ob die Fotos etwas geworden sind.

Es gibt prinzipiell zwei verschiedene Wege, zu einem Schwarzweiß-Diafilm zu gelangen: Entweder wird gleich ein entsprechender Film in die Kamera eingelegt, zum Beispiel einer der Sofortdiafilme von Polaroid. Oder man legt einen Negativfilm ein, der anschließend speziell entwickelt wird.

Dazu gibt es einen Umkehrsatz von Tetenal, wobei das Ergebnis allerdings stark abhängig ist vom Filmfabrikat. Danach richtet sich nämlich die resultierende Gradation. Wird ein weicheres Negativ benötigt, dann ist ein anderer Film zu wählen als in den Fällen, in denen ein härteres Ergebnis angestrebt wird.

Eine Sonderstellung nimmt der XP2 ein, denn er kann mit sehr guten Ergebnissen auch im Standardprozeß E6 entwickelt werden. Das Resultat ist ein monochromes Dia(!), das abhängig vom verwendeten E6 Prozeß leicht bläulich oder grünlich gefärbt ist. Der XP2 wird dabei am besten wie ISO 50/18° bis ISO 100/21° belichtet und einer Pushentwicklung um zwei Blen-

Ein monochromes Dia kann sowohl als »Negativbild« wie auch tonwertrichtig genutzt werden. Das Dia im Beispiel stammt vom XP1, belichtet wie ISO 50/18° und um +2 Stufen forciert entwickelt in E6, die Vergrößerungen sind auf Ilford Galerie entstanden.

denstufen unterzogen. Man erhält scharfe, gut durchgezeichnete Dias normaler Gradation. Ohne Pushentwicklung ist der XP2 zwischen ISO 12/12° und 25/15° zu belichten – die Gradation ist dann allerdings flacher als die herkömmlicher Dias.

Schwarzweißdias eignen sich unter anderem dazu, um von SW-Negativen auf direktem Weg ohne weiteren Zwischenschritt Duplikatnegative anzufertigen. Duplikate werden zum Beispiel benötigt, wenn wertvolle Originalnegative nicht aus der Hand gegeben werden sollen. Oder wenn das Negativ an verschiedenen Orten zu gleicher Zeit zur Verfügung stehen muß – etwa bei einer Pressekampagne. Auch für die Großvergrößerung mit dem Horizontalvergrößerer wird oft ein Duplikat angefertigt. Das Kleinbildformat wird dabei auf Planfilmformat »aufgeblasen«, damit die volle Lichtleistung des Vergrößerers genutzt werden kann. Besonders geeignet ist hier der XP2, da seine gewissermaßen variable Gradation dem Kontrast der Vorlage angepaßt werden kann, indem Empfindlichkeit und Entwicklung modifiziert werden.

Weiterhin ist durchaus vorstellbar, daß Schwarzweißdias in der schnellen Pressearbeit mit Vorteil eingesetzt werden können, wenn es gilt, Schwarzweißdrucke herzustellen bzw. eine reprofähige Vorlage zu liefern – liegt doch mit dem Dia ein Positiv vor, das einerseits direkt beurteilt und andererseits sofort weiterverwendet werden kann. Aus der Vielzahl gemachter Aufnahmen lassen sich die besten sofort nach der Entwicklung auf dem Leuchttisch aussuchen, von denen dann sofort die Druckvorlagen erstellt werden können.

Und nicht zuletzt ist ein Schwarzweißdia auch für Effekte und Experimente im Fotolabor nutzbar: Wird von dem Dia eine Vergrößerung angefertigt, dann erhalten Sie ein Bild mit umgekehrten Tonwerten – ein negatives Papierbild.

Infrarotfilme

Diese Filme sind über das sichtbare Spektrum hinaus auch für Infrarot bis etwa 900 nm sensibilisiert. Durch strenge Filter, die das sichtbare Licht mehr oder weniger sperren, kann der erfaßte Spektralanteil beeinflußt werden. Anwendung findet der Infrarotfilm insbesonders in der wissenschaftlichen Fotografie, wo er zum Beispiel bei der Erkennung von Waldschäden hilfreich ist. Darüber hinaus kann er auch für Ultraviolett- und Fluoreszenz-Aufnahmen benutzt werden. Neben der wissenschaftlichen Anwendung ist der Infrarotfilm auch in der bildmäßigen Fotografie interessant, um besondere Effekte und Bildstimmungen zu erreichen.

Bei der Infrarotfotografie ist eine besondere Fokussiertechnik notwendig: Objektive für die bildmäßige Fotografie sind für das Farbspektrum von Blau nach Rot im Bereich 400-700 Nanometer (1 nm = 1/1000000 mm) korrigiert. Infrarotes Licht hat dem gegenüber eine längere Wellenlänge und die Sensibilisierung von Infrarotfilmen reicht vom sichtbaren Licht bis in den Infrarotbereich. Die maximale Empfindlichkeit liegt bei etwa 800 nm. Diese langwelligen Infrarotstrahlen werden im Objektiv geringer gebrochen als sichtbares Licht, deshalb liegt ihr Brennpunkt hinter der Filmebene.

Und deshalb haben die meisten manuell zu fokussierenden Objektive einen sogenannten IR-Index, der in der Regel als roter Strich am Objektiv eingraviert ist. Durch Scharfstellen bei sichtbarem Licht und Übertragen des Entfernungswertes auf den IR-Index ist dann gewährleistet, daß Brennpunkt und Filmebene zusammenfallen.

Eine besondere Technik ist mit Infrarotfilm möglich: der unsichtbare Blitz. Dazu wird dem Blitzgerät ein lichtundurchlässiges, sogenanntes Woodsches Filter vorgesetzt. Dieses Filter, das auch als Folienfilter lieferbar ist, läßt nur Wellenlängen von 730 nm und länger passieren, und das Blitzlicht wird nahezu unsichtbar. Der Infrarotfilm kann jedoch bei dieser Beleuchtung ein Bild aufzeichnen, da er ja speziell dafür sensibilisiert worden ist.

Die Leitzahl des Blitzes muß experimentell ermittelt werden, wobei der Blitz selbstverständlich mit manueller Leistungsregelung einzusetzen ist. Belichten Sie mehrere Aufnahmen eines Motivs in 1 m Entfernung mit unterschiedlicher Blendeneinstellung und suchen Sie nach der Entwicklung die beste aus. Die richtige Blende gibt gleichzeitig die Leitzahl an.

Wird ein Gelatinefilter zur Abdeckung verwendet, dann ist damit zu rechnen, daß es nach einer gewissen Blitzanzahl regelrecht durchbrennt, da die Lichtabsorption enorm ist.

Lith- und Linefilme

Das sind besonders steil arbeitende Filme, die hohe Kontraste und Maximaldichten zeigen. Durch die Steilheit dieser Emulsionen sind keine Halbtonabbildungen möglich: Entweder reicht die Belichtung aus, dann führt das zu einer Maximalschwärzung. Oder die Belichtung ist ungenügend, dann bleibt der Film transparent.

Diese Filme werden vor allem in der Reproduktion verwendet, um Druckvorlagen zu erstellen. Ein Schwarzweißdruck beispielsweise kann auch keine Halbtöne darstellen. Entweder ist eine Stelle mit schwarzer Druckfarbe bedruckt, oder aber sie bleibt weiß. Um nun trotzdem den Eindruck von Grauschattierungen zu erhalten, wird das Halbtonbild aufgerastert – in einzelne Punkte zerlegt, die mehr oder weniger dicht aneinander stehen – und auf Lithfilm fotografiert. In der Betrachtung ergibt sich eine optische Mischung, die je nach Dichte der Punkte den Eindruck von Grauwerten entstehen läßt. Gut ist dieses Prinzip beim Zeitungsdruck zu erkennen, der der geringen Papierqualitäten wegen mit einem groben Raster arbeitet.

In der kreativen Fotografie finden solche steil arbeitenden Filme dann Anwendung, wenn ein Halbtonnegativ bewußt verfremdet werden soll. Mit einer Strichumsetzung werden die Halbtöne in Schwarz und Weiß separiert. Ergebnis ist eine grafische Verfremdung des Motivs. Lith- und Linefilme müssen in einem speziellen Entwickler verarbeitet werden, wenn der hohe Kontrast erzielt werden soll.

Die Formatfrage

In diesem Kapitel werden Sie kaum auf so unerhört wichtige Dinge wie »Matrixmessung mit Superblitzprogramm« treffen. Technische Details tauchen, wenn überhaupt, nur auf, soweit es sich um Dinge handelt, die ein Foto tatsächlich besser machen können.

Es geht hier vielmehr um die Frage nach dem Aufnahmeformat und um den Sinn oder Unsinn von Automation. Insofern wird dann doch wieder über Technik zu reden sein. Mal sehen, wie gut sie dabei wegkommt.

Prinzipiell ist es natürlich so, daß jede Kamera auch eine Schwarzweißkamera ist – alles, was zu tun ist, besteht darin, einen Schwarzweißfilm in eine beliebige Kamera einzulegen. Und schon mausert sich der Fotograf. Vom Bunten zum Monochromen.

Schwarzweißmaterialien gibt es in den verschiedensten Formaten. Am gebräuchlichsten ist der Kleinbildfilm. Daneben gibt es den Rollfilm, der schon deutlich mehr Filmfläche bietet. Und beim Planfilm schließlich kann die Filmfläche fast so groß werden wie ein Blatt DIN A4, nämlich 20x25 cm. Die in der bildmäßigen Fotografie gebräuchlichen Aufnahmeformate in der Übersicht:

Nennformat	**Istformat in mm**	**Konfektionierung**
24x36	24x36	Kleinbildpatrone
4,5x6	45x55	Rollfilm
6x6	55x55	"
6x7	55x70	"
6x8	55x76	"
6x9	58x81	"
6,5x9	65x90	Planfilm
6x12	56x120	Rollfilm in Spezialkameras, Großbildkameras
6x17	56x170	Rollfilm in Spezialkameras
9x12	88x118	Planfilm
4x5"	102x127	"
13x18	127x178	"
18x24	178x238	"
8x10"	203x254	"

Sie sehen, die Spanne möglicher Formate ist groß – in der Praxis sogar noch größer, da hier alle Formate unterhalb 24x36 bewußt ausgeklammert worden sind, weil mit Ihnen Schwarzweißfotografie nicht sinnvoll möglich ist. Denn entweder gibt es gar keine Schwarzweißfilme für das Format (Pocketkameras), oder die Auswahl ist stark eingeschränkt (Minox).

Und Sie können auch erkennen, daß darunter doch einige sehr interessante Formate sind: Eine Panoramakamera mit einem Aufnahmeformat 6x17 cm läßt schon spektakuläre Bilder erwarten.

Es lassen sich sicherlich auch sehr gute Gründe finden, die aus technischer Sicht für die ein oder andere Kamera, das ein oder andere Filmformat sprechen. Wichtiger jedoch als solche (scheinbar) objektiven Bewertungskriterien scheinen mir die persönlichen Vorlieben des Einzelnen zu sein. Die Kamera muß einem »liegen«.

Das beginnt mit dem Filmformat bzw. der Größe der Kamera. Wer sich für schnelle Fotografie entscheidet, sei es die Reportage, der Sport oder die Flugbahn von Vögeln, der wird wohl meist zu einer Kleinbildkamera, am besten mit schnellem Motor greifen. Andererseits gibt es Fotografen, die dieselben Aufgaben hervorragend mit einer langsameren Mittelformat-, ja vielleicht sogar mit einer Großformatkamera

Im direkten Vergleich werden die Formatunterschiede besonders deutlich. Auf einen Blick wird verständlich, warum größere Formate höhere Schärfe und bessere Tonwertmodulation ergeben.

meistern. Trotzdem ist die Spiegelreflexkamera im Kleinbildformat in ein System an Objektiven und Zubehör eingebunden, das es in dieser Vielfalt für kein anderes Aufnahmeformat gibt. Vom Zoomobjektiv bis in den Makrobereich bieten sich im Kleinbildbereich die meisten Alternativen und es bleibt bei all dem bezahlbar. Der Bedienungskomfort mit automatischer Belichtungsmessung, Belichtungsprogrammen und eventuell automatischer Scharfstellung ist gleichfalls sehr hoch.

Wer maximale Qualität anstrebt, denkt wohl unwillkürlich an eine Großbildkamera – am besten im Format 20x25 cm. Es soll Leute geben, die erschrecken bei dem Gedanken, solch »riesige« Bilder zu vergrößern, und da kommen andere daher und benutzen das als Filmformat – kann man denn Negative verkleinern statt vergrößern?

Doch zurück zum ernsten Teil. Es ist unzweifelhaft so, daß mit der Größe des Filmformates grundsätzlich auch die mögliche Bildqualität wächst. Je geringer die notwendige Vergrößerung für ein Bild sein muß, desto »dichter« bleibt die ursprüngliche Information, denn die Filmeigenschaften wie Korn und Schärfe wirken sich nicht so stark (negativ) aus.

Andererseits haben solche Überlegungen heute weit weniger Berechtigung, als das früher einmal der Fall war. Filme und Objektive – als die wichtigsten Faktoren für technisch gute Fotos – sind heute so gut, daß sich auch mit dem Kleinbildformat 24x36 mm hervorragende Fotos machen lassen. Natürlich ermöglicht das große Filmformat die Wiedergabe feinster Details und schönster Tonwertabstufungen und stellt damit eine ideale Voraussetzung für Landschaftsaufnahmen dar, speziell mit der Weitwinkelbrennweite. Hier wird jedes Detail festgehalten.

Viel gewichtiger jedoch scheinen mir die Handhabungsunterschiede zu sein: Was der eine an

Handlich, schnell und großes Zubehörangebot: das sind die wesentlichen Vorteile der Kleinbildkamera.

Die Mittelformatkamera bietet eine bestechende Bildqualität und ist noch freihandtauglich. Damit ist sie den meisten fotografischen Aufgabenstellungen gewachsen und die geeignete Kamera, wenn Vielseitigkeit gefragt ist und gleichzeitig hohe Ansprüche gestellt werden.

der Kleinbildkamera schätzt, nämlich die mögliche Spontaneität, das mag den anderen verleiten, ohne Überlegung drauflos zu fotografieren. Der eine wird gute, der andere nur belanglose Fotos damit machen.

Das Gegenstück ist die Großformatkamera. Dem einen ist sie zu umständlich, ihm dauert das alles viel zu lange – er wird gar nicht erst damit fotografieren. Aber dem anderen kommt just diese Betulichkeit entgegen; er hat während der manuellen Einstellarbeiten die Zeit, sein Motiv zu durchdenken und in Ruhe auf der großen Mattscheibe zu komponieren. Großbildkameras bieten darüber hinaus Verstellmöglichkeiten zur Bildkontrolle, die von keiner anderen Kamera auch nur annähernd erreicht werden. Selbst ein Shiftobjektiv ist bei weitem keine Alternative. Nur das Großbild erlaubt alle Freiheiten in der Bildkonzeption.

Auf den Unbedarften mag eine Großformatkamera wie aus dem vorigen Jahrhundert wirken und tatsächlich sahen schon die ersten Kameras sehr ähnlich aus – das äußere Erscheinungsbild wurde und wird vor allem durch den charakteristischen Faltenbalg bestimmt. Neu hinzugekommen sind allerdings Verstellmöglichkeiten von Film- und Objektivträger, Standarten genannt, zwischen denen der Balg befestigt ist. Dadurch ist es dem Fotografen möglich, das Bild in weiten Bereichen seiner Vorstellung anzupassen. So ist es kein Problem, Schärfenraum und -tiefe nahezu beliebig festzulegen. Perspektivische Korrektur, um Verzeichnungen (z. B. stürzende Linien bei Gebäuden) zu beseitigen oder überzubetonen, ist eine weitere Möglichkeit der Großbildkamera.

Das Wissen um fotografische Zusammenhänge allerdings ist Voraussetzung, der Umgang mit einem Handbelichtungsmesser obligatorisch, will man mit einer Großbildkamera zu guten Ergebnissen gelangen. Die Bereitschaft, sich mit etwas Fototheorie genauer auseinanderzusetzen, sollte dem Kauf vorangehen. Großbildfotografie ist nichts für Hektiker.

In der Mitte zwischen beiden liegt die Mittelformatkamera: Sie vereint – je nach Sicht – die Vorteile oder die Nachteile beider Systeme. Sie hat die Mattscheibe, Fotos lassen sich mit ihr besser komponieren, denn die flache Mattscheibe abstrahiert das – seitenverkehrt erscheinende – Motiv viel besser, als das durch den Prismensucher der Kleinbildkamera möglich ist. Und sie kann andererseits fast genauso schnell gehandhabt werden wie eine Kleinbildkamera, ja in manchen Fällen eventuell sogar schneller. Dann nämlich, wenn es eine 6x6 ist – beim quadratischen Format muß nie vom Hoch- zum Querformat oder umgekehrt gewechselt werden.

Aus anderer Sicht weist die Mittelformatkamera die Nachteile sowohl der Großformatwie auch der Kleinbildkamera auf: Sie ist teuer, das Objektivangebot eingeschränkt und die vergleichsweise kleine Mattscheibe mag dem einen oder anderen für die Komposition nicht genügen. Sie bietet Vorzüge, wenn gehobene Ansprüche an die Aufnahmequalität gestellt werden, aber die Verstellungen der Großformatkamera nicht benötigt werden bzw. wenn letztere zu langsam ist. Beispielsweise bei Großvergrößerungen ab 40x50 cm oder in der Available-Light Fotografie, wo das größere Format die Filmkörnung zurück hält.

Ein vergleichsweise riesiges Filmformat und unerreichte Möglichkeiten der Bildbeeinflussung und -kontrolle kennzeichnen die Großformatkamera.

Schnappschüsse im Kleinbildformat müssen nicht farbig sein; dieses Foto zeigt in schwarzweiß erst grafische Substanz.
Foto: Rudolf Majonica

Ob man sich für eine Mittelformatkamera mit quadratischem oder rechteckigem Filmformat entscheidet, darüber läßt sich trefflich streiten. Ein Argument gegen das quadratische Format wird immer wieder vorgebracht: Das Format 6x6 (exakt 55x55 mm) wird bei der Vergrößerung in aller Regel auf ein rechteckiges Format beschnitten – effektiv werden also nur 4,5x6 cm genutzt und da tut es die leichtere und preiswertere 4,5x6 doch genauso.

In der Tat wird nur sehr selten auch das volle quadratische Format genutzt werden, so daß sich rechnerisch ein deutlicher Formatvorteil für 6x7-Kameras ergibt, denn dieses Format entspricht vom Seitenverhältnis her viel eher den gängigen Papierformaten, bei der Vergrößerung wird nichts vom Filmformat verschenkt.

Dieser sicherlich hinzunehmende Nachteil der 6x6 Kameras ist gleichzeitig jedoch auch ihr großer Vorteil: Die Kamera muß zur Aufnahme nie geschwenkt werden – die Entscheidung, ob-Hoch- oder Querformat kann, muß aber nicht, schon getroffen werden; endgültig festgeschrieben wird es aber erst im Labor.

Für manche ein Zwitter, der so recht nichts kann, für andere die ideale Synthese von (viel) Filmformat und Handlichkeit: die Mittelformatkamera.
Aufnahmedaten: Film FP4, belichtet wie ISO 125/22° und entwickelt in ID-11. Vergrößert auf Multigrade FB.

Im übrigen ist das quadratische Format kein Ausschnitt aus einem Rechteck, sondern das Rechteck ist ein Ausschnitt aus dem Quadrat. Das will heißen, daß auf dem 6x6-Foto mehr drauf ist als auf dem Foto, das mit einer Kamera mit rechteckigem Bildformat und entsprechender Brennweite aufgenommen ist. Das Mittelformatfoto 6x6, aufgenommen mit dem Objektiv 80 mm zeigt also mehr als beispielsweise das Kleinbildfoto, aufgenommen mit 50 mm Brennweite. Das ist einfach damit zu erklären, daß ein Objektiv ja kein rechteckiges oder quadratisches Bild entwirft, sondern ein rundes – und dieser Bildkreis wird von einem Quadrat nun einmal besser ausgenutzt.

Sie erkennen, letztlich bleiben Sie bei der Entscheidung, welches Format denn nun das richtige ist, doch wieder auf sich allein gestellt. Es ist, neben der Kostenfrage, einfach auch eine Frage der Mentalität, für welches Format man sich entscheidet.

Aufnahmetechnik im Kleinbildformat

Das Kleinbildformat ist, verglichen mit anderen größeren Formaten, die in Zentimetern gemessen werden, mit seinen 24x36 Millimetern nicht eben üppig bemessen. Andererseits liegt in dieser Formatbeschränkung der große Erfolg des Kleinbilds begründet, sind die Kameras doch wesentlich handlicher und preiswerter als Kameras für größere Formate. Von einer Filmtransportgeschwindigkeit mit beispielsweise fünf Bildern pro Sekunde kann da nicht einmal mehr geträumt werden, so unerreichbar weit liegt das entfernt. Und der Formatnachteil ist durch die Entwicklung neuer Filmemulsionen im Laufe der Zeit immer unerheblicher geworden. Heute sind Emulsionen und Objektive so hervorragend, daß das Kleinbildformat in den meisten Fällen das bestgeeignete Format darstellt.

Werden in der Kleinbildfotografie beste Ergebnisse angestrebt, dann bedarf es einer sorgfältigen Aufnahmetechnik, da sich allfällige Fehler wie Unschärfen bei den notwendigen hohen Vergrößerungsmaßstäben sehr viel schneller auswirken als bei größeren Formaten. So ist der unbedingte Rat zu geben, bei Freihandaufnahmen, die höchste Schärfeansprüche erfüllen sollen, nicht den Kehrwert der Brennweite als Anhalt für die Verschlußzeit heranzuziehen, sondern diesen Wert nochmals zu halbieren. Bei einem Objektiv mit 100mm Brennweite ist also nicht nur die 1/125 Sekunde einzustellen, sondern wann immer es möglich ist, 1/250 Sekunde als Verschlußzeit zu wählen oder auf das (Einbein-) Stativ zurückzugreifen.

Die Anforderungen in der Kleinbildfotografie sind deshalb so hoch, weil bereits ein mittleres Format von 20x25 cm eine rund achtfache lineare Vergrößerung verlangt, was wiederum bedeutet, daß jeder Quadratmillimeter Film die gespeicherten Informationen über Farbe, Helligkeit und Schärfe an 57 Quadratmillimeter Papier übermitteln muß, da die Fläche von 24x36 Millimetern = 864 mm^2 auf 50000 mm^2 anwächst. Im Mittelformat zeigt sich demgegenüber schlechtestenfalls ein Verhältnis von 1:20 (bei 4,5x6), das durch größere Mittelformate wie 6x7 noch weit günstiger ausfallen kann.

Bei der Komposition des Motivs im Sucher ist zweierlei zu beachten: Erstens zeigt das Sucherbild nur etwa 94% des eigentlichen Bildausschnitts. Und zweitens ist das »handtuchförmige« Kleinbildformat ein sehr langgestrecktes Rechteck, das mit den meisten Fotopapier- und allen DIN-Formaten in keinster Weise übereinstimmt.

Deshalb sollte genug Luft um das Motiv gelassen werden, wenn das Foto nicht explizit für jene Papierformate vorgesehen ist, die speziell für das Kleinbildnegativ geschaffen worden sind und die deshalb auch das gleiche Seitenverhältnis aufweisen. Das ist etwa bei Papieren mit der Abmessung 20x30 cm der Fall, auf denen sich ein Kleinbild verlustfrei vergrößern läßt.

Wird im anderen Fall dieses unterschiedliche Seitenverhältnis von Kleinbildfilm und Endformat nicht berücksichtigt, dann kann entweder das Format nicht voll genutzt werden oder aber das Motiv wird angeschnitten.

Aufnahmetechnik im Mittelformat

Aufgrund der deutlich größeren Filmfläche ist natürlich das Mittelformat nicht in der Weise auf das letzte Quentchen Feinkorn und Schärfe beim Film angewiesen wie das Kleinbild.

Allerdings ergeben sich hier andere Probleme, an die man zunächst vielleicht nicht denkt. So wird die Normalbrennweite für ein Aufnahmeformat in etwa durch die Formatdiagonale charakterisiert. Das ergibt bei Kleinbild 50mm, im Mittelformat sind es aber schon um die 80mm. Das bedeutet zum einen eine geringere Schärfentiefe und zum anderen die Notwendigkeit schnellerer Verschlußzeiten, um Verwacklungen vorzubeugen.

So zeigt die Praxis, daß es trotz des Formatvorteils nicht ganz einfach ist, eine scharfe Mittelformataufnahme aus der Hand zu machen. Hier mögen die gesteigerten Ansprüche eine Rolle spielen. Es ist aber auch so, daß an die Verschlußzeit mindestens ebenso hohe Ansprüche zu stellen sind wie in der Kleinbildfotografie. Das bedeutet, wann immer es möglich ist, mit Verschlußzeiten »doppelter Brennweite« zu fotografieren, die Brennweite also zunächst rechnerisch zu verdoppeln: Angesetzt ist das 150 mm Objektiv = 300. Und dann wird diese Zahl als Sekundenbruchteil genommen, um diese bzw. die nächstliegende Verschlußzeit einzustellen. Im Beispiel also 1/250 s oder bei Kameras, die auch Zwischenwerte erlauben, die noch besser geeignete, weil sichere 1/375 s.

Es ist weiterhin empfehlenswert, sich einige Kamerahaltungen einzuüben, bei denen die Kamera sicher und weitgehend ruhig gehalten werden kann. Und nicht zu vergessen: der Formatvorteil bleibt auch dann bestehen, wenn die Empfindlichkeit des Films heraufgesetzt wird. Deshalb sollte bei der Freihandfotografie bevorzugt zu dem Film gegriffen werden, der noch ausreichend schnelle Verschlußzeiten ermöglicht. Feinstes Korn ist hier nicht alles. Lieber eine scharfe Aufnahme mit ISO 400/27°, deren Korn in der Vergrößerung 24x30 cm unsichtbar bleibt, als eine unscharfe Aufnahme, bei der das Korn gleichfalls unsichtbar bleibt. Mit dem empfindlicheren Film kann auch die meist geringere Lichtstärke der Mittelformatobjektive kompensiert werden.

Aufnahmetechnik im Großformat

Das Großformat ist nichts für Actionfotografie; die Domäne liegt in der durchdachten, gestalteten Aufnahme, bei der es auf eine Stunde (!) mehr oder weniger nicht ankommt. Die Verwendung eines Stativs ist obligatorisch, die meist geringe Lichtstärke der Objektive (typischerweise mit einer Anfangsöffnung 5,6) spielt deshalb keine Rolle.

Das Problem der Schärfentiefe zeigt sich hier in einer verblüffenden Weise: Man ist viel schneller im Nahbereich, als man das zunächst

Das Großformat ist für ruhige Fotografie, wenn Zeit ist, das Stativ aufzubauen. Und wenn es darum geht, feinste Details und Tonwerte zu zeigen.

für möglich hält. So ist die Aufgabe, eine Rose in ihrem Umfeld zu fotografieren, für den Kleinbildfotografen überhaupt kein Problem. Er wird im Maßstab um 1:20 bis 1:10 fotografieren und weder Verlängerungsfaktoren berücksichtigen müssen noch Schärfentiefeprobleme haben.

Bereits mit dem Aufnahmeformat 9 x 12 cm ist man jedoch bei gleicher Situation schon voll in der Makrofotografie: Maßstäbe um 1:2 bis 1:1 sind notwendig, um das Motiv formatfüllend zu erfassen. Anders formuliert beginnt für dieses Format die Nahfotografie schon bei Objekten von der Größe eines Fensters, denn schon bei Objekten dieser Größe bewegt man sich im Abbildungsmaßstab um 1:10. Dieser Sachverhalt wirkt sich bei den größeren Formaten natürlich noch gravierender aus.

Zwar kann durch die Verstellmöglichkeiten der Schärfenverlauf beeinflußt werden, an der Tatsache der geringen Schärfentiefe allerdings ändert das nichts. Und durch Abblenden sind hier keine Wunder zu erwarten.

Die Anzahl der möglichen Aufnahmen wird ganz entscheidend durch die Anzahl verfügbarer Planfilmkassetten bestimmt. Mag es zuhause im Studio noch angehen, mal eben »schnell« ein paar Filme nachzuladen, so ist das unterwegs schon schwieriger, weil gleich mehrere lichtdichte Behältnisse notwendig werden: einer für die unbelichteten, einer für die belichteten Filme und einer, in dem die Kassetten ent- und geladen werden können. Ein Wechselsack und lichtdichte Plastikhüllen, worin einst Vergrößerungspapier eingepackt war, helfen hier weiter. Trotzdem, bei häufigen Außenaufnahmen ist es weit bequemer, sich ein paar Planfilmkassetten mehr zuzulegen und sie zuhause vorzuladen.

Im Spannungsfeld zwischen Schwarz und Weiß

Es ist Ihnen sicher geläufig, daß sich die Schwarzweißfotografie nicht in Schwarz und Weiß erschöpft, sondern daß ein monochromes Foto vor allem durch die Zwischenwerte lebt: die Grautöne bzw. Tonwerte. Schwarz und Weiß jedoch, das sind dabei die Eckpunkte, zwischen denen sich Tonwerte entfalten können.

Was Sie zuallererst brauchen, das ist ein Blick für Schwarzweiß. Unsere Welt ist ganz offensichtlich nicht nur schwarz und weiß. Und sie präsentiert sich auch nicht nur Grau in Grau – glücklicherweise.

Die Schwarzweißfotografie ist deshalb etwas Besonderes, denn sie abstrahiert ein Foto, weil es die Informationen reduziert bzw. auf das Wesentliche zurückführt. Ist das Motiv ungeeignet, dann wird es reduziert, das heißt um wesentliche Informationen beschnitten und deshalb schlecht wiedergegeben. Wird im umgekehrten Fall ein Motiv richtig erkannt, dann wird es im positiven Sinne reduziert, nämlich auf seine bedeutenden Inhalte zurückgeführt. Das Unwesentliche tritt zurück und gibt den Blick deutlich frei auf die Aussage, die getroffen werden soll.

Sehen in Schwarzweiß will gelernt sein. Denn bei Schwarzweiß wird sehr viel offensichtlicher, daß Fotografie mit der Wirklichkeit wenig gemein hat, sondern sich immer ein eigenes Abbild schafft, einen Momentausschnitt aus Raum und Zeit, der subjektiv geprägt ist. Das ist zwar in der Fotografie generell so, aber bei Farbfotos vergißt man das leicht, weil die Farben ja so »realistisch« sind.

Dieses Sehen kann gelernt werden. Und zwar – wie so vieles andere auch – schlicht und ergreifend durch Übung. Ein möglicher Ansatzpunkt ist bereits im Vorwort geschildert: Schauen Sie sich Schwarzweißfotos in Ruhe an und versuchen Sie zu ergründen, warum das eine Ihnen so gut gefällt, ein anderes wieder überhaupt nicht.

Übung I
Schwarzweißmotive erkennen

Um nun einen Blick für Schwarzweißmotive zu entwickeln, können Sie gleich jetzt zuhause anfangen. Schauen Sie sich in der eigenen Wohnung ruhig einmal um – es finden sich erstaunlich viele Motive. Ein Tip dazu: Suchen Sie bevorzugt nach extremen Lichtsituationen.

Gehen Sie sehenden Auges durch Ihre Wohnung und versuchen Sie, all das, was Sie dort sehen, so zu abstrahieren, wie das auch die Schwarzweißfotografie tut. Motive, die in Farbe belanglos wirken, werden plötzlich fotografisch interessant. Eine eingeschaltete Lampe zeigt ein hochinteressantes Lichtspiel, das bunt durcheinandergewürfelte Küchengeschirr entpuppt sich als mögliches monochromes Stilleben,

Ein starker Lichteinfall am Fenster, eine Lichtinsel unter der Leselampe: all das sind erste potentielle Motive. Wenn Sie sich dann noch ein wenig Mühe geben bei der fotografischen Gestaltung, werden Sie die ersten beeindruckenden Schwarzweißfotos erhalten.

Dieses Vorgehen hat den zusätzlichen Vorteil, daß Sie später, nach Entwicklung des Films und Erstellen der ersten Vergrößerungen, die Wirklichkeit mit dem Ergebnis vergleichen können. Sie lernen so die Wirkung beurteilen, die das Umsetzen eines Motivs ins Schwarzweiße zeigt.

Fotografisch sehen lernen

Bei dem Vergleich dieser Bilder mit der Realität wird Ihnen auch auffallen, daß sich doch ganz erhebliche Unterschiede zeigen. Allein durch die Wahl des Motivs, des Ausschnitts, des Zeitpunktes usw. trifft der Fotograf eine sehr subjektive Wahl. Jedes Foto ist ein gezielter Ausschnitt aus Zeit und Raum, der nur das wiedergibt, was uns auch zeigenswert erscheint. Fotografie kann also niemals objektiv sein. Schon die rein technischen Voraussetzungen zeigen das. So könnte man zunächst vermuten, daß die Kamera die Dinge genau so aufzeichnet, wie sie das Auge gesehen hat. Doch dem ist nicht so.

Der wesentliche Unterschied zwischen Auge und Objektiv besteht in der Art der Bildverarbeitung. Das Auge erfaßt und entwirft ein Bild, das über Sehnerven ans Gehirn weitergeleitet wird. Erst dort wird das Bild interpretiert, gewichtet und eingeordnet. Wenn also im Folgenden vom Auge und vom Sehen die Rede ist, dann sollte dabei nicht vergessen werden, daß

Der Film zeichnet etwas anderes auf, als der Fotograf sieht. »Fotografisches Sehen« ist deshalb notwendig. Das bedeutet, bereits bei der Aufnahme das fertige Bild im Kopf zu haben. Foto: Jochen Fiebig

das Sehorgan dem Gehirn nur Zubringerdienste leistet. Es stellt Daten zur Verfügung. Was diese zu besagen haben, entscheidet erst unser Gehirn.

Ganz anders dagegen funktioniert das Aufzeichnungssystem Kamera. Es folgt streng physikalischen und chemischen Gesetzmäßigkeiten, die von keiner Instanz interpretiert oder gar geordnet werden. Was das Objektiv erfaßt, wird vom Film schonungslos aufgezeichnet. Mit anderen Worten: Das, was wir sehen, muß nicht unbedingt mit dem übereinstimmen, was sich später auf dem Film wiederfinden wird.

So kann zwar unser Auge die Brennweite nicht wechseln, sich jedoch auf wichtige Dinge konzentrieren. Wie jetzt eben auf dies Geschriebene. Sie sehen scheinbar augenblicklich nichts anderes als Buchstaben und Worte. Dieser Prozeß des Auswählens wichtiger Details aus einem großen Wahrnehmungsraum läuft in aller Regel unbewußt ab. Wenn Sie allerdings einmal bewußt hinsehen, werden Sie bemerken, daß neben dem kleinen Bereich, den Sie scharf erfassen, ein noch viel größerer Bereich darum herum liegt, den Sie auch beim Lesen im Auge behalten. Auch wenn das normalerweise gar nicht auffällt. Weiter ist es ein Leichtes, aus dieser Sicht umzuschalten (ohne den Kopf zu bewegen) und den Tisch zu fixieren. Oder aus dieser Teleperspektive zu wechseln zu einem umfassenden Gesamteindruck aller Dinge. Versuchen Sie doch einmal den Sichtwinkel zu bestimmen, den das Auge erfaßt. Fast 180° sind das; wenn auch nicht alles auf einmal scharf gesehen werden kann.

Obwohl es also nicht möglich ist, den Blickwinkel zu verändern, schafft sich unser Sehorgan doch gewissermaßen sein eigenes Varioobjektiv durch die Konzentration auf unterschiedliche Details. Es sucht sich aus einer Vielzahl an Eindrücken die heraus, die es sehen möchte und ignoriert den Rest einfach. Kurz gesagt: Was wir nicht sehen wollen, das sehen wir auch nicht.

Dazu kommt, daß wir zwei Augen haben und damit dreidimensional sehen können. Auf dem Film aber wird nur ein zweidimensionales Bild aufgezeichnet. Informationen über die Raumausdehnung, die uns selbstverständlich sind, können auf dem zweidimensionalen Foto nur über eine Bildersprache mitgeteilt werden. Das bedeutet, die Raumwirkung kann in einem Foto nur über verständliche Gestaltungselemente (Vorder-, Hintergrund, Perspektive) ausgedrückt werden, es genügt nicht, sie in der Realität zu sehen.

Vielleicht haben Sie selbst schon einmal die Erfahrung gemacht, daß ein Motiv, das doch so groß und deutlich im Sucher zu sehen war, auf dem Foto plötzlich ganz klein und mickrig erschien. Das Auge hat sich auf das Wesentliche konzentriert – auch durch den Kamerasucher -, und das Umfeld völlig außer Acht gelassen. Auch abgeschnittene Beine, schiefe Bilder, ungünstige Überschneidungen und dergleichen mehr sind darauf zurückzuführen. Oft fallen die-

Wenn der Fotograf mit Schwarzweiß vertraut ist, dann kann er bereits vor der Aufnahme Situationen so abstrahieren, daß er erkennt, wenn sich ihm ein gutes Schwarzweißmotiv zeigt.
Foto: Jochen Fiebig

se Fehler erst am fertigen, zweidimensionalen Bild auf.

Vermeiden können Sie dies, indem Sie versuchen, nicht durch den Sucher der Kamera zu schauen, sondern auf den Sucher. Vergegenwärtigen Sie sich das Sucherbild immer wieder als zweidimensionales Abbild. Nur dann können Sie es hinsichtlich Bildkomposition und Wirkung zuverlässig beurteilen.

Eine andere Tatsache, der wir uns normalerweise nicht bewußt werden, ist die Schärfenwahrnehmung. Auch das Auge hat – ähnlich wie ein Objektiv – einen Schärfentiefebereich. Nicht alles wird scharf gesehen. Sie können sich leicht davon überzeugen, wenn Sie einmal einen Finger vor die Augen halten und dann abwechselnd auf den Finger und den Hintergrund fokussieren. Auch das bleibt in der Regel unbemerkt. Das Auge paßt sich an unterschiedliche Entfernungen so schnell an, daß dieser Vorgang nur wahrgenommen wird, wenn wir uns ganz bewußt darauf konzentrieren.

Ganz ähnlich geht es uns mit der Helligkeit. Das Auge paßt sich geänderten Verhältnissen schnell und unmerklich an. Schauen Sie einmal aus dem Fenster und jetzt langsam an der Wand entlang bis in die Zimmerecke. Da scheint sich wenig zu tun. Doch versuchen Sie einmal, den Helligkeitsunterschied zwischen Fensteraussicht und Zimmerecke zu bewerten. Am besten nehmen Sie den Belichtungsmesser zur Hand und messen beide Stellen aus. Sie werden wahrscheinlich überrascht sein, wie groß die Helligkeitsdifferenz ist.

Übung 2
Kontraste erkennen und bewerten
Wenn Sie Lust haben, dann schreiben Sie doch die beiden Belichtungsmeßwerte einmal auf, die sich beim Visieren aus dem Fenster und dann gegen die Zimmerecke ergeben. Beim Vergleich können Sie feststellen, wie groß der Kontrast in Belichtungsstufen ist. Sie werden dabei auf einen Kontrast von fünf, sechs, ja oft sogar noch mehr Lichtwerten kommen.

Eine Differenz, die uns überhaupt keine Schwierigkeiten bereitet. Für einen Diafilm allerdings wäre das schon des Guten viel zuviel. Der Unterschied zwischen hellster und dunkelster Stelle – der Kontrast – ist für das Filmmaterial einfach zu groß. Entweder Fenster oder Zimmerecke könnte er uns zeigen, nicht aber beides zusammen. Ein Negativfilm zeichnet zwar aufgrund des größeren Belichtungsspielraums eventuell noch beide Extreme auf, aber Fotopapiere haben dann wieder einen geringen Belichtungsspielraum. Selbst wenn der Film noch alles aufzeichnet, wäre es auf dem Bild nicht mehr wiederzufinden.

Wäre das Fenster richtig belichtet, dann wäre die Ecke nurmehr schwarz und ohne jede Zeichnung. Die Belichtung reichte für diese dunkle Ecke einfach nicht aus, der Film ist hier unterbelichtet worden. Wäre umgekehrt die Ecke richtig belichtet, dann wäre der Film an der Stelle, wo das Fenster sein Licht hingesandt hat, nurmehr weiß. Wegen der verhältnismäßig zu langen Belichtungszeit wäre diese Stelle überbelichtet.

Würde das Foto dagegen mit einem Mittelwert zwischen beiden extremen Messungen belichtet, dann werden wichtige Teile des Motivs (Fensteraussicht und Zimmerecke) bereits an der äußersten Grenze des Belichtungsspielraums oder sogar weit darüber liegen. Die Fensteraussicht wird sehr hell und praktisch ohne Zeichnung wiedergegeben, die Zimmerecke wird schwarz sein.

Was dem Auge also überhaupt keine Schwierigkeiten bereitet, stellt für fotografische Materialien einen sehr hohen Lichtkontrast dar und bedeutet Zeichnungsverlust. Weitere wichtige Erkenntnis: Je nachdem, ob das Fenster oder die Ecke angemessen wird, unterscheidet sich der Bereich im Bild, der zeichnet. Durch die Wahl der Meßstelle wird vom Fotografen bereits eine grundlegende Entscheidung über die spätere Belichtung getroffen. Und damit über die Teile, die noch durchgezeichnet sind oder eben nicht. Die bewußte Wahl der Meßstelle wird umso wichtiger, je extremer die Lichtsituation ist.

Zusammenfassend bleibt festzuhalten, daß unser Auge kein autonomes System ist, das für sich existiert. Augen- und Pupillenbewegung, Wahrnehmung, Farb- und andere Sinneseindrücke, all das wird von unserem Gehirn gesteuert und interpretiert. Im Gegensatz dazu ist die Kamera kein interpretierendes, sondern ein aufzeichnendes System. Die Sichtweisen von Auge und Kamera bzw. Film unterscheiden sich ganz wesentlich. Bei zunächst unerklärlichen Bildergebnissen sollten Sie daran denken und überlegen, ob das vielleicht an dieser Diskrepanz gelegen haben mag.

Das fotografische Sehen ist gewissermaßen ein Kampf mit uns selbst. Um gute Fotos zu machen, müssen wir, hart ausgedrückt, unsere Wahrnehmungsfähigkeit soweit reduzieren, daß sie den eingeschränkten Möglichkeiten des Systems Kamera angenähert wird.

Bildgestaltung in der Schwarzweißfotografie

Die Wahl der Brennweite ist entscheidend für die Bildwirkung. Das mag für manchen selbstverständlich sein, soll hier aber nochmals ins Gedächtnis gerufen werden. Läßt sich doch ein und dasselbe Motive allein durch eine geänderte Brennweite ganz anders darstellen.

Zuvorderst hat die Brennweite Auswirkungen auf die Abbildungsgröße. Durch das Weitwinkel betrachtet sieht alles kleiner aus als durch das Teleobjektiv und es ist mehr auf dem Foto abgebildet. Die unterschiedlichen Abbildungswirkungen sind übrigens anhand der Brennweitenangabe leicht anzugeben: Vom gleichen Standpunkt aus fotografiert wird das Motiv bei Verdoppelung der Brennweite auch doppelt so groß abgebildet; dabei wird nurmehr ein Viertel der ursprünglichen Motivfläche erfaßt. Beim Wechsel von 35 mm auf 135 mm wird also nur rund ein Achtel des vorherigen Ausschnitts viermal größer auf dem Film abgebildet.

Darüber hinaus hat die Brennweite auch einen indirekten Einfluß auf die Perspektive auf die Sicht der Dinge. So haben sich auch die Begriffe »Weitwinkelperspektive« und »Teleperspektive« eingebürgert, die schon zu vielen Mißverständnissen Anlaß gegeben haben. Bei gleichbleibendem Aufnahmestandpunkt ändert sich auch die Perspektive nicht – das Tele erfaßt lediglich einen kleineren Ausschnitt aus demselben Bild. Selbstverständlich ändert sich dadurch auch der Bildeindruck, und deshalb wird das meist schon als Weitwinkel- bzw. Teleperspektive bezeichnet. Richtig ist das nicht.

Ganz anders sieht es aus, wenn der Standpunkt geändert wird – dann, und nur dann, ändert sich auch die Perspektive. Und insofern haben Begriffe wie Weitwinkelperspektive doch wieder ihre Berechtigung, denn jede Brennweite verlangt wahrscheinlich nach einem anderen Standpunkt. Gerade auch dann, wenn es sich um dasselbe Motiv handelt. Nähern Sie sich Ihrem Motiv und legen Sie für jede Brennweite getrennt den besten Aufnahmestandpunkt fest. Dann stimmt auch der Begriff mit der Perspektive. Denn mit einem Standortwechsel ändert sich auch die Perspektive.

Beim **Weitwinkelobjektiv** denkt man unwillkürlich an Übersichten, an großzügig aufgefaßte Landschaftspanoramen, auch an enge Zimmer, kurz, an Situationen, in denen möglichst viel aufs Foto soll. Doch es heißt Möglichkeiten der Bildgestaltung verschenken, wenn das Weitwinkelobjektiv nur dann eingesetzt wird, wenn besonders viel aufs Foto soll. Auch dafür ist das Weitwinkel natürlich geeignet. Vor allem aber zeigt ein Weitwinkel den Vordergrund besonders groß im Verhältnis zum Hintergrund. Es betont die Perspektive, abhängig von der Brenn-

Das leichte Tele ist die ideale Porträtbrennweite, da es die Proportionen des Gesichts gut wiedergibt und den Hintergrund in Unschärfe auflöst.
Foto: Jochen Fiebig

weite – gemäßigt bis ganz extrem – und gewinnt den Dingen eine dramatische Sicht ab. Das Weitwinkel zeigt ein Motiv im übergreifenden Zusammenhang, Motiv und Umfeld werden gestochen scharf, die Sicht erscheint räumlich.

Deshalb eignet es sich nun überhaupt nicht als Porträtobjektiv, denn für dieses Objektiv ist die Nasenspitze Vordergrund und alles andere schon Hintergrund. Das führt dazu, daß ein Gesicht in den Proportionen stark überzeichnet wiedergegeben wird und nur noch unschön aussieht.

Das Weitwinkel eignet sich aber andererseits aufgrund seiner großen Schärfentiefe wie kein anderes Objektiv, die Dimension der Tiefe darzustellen – das Motiv wird von vorn bis hinten

Mit dem Weitwinkelobjektiv lassen sich Bildzusammenhänge und Übersichten durch die große Schärfentiefe zeigen. Wegen des oft großen Himmelsanteils sollte die Kamera zur Belichtungsmessung nach unten geneigt und ein Punkt mittlerer Helligkeit (Gras) angemessen werden.
Aufnahmedaten: Film FP4, belichtet wie ISO 125/22° und entwickelt in ID-11, Verdünnung 1+1. Vergrößert auf Multigrade III RC de Luxe.

Die Normalbrennweite zeichnet sich durch eine unspektakuläre Sicht aus. So wirkt der Bildaufbau ruhig.
Aufnahmedaten: Film FP4, belichtet wie ISO 125/22° und entwickelt in ID-11, Verdünnung 1+3. Vergrößert auf Multigrade III RC de Luxe.

scharf. Eine Blume, mit dem Weitwinkel fotografiert, ragt groß aus einer Landschaft, die sich bis zum Horizont erstreckt und das ganze Umfeld scharf zeigt.

Gerade entgegengesetzt wirkt das Motiv durch ein **Teleobjektiv** gesehen. Dieselbe Blume wird hier isoliert vor einem diffusen grünen Hintergrund stehen. Das Tele löst ein Motiv und stellt es vor einen relativ unscharfen Hintergrund. Mit zunehmender Brennweite erscheint das Motiv immer flacher, die räumliche Orientierung geht etwas verloren. Die Proportionen verflachen – je nach Brennweite leicht bis stark. Die Bildwirkung ist prinzipiell ruhiger als bei einem Weitwinkel. Ein leichtes Tele ist deshalb das ideale Porträtobjektiv. Da die Proportionen nicht mehr so ausgeprägt wiedergegeben werden wie beim Weitwinkel, wirkt das Gesicht jetzt viel natürlicher. Zudem nimmt der Aufnahmeabstand bei gleicher Abbildungsgröße zu, und das ist gerade bei der Fotografie von Menschen ein angenehmer Zusatzeffekt.

Wird jedoch ein starkes Teleobjektiv für Porträts eingesetzt, dann schlägt der Effekt ins Negative um: Das Gesicht wirkt flach und konturlos.

Der Begriff **Normalobjektiv** bezieht sich auf den Bildwinkel von rund 46° dieser Brennweite, die in etwa der Formatdiagonalen entspricht. Betrachten wir eine Vergrößerung davon aus normalem Betrachtungsabstand (= Diagonale des Bildes), so ist dieser Eindruck dem Eindruck bei Betrachten des realen Motivs vergleichbar, da Aufnahme- und Betrachtungswinkel sich entsprechen. »Normal« muß nun aber nicht langweilig heißen, denn der Verzicht auf mehr oder weniger spektakuläre Sichtweisen lenkt umso mehr auf das Motiv hin.

War das Normalobjektiv früher das Objektiv der ersten Wahl zur Kamera, so ist es im Zeichen der Zoomobjektive fast schon zum Spezialobjektiv geworden. Seine Stärken liegen heute weitgehend in der Spezialanwendung als besonders lichtstarkes Objektiv oder als Makroobjektiv mit überlangem Auszug.

Diese eben beschriebenen Einsatzgebiete der unterschiedlichen Brennweiten sind Anhaltspunkte, mehr nicht. In der Praxis kann sich das alles auch ganz anders darstellen. Das Motiv selbst spielt auch eine sehr große Rolle. Ein schönes Mädchen oder eine interessante Rindenstruktur können, mit dem Tele aufgenommen, sehr aufregend wirken, während eine diesige Nebellandschaft trotz Weitwinkel viel Ruhe ausstrahlen wird. Es gibt leider – oder glücklicherweise – keine allgemeingültigen Faustregeln, die immer zutreffen. Es bleibt dabei: Der Fotograf muß sich um jedes Motiv immer wieder neu bemühen. Experimentieren Sie deshalb mit den Brennweiten.

Welche Brennweite denn nun besonders einfach zu beherrschen sei, darüber gehen die Meinungen auseinander. Oft wird der Rat gegeben »Ran ans Motiv«, und das setzt stärkere Brennweiten fast zwingend voraus. In der Tat ist es vielleicht etwas einfacher, durch Konzentration allein auf das Hauptmotiv gute Aufnahmen zu machen. Die Vielfalt der Details, die mit dem Weitwinkel erfaßt werden, lenkt leicht ab. Andererseits besteht gerade dadurch die Chance, etwas vom Umfeld des Motivs zu zeigen, es in einen Zusammenhang zu stellen. Spielen Sie mit allen Brennweiten, die Ihnen zur Verfügung stehen. Starre Schemata aufzustellen und Landschaft immer gleich Weitwinkel zu setzen oder Menschen nurmehr mit dem leichten Tele zu porträtieren hieße, sich die Fotografie etwas sehr einfach zu machen sowie viele Gestaltungselemente und Ausdrucksmöglichkeiten zu verschenken.

Zusammenfassung
Wirkung der unterschiedlichen Brennweiten:

- Bei gleichem Standpunkt ändert sich mit der Brennweite lediglich der Bildausschnitt – die Perspektive bleibt gleich.
- Verdoppelung der Brennweite bedeutet bei gleicher Aufnahmedistanz doppelte Abbildungsgröße.
- Mit Änderung des Aufnahmestandpunktes ergibt sich eine andere Perspektive.
- Durch die Wahl der Brennweite wird eine Vorentscheidung über die Schärfentiefe getroffen: Kurze Brennweiten ergeben große Schärfentiefe, lange Brennweiten geringere Schärfentiefe.

Lernen Sie diese unterschiedlichen Wirkungen kennen und anwenden. Sie sind schlecht beraten, wenn Sie starr an einem Ort stehenbleiben und dort nur die Brennweiten wechseln. Besonders bei der Verwendung des Zoomobjektivs ist diese Gefahr sehr wohl gegeben, denn es ist ja so bequem, einfach nur die Brennweite zu verstellen. Grundsätzlich ist zwar durchaus begrüßenswert, wenn außer dem Standpunkt mit dem Zoom auch die Abbildungsgröße schnell und einfach festgelegt werden kann. Lassen Sie es nur nicht dabei bewenden, sondern bemühen Sie sich um Ihr Motiv.

Vermeiden Sie dabei unklare Bildaussagen. Die Fotografie ist ein visuelles Medium. Es soll etwas gezeigt werden. Ein sicheres Indiz für ein schlechtes Foto ist, wenn Sie erklären müssen: »Das Foto hätte wohl etwas heller werden sol-

Die große Schärfentiefe in diesem Bild stellt das Hauptmotiv in den räumlichen Zusammenhang. Es ist klar zu erkennen, wo das Foto entstanden ist – in Paris vor Notre Dame. Foto: Jochen Fiebig

len, damit man das Gesicht besser erkennt und da in der Ecke sollte eigentlich noch die Blumenvase mit aufs Bild kommen.« Die Tatsache, ein Foto solchermaßen erklären zu müssen, disqualifiziert es schon. Ich nenne dies »Hätte-Sollte-Fotos«, und was solchermaßen gedeutet und erklärt werden muß, verfehlt seinen Zweck, nämlich etwas ohne Worte auszudrücken, ganz offensichtlich völlig.

Spiel mit der Schärfentiefe

Es klang bereits an, daß unterschiedliche Brennweiten auch unterschiedliche Schärfentiefe zeigen. Daneben hat natürlich auch die eingestellte Blende Auswirkungen auf die Schärfentiefe. Streng genommen kann ein Objektiv nur von einer einzigen Ebene ein völlig scharfes Bild liefern. Alle anderen Punkte liegen vor oder hinter der Einstellebene und projizieren mehr oder weniger große Scheibchen, die sogenannten Zerstreuungskreise. Je weiter sich ein Motivpunkt von der Scharfstellebene entfernt befindet, desto größere Zerstreuungskreise wird er zeigen.

Verkleinert sich die Blendenöffnung, dann werden auch kleinere Unschärfekreise auf den Film projiziert, weil der Strahlenkegel beschnitten wird: Die Schärfentiefe nimmt nach vorn und hinten, bezogen auf die Einstellentfernung, zu.

Der begrenzten Auflösungsfähigkeit des menschlichen Auges ist es zuzuschreiben, daß es mit genügend kleinen Zerstreuungskreisen möglich wird, einen größeren Bereich scharf abzubilden. Denn Zerstreuungskreise, die nicht größer sind als 1/10 mm, erscheinen uns scharf. Da das Filmbild noch vergrößert wird, müssen die Unschärfekreise auf dem Film natürlich wesentlich kleiner sein, um dann in der Vergrößerung immer noch scharf zu erscheinen.

Folgende Unschärfekreise werden bei der Berechnung der Schärfentiefe zugrunde gelegt:

Kleinbildkamera:	1/30 mm
Mittelformatkamera:	1/20 mm
Großbild 9x12:	1/10 mm
Großbild 13x18:	1/7 mm
Großbild 18x24:	1/5 mm

Ausgehend von diesen Werten sind auch die Schärfentiefeskalen auf den Objektiven gerechnet. Grundlage ist dabei die Auflösungsfähigkeit des Auges; seine Fähigkeit, zwei benachbarte Punkte gerade noch getrennt wahrzunehmen. Die Sehschärfe liegt bei duchschnittlichem Sehvermögen bei 1/60 Grad (1 Winkelminute). Bei normaler Leseentfernung von 25 cm ergibt sich daraus, daß Details in der Größe von 0,07 mm noch erkannt werden, bei 50cm müssen die Details bereits 0,14 mm groß sein. Der Schärfeneindruck ist also direkt abhängig vom Betrachtungsabstand.

Anders formuliert können bei Leseentfernung 7 Lp/mm (Linienpaare pro Millimeter) aufgelöst werden. Hat ein Negativ oder Dia eine Auflösung von 50 L/mm, dann muß das Bild rund 7fach vergrößert sein, wenn alle enthaltenen Informationen sichtbar werden sollen (bei Leseentfernung!). Umgekehrt ist es so, daß die Details im Negativ oder Dia kleiner sein müssen, wenn sie später im vergrößerten Bild noch scharf erscheinen sollen. Das wird an einem Beispiel deutlich. Beim Kleinbild werden Zerstreuungskreise von 1/30 mm (= 0,03 mm) zugrunde gelegt. Unter ganz strengen Anforderungen dürfen sie nicht größer werden als 0,07 mm. Das heißt, es ist nur eine rund zweifache Vergrößerung auf 48x72 mm erlaubt. In der Praxis geht man allerdings von erlaubten Zerstreuungskreisen von 1/10 mm (= 0,1 mm) im Bild aus. Damit ist großzügig ein Bild 9x12 cm (ab Kleinbildformat) möglich.

Den Bildbereich, in dem die Zerstreuungskreise 1/10 mm nicht überschreiten, nennt man Schärfentiefezone. Vergrößert man das Filmbild auf beispielsweise 40x50 cm, ändert sich der Schärfeeindruck in der Regel nicht, obwohl die Unschärfekreise anwachsen, da ja auch der Betrachtungsabstand zunimmt.

Bleibt festzuhalten, daß das Maß der Dinge das menschliche Auge ist. Das Bild muß nicht schärfer werden, als für das Sehvermögen des Auges notwendig, es darf aber auch nicht unschärfer sein. Wohlgemerkt: Es geht hier allein um die Schärfentiefe – die scheinbare Schärfe. Unbenommen davon zeichnet jedes Objektiv von der Einstellebene ein absolut scharfes Bild in höchster Auflösung. Die Zerstreukreise wachsen von hier aus umso mehr an, je mehr ein Objektpunkt vor oder hinter dieser Einstellebene liegt.

Werden erhöhte Anforderungen an die Bildschärfe gestellt, beispielsweise für eine hochwer-

Zusammenfassung

Schärfentiefe:

- Die Schärfentiefe ist abhängig von der Brennweite: Kurze Brennweiten ergeben große, lange Brennweiten geringe Schärfentiefe.
- Die Schärfentiefe wird bei gleichbleibender Brennweite durch folgende Parameter beeinflußt:
- kleine Blendenöffnungen ergeben große Schärfentiefe. Der Schärfentiefebereich verdoppelt sich, wenn sich der Blendenwert verdoppelt.
- große Einstellentfernungen ergeben große Schärfentiefe.

tige Vergrößerung 20x25 cm mit großem Schärfentiefebereich oder für Ausschnittvergrößerungen, dann stimmt die Schärfentiefeskala an den Objektiven nicht mehr, und es muß weiter abgeblendet werden.

Die Schärfentiefe ist darüber hinaus von der Brennweite und der Einstellentfernung abhängig. Kürzere Brennweiten weisen eine größere Schärfentiefe auf. Diese Tatsache kann an der Schärfentiefeskala der Objektive abgelesen werden. Weiterhin wird die Schärfentiefe bei jedem Objektiv mit geringerer Einstellentfernung gleichfalls geringer.

Optimale Schärfentiefe

Ausgehend von der Überlegung, daß die Schärfe nicht weiter als bis Unendlich reichen kann, wird deutlich, daß bei einer Scharfstellung auf Unendlich Schärfenraum verschenkt wird, denn zusätzlich zur absoluten Schärfe für die eingestellte Ebene wird zusätzlich die Schärfentiefe wirksam, die abhängig ist von der Brennweite, der eingestellten Blende und dem zulässigen Zerstreuungskreisdurchmesser.

Deshalb sollte immer dann, wenn eine möglichst große Schärfentiefe verlangt ist, bei der die Schärfe bis ins Unendliche reichen soll, der Entfernungseinstellring am Objektiv nicht einfach bis zum Anschlag auf Unendlich eingestellt werden. Vielmehr wird am Objektiv die Unendlichmarke der Entfernungsskala auf die eingestellte Blende laut Schärfentiefeskala ausgerichtet. Dadurch ist dann gewährleistet, daß der Schärfenraum größtmöglich ist.

Diese Tatsache machen sich auch die preiswerten Fixfokus-Kameras zunutze, die mit kurzen Brennweiten um die 35 mm und einer kleinen Blendenöffnung den Bereich von 1 Meter bis Unendlich scharf abbilden können, ohne eine aufwendige Entfernungseinstellung zu benötigen.

Die beste Einstelldistanz für die angestrebte Schärfentiefe läßt sich mit Hilfe von Formeln genau berechnen; für die Praxis genügt jedoch die 1/3 – 2/3 Faustformel völlig, die besagt, daß der Schärfenraum ausgehend von der Einstellebene zu einem Drittel davor (auf die Kamera hin) liegt und zu zwei Dritteln dahinter. Soll beispielsweise ein Bereich von 5 bis 11 Meter scharf werden, so werden 6 Meter Schärfentiefe verlangt und es ist auf das erste Drittel $(5+(6\times1/3)=7)$ bei 7 Meter scharfzustellen. Diese Entfernungseinstellung verspricht geringstmögliches Abblenden zum Erreichen der gewünschten Schärfentiefe, die jetzt durch stufenweises Abblenden genau festgelegt werden kann.

Durch geeignete Objektiv- und Blendenwahl kann nun aber nicht nur die höchstmögliche Schärfentiefe erreicht werden, sondern umgekehrt geht es selbstverständlich genauso, eine geringe Schärfentiefe anzustreben, um ein Motiv vom Hintergrund zu isolieren.

Spielarten der Schärfe

Der Begriff der Schärfe ist nicht eindeutig mathematisch definiert. In der fotografischen Praxis spielen mehrere Parameter eine Rolle. Bei der Aufnahme kommen in Frage: Korrektur des Objektivs, Scharfeinstellung und Schärfentiefe, Bewegungsschärfe (Verreißen bzw. Motiveigenbewegung), Raumschärfe (Dunst, Nebel, Lichtverteilung etc.), Filmmaterial (Korn und Konturenschärfe). Der Schärfeeindruck kann auch durch große Unschärfezonen und demgegenüber eng begrenzte Detailschärfe so gesteigert werden, daß das Foto insgesamt besonders scharf wirkt. Bei der Weiterverarbeitung schließlich spielen folgende Dinge eine Rolle: Entwicklung, Vergrößerungsmaßstab, Bildkontrast.

Sie sehen, es ist eine ganze Menge, was den späteren Schärfeeindruck eines Bildes bestimmt. Und der Schärfe wird in der Fotografie gegebenermaßen große Bedeutung beigemessen, denn damit vor allen Dingen steht und fällt die technische Qualität eines Fotos. Ein scharfes Foto ist noch kein gutes Foto, aber es erfüllt zumindest die notwendigen technischen Voraussetzungen, die an ein gutes Foto gestellt werden. Ein unscharfes Foto wird dagegen nur in Ausnahmefällen auch als ein gutes Foto gelten können.

Es kann andererseits nicht erstrebenswert sein, nurmehr Fotos zu machen, die durch ein Übermaß an Schärfe glänzen. Das Spiel mit der Schärfentiefe etwa löst das Motiv vom unruhigen Hintergrund. Und der Reiz einer Verwischung liegt darin, daß der Betrachter erkennen kann, daß sich das Motiv bewegt hat.

Die erste Entscheidung über die spätere Bildschärfe treffen Sie, sobald Sie einen Film einlegen. Wie im vorangegangenen Kapitel nachzulesen, hängen Filmempfindlichkeit und **Auflösungsvermögen** ganz eng zusammen. Je geringer die Filmempfindlichkeit ist, desto feinkörniger ist der Film und desto mehr feine Details kann er auch auflösen. Dem gegenüber steht jedoch, daß mit geringer werdender Filmempfindlichkeit die Belichtung erhöht werden muß.

Besonders bei Zoomobjektiven mit relativ geringer Anfangslichtstärke muß dies sehr bald über die Verschlußzeit geschehen, und das wiederum erhöht die Gefahr von Unschärfe, die

Die geringe Schärfentiefe weist bei diesem Bild umso eindringlicher auf das Gesicht hin, der Hintergrund tritt zurück.
Foto: Jochen Fiebig

durch Verwacklung bedingt ist. Es ist also nicht empfehlenswert, der hohen Auflösung wegen nun immer und unter allen Umständen einen niedrigempfindlichen Film zu verwenden. Die Filmempfindlichkeit muß vielmehr immer im Zusammenhang mit dem Fotoereignis gesehen werden. Bei der Fotografie vom Stativ, wenn Reproduktionen oder genaue Sachaufnahmen verlangt sind, ist ein niedrigempfindlicher Film das Passende.

Höchste Schärfe ist nicht immer erstrebenswert. Unschärfe kann gerade besonders ausdrucksvoll sein und eine Situation treffend beschreiben.
Aufnahmedaten: Film XP1, belichtet wie ISO 400/27°, entwickelt in C41, vergrößert auf Multigrade III RC de Luxe.

In der Sportfotografie jedoch, wo schnelle Verschlußzeiten notwendig sind, um die schnellen Bewegungen des Sportlers festzuhalten, ist ein hochempfindlicher Film weit besser geeignet. Schließlich ist zu bedenken, daß moderne Filme ganz ausgezeichnet sind und auch hochempfindliche Filme noch hervorragende Ergebnisse liefern.

Auf einer kleinen Vergrößerung 9x12 cm werden Sie dabei nicht einmal bemerken, daß hochempfindlicher Film eingesetzt worden ist. Und auf einer großen Fotografie im Format 20x25 cm oder gar noch größer kann das nun sichtbare Korn durchaus auch gestaltend wirken.

Abhängig vom angesetzten Objektiv und von der eingesteuerten Objektivblende ergibt sich die **Schärfentiefe**. Denken Sie daran, daß die Schärfentiefe sowohl durch ihre Anwesenheit, aber auch durch ihr Fehlen zur Gestaltung beitragen kann. Ein Foto, das von vorn bis hinten

Für den visuellen Schärfeeindruck sind viele Faktoren bestimmend. Unter anderem hat auch der Kontrast einen großen Einfluß darauf. Das Bild mit dem höheren Kontrast wird als schärfer empfunden, obwohl beide Beispiele vom gleichen Negativ stammen – lediglich die Papiergradation ist eine andere.

scharf ist, kann sehr eindrucksvoll sein. Genauso gut kann jedoch eine Fotografie wirken, die eine ganz eng begrenzte Schärfentiefe aufweist. In der Regel sollten Sie bei extremen Weitwinkelaufnahmen auf eine möglichst große Schärfentiefe Wert legen. Hier soll eine Übersicht gezeigt werden, die am besten von vorn bis hinten scharf erscheint. Das Gegenbeispiel sind Teleaufnahmen, die ein Detail zeigen. Dabei ist eine sehr geringe Schärfentiefe durchaus wünschenswert. Das Motiv wird deutlich aus der Umgebung herausgelöst.

Sie sehen, Unschärfe ist nicht nur ein leidiges Problem, das es unter allen Umständen zu bekämpfen gilt, sondern gleichermaßen eine Möglichkeit der Bildgestaltung.

Auch die folgende Variante der Schärfe kann, bewußt eingesetzt, Gestaltungselement im Foto sein. Die **Bewegungsschärfe** tritt in zwei Varianten auf. Einmal als Eigenbewegung des Fotografen, man kann auch Zittern dazu sagen. Jeder Mensch bewegt sich (Körperunruhe, Herzschlag usw.), und diese kleinsten Erschütterungen übertragen sich auf die Kamera. Mit zunehmender Objektivbrennweite verstärkt sich das Problem, da nicht nur das Motivbild vergrößert wird, sondern quasi auch das Wackeln des Fotografen.

Diese Eigenbewegung des Fotografen wird immer wieder unterschätzt, und nicht selten wird das Fotografengarn gesponnen, bei ruhiger Hand könne leicht noch die achtel Sekunde aus der Hand belichtet werden. Das ist sicher auch richtig so, nur ob das Foto hinterher auch tatsächlich scharf ist, wage ich doch sehr zu bezweifeln. Hier spielt natürlich die spätere Nachvergrößerung eine große Rolle. Auf einem Miniformat werden Unschärfen überhaupt noch nicht zu erkennen sein, die das große Foto jedoch unbrauchbar machen können.

Nun ist es sicher nicht verkehrt, sich um eine ruhige Hand zu bemühen, um auch das ein oder andere Foto im Grenzbereich noch zu riskieren, das dann vielleicht doch noch gelingt. Grenzbereich, das bedeutet eine Stufe unter der zulässigen Verschlußzeit. Alles andere wird nichts werden. Als Faustregel nimmt man den Kehrwert der Brennweite (1/Brennweite). Die verwendete Brennweite gibt also auch die höchstzulässige Verschlußzeit an – als Sekundenbruchteil. Das ist die langsamste erlaubte Verschlußzeit, die voraussichtlich noch zu brauchbaren Ergebnissen führt. Bei einem Weitwinkel mit 28 mm Brennweite hieße das also 1/28 Sekunde oder schnellere Verschlußzeiten. Bei einem 300 mm Teleobjektiv braucht es dann schon mindestens 1/300 Sekunde.

Das ist eine Faustregel. Das heißt daher noch nicht, daß das Einhalten dieser Verschlußzeiten immer scharfe Fotografien garantiert oder daß ein Überschreiten immer auch gleich totale Unschärfe bedeutet. Wer sich hier ein Plus an Sicherheit verschaffen möchte, kann den Schützen abgucken, wie die ihre Gewehre handhaben. Genauso kann auch beim Fotografieren durch ruhiges Anvisieren und festen Halt die Ruhe vor der Aufnahme verbessert werden. Durch Abstützen des Arms oder Auflegen der Kamera kann die ruhige Haltung weiter verbessert werden. Bis dann der Punkt erreicht ist, wo ein Stativ unverzichtbar wird.

Weiterhin kann sich selbstverständlich auch die Eigenbewegung eines Motivs auf dem Foto als Bewegungsunschärfe auswirken. So wird es an einem windigen Tag schon bemerkenswert große Schwierigkeiten geben, eine Blüte wirklich scharf festzuhalten. Dieser Art der Bewegungsunschärfe kann vor allen Dingen durch die Wahl der Filmempfindlichkeit begegnet werden. Es wäre verfehlt, wollte man zu einem Autorennen einen niedrigempfindlichen Film mitnehmen. Andrerseits kann im Foto nur durch Unschärfe Geschwindigkeit und Bewegung dargestellt werden – Unschärfe ist in diesem Fall auch eine Bildsprache.

Schließlich und endlich hat auch das Motiv selbst Einfluß auf den resultierenden Schärfeeindruck. Witterungsbedingungen wie Nebel, Dunst oder Regen können die Schärfe deutlich mindern. Dazu kommen visuelle Eindrücke. Lichteinfall, Formen und Strukturen bestimmen gleichfalls den Schärfeeindruck.
In der Tabelle finden sich alle Parameter, die den Schärfeeindruck des Fotos bestimmen, noch einmal kurz zusammengefaßt.

Zusammenfassung

- **Objektivschärfe**
  abhängig von Auflösungsvermögen und Kontrast, eingestellter Blende und Nachvergrößerung.
- **Schärfentiefe**
  abhängig von Brennweite, Blende, Einstellentfernung und Nachvergrößerung.
- **Bewegungsschärfe**
  abhängig von Verschlußzeit, Objektivbrennweite, Motivbewegung und Nachvergrößerung.
- **Filmschärfe**
  abhängig von Filmempfindlichkeit (= Filmkorn & Auflösungsvermögen) und Nachvergrößerung.
- **Motivschärfe**
  abhängig von Form, Aufnahmeentfernung, Atmosphäre, (Dunst, Nebel etc.) und Nachvergrößerung.

Es ist sicher nicht verkehrt, immer das Maximum an Qualität anzustreben. Das kann und soll dennoch keinesfalls bedeuten, nun nurmehr darauf zu schielen und im Zweifelsfall lieber kein Foto zu machen. Haben Sie keine Angst vor der Unschärfe, die gestalterisch genauso ihre Berechtigung hat. Spielen Sie mit den vielfältigen Erscheinungen von Schärfe.

Praxisübung – Brennweitentage

Der folgende Vorschlag ist nicht so ganz einfach umzusetzen, denn er bedarf einiger Überwindung von Ihrer Seite. Die Idee ist dabei einfach genug: Ich schlage Ihnen vor, sich einmal ganz bewußt zu beschränken, was die Ausrüstung angeht, und auf die Fotoexkursion nur ein Gehäuse und eine Brennweite mitzunehmen.

Die Schwierigkeit dabei ist, so befürchte ich, daß Sie – ähnlich wie ich auch – im ersten Moment Bedenken haben, man könne etwas verpassen: »Meine Ausrüstung ist so schön umfangreich – das brauche ich doch schließlich alles ganz dringend. Sonst hätte ich es ja nicht gekauft!«

Trotzdem, mein Rat geht dahin, auf all das zu verzichten und nur ein Weitwinkel-, oder ein Normal- oder ein Teleobjektiv mitzunehmen. Und wenn Sie das schon nicht machen mögen, dann konzentrieren Sie sich wenigstens an diesem Tag auf eine ganz bestimmt Brennweite. Fotografieren Sie bevorzugt oder ausschließlich damit.

»Wozu das?« fragen Sie? Nun, wenn Sie nur eine Brennweite benutzen, dann bewirkt das Zweierlei: Einmal müssen Sie Standpunkt und Bildausschnitt so wählen, daß das Motiv bestmöglich wirkt. Und zum anderen werden Sie schon nach kurzer Zeit unwillkürlich nach solchen Motiven Ausschau halten, die für diese Brennweite besonders geeignet scheinen. Und damit erreichen Sie zwei andere Dinge: Sie lernen die Brennweite genau kennen und bringen Motiv und Brennweite besser in Einklang.

Haben Sie dann im Lauf der Zeit all Ihre Brennweiten ausgetestet, dann sind Sie in der Lage, mit einem Blick zu entscheiden, welche Brennweite für welches Motiv am besten geeignet sein wird.

Eine Anmerkung noch: Besonders dann, wenn sie mit Zoomobjektiven bestückt sind, sollten Sie sich immer mal wieder auf eine andere Brennweite festlegen. Beim weitverbreiteten Zoom 80-200 mm zum Beispiel auf folgende Brennweiten: 85, 105, 135, 200 mm. Pro Tag auf eine.

Richten Sie sich dabei ruhig auch bei Zoomobjektiven nach den gebräuchlichen Festbrennweiten. Denn Festbrennweiten sind teuer und es wäre undenkbar, sie mit nur kleinsten Differenzen (80 – 85 – 90 ...) anzubieten. Deshalb kann davon ausgegangen werden, daß die Unterschiede zwischen den einzelnen Festbrennweiten mit Bedacht gewählt sind: Die Unterschiede sind einerseits groß genug, schon deutliche Unterschiede zu zeigen (Schärfentiefe, Perspektive usw.), andererseits klein genug, um dem Fotografen alle Möglichkeiten offenzuhalten. Und im Laufe von 150 Jahren Fotografie haben sich die Festbrennweiten herauskristallisiert, die gut geeignet sind.

Proben Sie die einmal schön langsam der Reihe nach mit dem Zoomobjektiv aus, dann werden Sie wahrscheinlich sehr erstaunt sein, welch gestalterische Möglichkeiten darin verborgen sind.

Denn ein Zoomobjektiv ist mehr als eine einfache Möglichkeit, den Ausschnitt passend festzulegen. Verknappend ausgedrückt, stellt jede darin enthaltene Festbrennweite einen neuen gestalterischen Aspekt bereit. Es lohnt sich deshalb sehr wohl, sich Brennweiteneinstellung für Brennweiteneinstellung auch mit dem Zoom auseinanderzusetzen.

Und wenn Sie dies Gelernte nicht in einen starren Rahmen pressen, dann führt das auch dahin, daß Sie bei einem typischen Telemotiv plötzlich erkennen, daß in just dieser Situation das Weitwinkel weit besser geeignet ist. Das wird deshalb möglich, weil Sie die einzelnen Brennweiten jetzt genau kennen.

Praxisübung – Komposition der Fotos

Als nächstes sollten Sie dann einmal darangehen, sich Gedanken zu machen über die Bildaufteilung in Ihren Fotos. Es kann dabei natürlich keine Regeln geben, die sklavisch befolgt werden müßten. Aber es wird das Auge schulen und den Blick für die Bildkomposition, ja für Motive generell öffnen, wenn Sie einmal ganz bewußt nach Motiven mit bestimmten Bildaufteilungen suchen.

Legen Sie dabei einmal geometrische Grundformen wie das Dreieck, die Diagonale oder die Horizontale zugrunde und halten Sie ganz bevorzugt nach solchen Motiven Ausschau. Beziehungsweise versuchen Sie, Motive im Hinblick darauf ins Bild zu setzen.

Was Sie im vorhergehenden über die unterschiedlichen Brennweiten gelernt haben, sollen Sie natürlich jetzt nicht vergessen, sondern im Gegenteil hier mit einbringen.

Halten Sie zum Beispiel nach ausgeprägten Horizontalen Ausschau. Nehmen wir an, Sie finden ein goldgelbes Weizenfeld, das frontal auf-

Nicht nur dieselbe Brennweite, sondern auch noch dasselbe Motiv: das zweite Mal ein paar Augenblicke später aufgenommen. Foto: Jochen Fiebig

gefaßt wird. Je nachdem, ob Sie dazu ein Tele- oder aber ein Weitwinkelobjektiv nehmen, wird sich der Eindruck ganz wesentlich ändern. Im ersteren Fall wird – der geringen Schärfentiefe wegen – das Hauptaugenmerk auf einigen einzelnen Ähren liegen. Das Weitwinkel dagegen wird das Feld mehr in seiner Gesamtheit zeigen. Und beide Fotos haben die ausgeprägte Horizontale als Bildelement aufzuweisen.

Und wenn Sie nur ein paar Schritte weiterge-

hen, zur Ecke des Feldes, können Sie eine ganz deutliche Dreiecksform finden, die gleichfalls wieder durch unterschiedliche Brennweiten ganz unterschiedlich abgebildet werden kann.

Sie sehen, oft genügen wenige Schritte, um ein Motiv ganz anders zu erleben. Und das ist ein Grund, warum das Suchen nach geometrischen Formen bei der Bildgestaltung hilfreich sein kann: Man bemüht sich mehr um das Motiv und sucht spezielle Möglichkeiten, es (besser)

Zu den Abbildungen Seite 44 bis 48: Diese Fotos sind alle an einem Tag innerhalb eines eng begrenzten Raumes entstanden. In einem Kieswerk habe ich bevorzugt nach solchen Motiven Ausschau gehalten, die das quadratische Format möglichst spannungsreich durchkreuzen. Die Vergrößerungen sind auf Ilford Galerie gemacht.

darzustellen. Auf diese Weise können Sie sich viele Ziele setzen. Nicht alle auf einmal, sondern immer mal wieder ein neues. Spielerisch lernen Sie so den Umgang mit Brennweiten und Kompositionselementen in der Fotografie.

Neben der geometrischen Auffassung gibt es weitere Ansatzpunkte. Machen Sie doch einmal Fotos mit besonders ausgeprägtem Vordergrund. Und dann wieder welche ganz ohne. Erweitern Sie das auf den Mittel- und den Hintergrund und kombinieren Sie dabei auch einmal die verschiedenen Bildbereiche.

Dabei ist nicht unbedingt an den berühmten Ast im Vordergrund gedacht, der die Tiefe in das Bild mit der Kapelle bringt. Obwohl auch das ein Beispiel für die bewußte Gestaltung von Vorder- und Hintergrund ist.

Bei dieser Übung kommen auch die unterschiedlichen Brennweiten unweigerlich mit ins Spiel. Bleiben wir beim Beispiel des Weizenfeldes, aus dem unübersehbar ein roter Mohn ragt. Zusammen mit einzelnen umstehenden Ähren ist das eine klassische Horizontalkomposition. Mit dem Teleobjektiv, das einen engen Bildwinkel hat, wird wenig vom Hintergrund erfaßt und damit wird der Mohn zum Bildzentrum ohne wesentlichen Vorder- oder Hintergrund. Deutlich anders zeigt sich das Bild mit dem Weitwinkelobjektiv. Auch hier soll der Mohn gut ins Format komponiert werden. Der große Bildwinkel aber bringt außerdem noch viel mehr ins Bild und der Mohn wird zum Bildvordergrund; das Foto zeigt weiter einen ausgeprägtem Hintergrund.

Als Anregung für weitere Möglichkeiten der Bildgestaltung können Sie folgende Stichpunkte nehmen: Suchen Sie nach grafischen Effekten, konzentrieren Sie sich auf Formen, Umrisse oder Strukturen, auf Lichtwirkungen.

Kombinieren Sie schließlich die einzelnen Elemente und Sie kommen fast zwangsläufig zu einer bewußteren, immer neuen und spannenden Auseinandersetzung mit dem Motiv. Wobei Sie jetzt die unterschiedlichen Kompositionsele-

mente gezielt einsetzen können. Die Wahrscheinlichkeit ist groß, daß Ihre Fotos davon profitieren.

Augenrichtige Fotos

Wenig Gedanken macht man sich im allgemeinen um den Zusammenhang zwischen Perspektive und Bildbetrachtung. Die Perspektive eines Fotos wird durch den Aufnahmestandpunkt vorgegeben. Ausgesucht wird aber meist in Hinsicht auf das Objektiv, das im Moment am besten geeignet zu sein scheint. Das ist in der Mehrzahl aller Fälle durchaus legitim.

Wenn es aber darum geht, auf dem Foto den richtigen Sinneseindruck von Größe und Anordnung der Gegenstände im Raum zu vermitteln, kann folgende Regel helfen: Der Betrachtungswinkel sollte dem Aufnahmewinkel entsprechen.

Diese Forderung kann erfüllt werden, wenn der Betrachtungsabstand der Brennweite entspricht. Das mögen Sie auf Anhieb vielleicht nicht ganz glauben, aber es ist tatsächlich so, denn natürlich wird nicht das Aufnahmeformat zur Grundlage genommen, sondern das Endformat. Wird also das Negativ vergrößert, dann wird die Brennweite auch mit dem Vergrößerungsfaktor multipliziert. Das ergibt leicht umgewandelt folgende Rechnung: Betrachtungsabstand / Vergrößerung = Brennweite.

Für unterschiedliche Bildformate bei normaler Leseentfernung (rund 30 cm) resultieren daraus ganz andere Forderungen.

Angenommen sei eine Kleinbildaufnahme:

- Ein Bild im Format 24×30 cm ist rund 10fach vergrößert. Die notwendige Brennweite liegt also bei 30 mm.
- Ein Bild im Format 18×24 cm ist rund 7,5fach vergrößert. Die notwendige Brennweite liegt bei 40 mm.
- Ein Bild im Format 9×13 cm ist rund 3,5fach vergrößert. Die notwendige Brennweite liegt

bei 85 mm. Auf diese Weise kann festgelegt werden, wie groß ein Bild zum Beispiel für eine Ausstellung oder eine Jurierung werden muß, um den besten Eindruck zu vermitteln. Befolgt man diese Regel, dann hat der Betrachter den gleichen Eindruck, wie ihn der Fotograf bei der Aufnahme auch hatte.

Bei einer Ausstellung etwa nehmen wir einmal einen Betrachtungsabstand von einem Meter an. Die Objektivbrennweite steht auch schon fest, denn das Foto ist ja bereits gemacht und soll jetzt ausgestellt werden. Nehmen wir 50mm an. Es ist eine Mittelformataufnahme 6x6. Eine leichte Umformung obiger Rechnung hilft weiter: Betrachtungsabstand / Brennweite = Vergrößerung. 1000/50 = 20. Das Bild sollte also im Format von rund 110x110cm (56 mm x 20 = 1120 mm) ausgestellt werden, um seine beste Wirkung zu entfalten.

Ganz streng gesehen müßte der Betrachter zusätzlich in der gleichen Situation sein wie der Fotograf. Bei einer Aufnahme eines hochliegenden Motivs also sollte auch der Betrachter zur Bildbetrachtung nach oben schauen müssen, bei einer Fotografie in Draufsicht dementsprechend nach unten. Das läßt sich durch geeignetes Hängen der Bilder durchaus in Ansätzen erreichen.

Ausgenommen von solchen Überlegungen sind natürlich bewußt angestrebte Effekte. Aber Sie wissen jetzt zumindest, wie man zu einer augenrichtigen Darstellung kommt.

Fotografie unterwegs

Nein, hier soll einmal nicht die Rede sein von diversen Koffern und Taschen, in denen sich die Ausrüstung bestmöglich transportieren läß. sondern vielmehr von der Fortbewegungsart.

Haben Sie sich eigentlich schon einmal Gedanken gemacht über den Zusammenhang zwischen fotografischem Erfolg und Fortbewegungsmittel? Über die Abhängigkeit zwischen dem Transportmittel und den Motiven, die Sie

dabei jeweils entdecken? Die Fragestellung ist so abwegig nicht, wie sie auf den ersten Blick scheinen mag. Makromotive etwa werden Sie mit Sicherheit nur dann entdecken, wenn Sie zu Fuß unterwegs sind. Und kein vernünftiger Mensch wird sich ins Auto setzen, wenn er auf der Suche nach solchen Motiven ist.

So habe ich festgestellt, daß Radfahren eine besonders schöne und angenehme Art der Fortbewegung ist, die intensive visuelle Erlebnisse und Ausbeute verspricht. Ist doch die Fortbewegungsgeschwindigkeit schlicht ideal, um Sinneseindrücke zu sammeln und zu verarbeiten: Schneller als zu Fuß bieten sich auf einer einzigen Tour immer wieder neue und andere Eindrücke und Motive an, von der Landschaft bis zu Bauwerken. Andererseits ist die Fortbewegungsart nicht hektisch und die Geschwindigkeit gerade richtig, um auch noch die kleinen, unauffälligen Stilleben am Wegesrand zu entdecken.

Dem Radelnden entgeht nichts Wesentliches, und während des ruhigen Vorankommens ist ausreichend Gelegenheit, sich über die Umgebung zu freuen und mögliche Motive in aller Gelassenheit auf ihre Eignung hin zu überdenken. Was im Auto nur so an einem vorbeirast und schon längst weit hinter einem liegt, bis man sich entschieden hat, ob es lohnt, anzuhalten und zu drehen, was also wieder einmal eine verpaßte Gelegenheit ist, das wird vom Radler nicht verpaßt, sondern aufgezeichnet. Und es werden sich Motive zeigen, die anders nicht gesehen werden.

Das Licht in der Schwarzweißfotografie

Es ist weitgehend bekannt, daß der Begriff »Fotografie« aus dem Griechischen abgeleitet ist und als »Schreiben mit Licht« übersetzt werden kann. Zu Beginn unseres Jahrhunderts war es sogar durchaus üblich, im deutschsprachigen

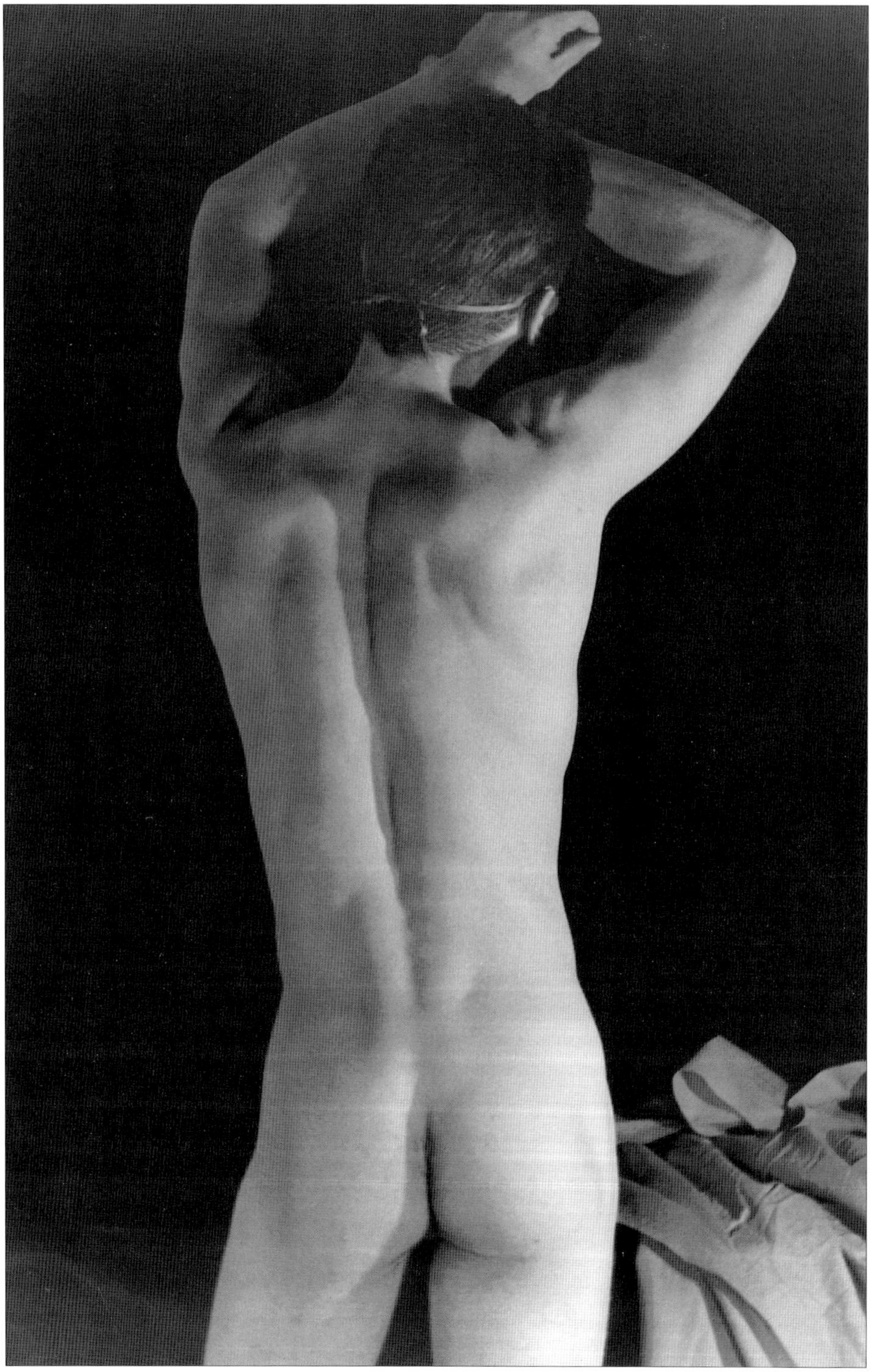

Fotografie ist »Schreiben mit Licht« – diese Tatsache sollten wir uns immer wieder in Erinnerung rufen.
Foto: Harald Grotowsky

Raum von »Lichtmalerei« zu reden. Und der Ausdruck »Lichtbild« ist uns nach wie vor geläufig. Es ist gar nicht so abwegig, sich die Übersetzung des Wortes Fotografie immer wieder einmal zu vergegenwärtigen, denn das dient dem Verständnis, was Fotografie ist und was sie zu leisten vermag.

Selbst niedrige Objektkontraste wie bei dieser Aufnahme einer Nebellandschaft stellen keinerlei Problem dar, wenn anschließend eine Vergrößerung auf Gradationswandelpapier geplant ist. Bei der Aufnahme ist dann keine Anpassung notwendig.
Aufnahmedaten: Film XP1, belichtet wie ISO 800/30° und entwickelt in C41.
Vergrößert auf Multigrade III RC de Luxe, Filter 4.

Dies »Schreiben mit Licht« ist, wiewohl es eine Banalität zu sein scheint, Grundtatsache jedes fotografischen Prozesses. Vergleicht man einmal gelungene und weniger gelungene Aufnahmen miteinander, dann wird sich schnell zeigen, daß das Licht eine ganz entscheidende Rolle spielte.

Die besten Fotografen zeichnen sich durch eine nahezu unglaubliche Beherrschung des Lichtes aus. Dabei spielt es keine Rolle, ob sie draußen mit dem gegebenen Tageslicht umgehen (müssen) oder im Studio das Licht voll unter Kontrolle haben. Tausendmal gesehene Gegenstände zeigen sich plötzlich in einem neuen Licht(!).

Licht

Licht ist in der Fotografie deshalb ausschlaggebendes Element. Diese Binsenweisheit gilt umso mehr für die Schwarzweißfotografie, denn hier wird sich nur dann ein interessantes Foto ergeben, wenn das Licht stimmt. Was in der Farbfotografie eventuell noch über die Farbinformation vermittelt werden kann, hängt bei Schwarzweiß allein von Licht und Schatten ab.

Dem Schwarzweißfoto bekommt eine etwas härtere Beleuchtung durchaus – perfekt ist es, wenn darunter die Durchzeichnung nicht leidet. Das heutzutage oft gesuchte weiche Licht, das nicht zuletzt auf den geringen Belichtungsspielraum der Farbdiafilme zurückzuführen ist, führt in der Schwarzweißfotografie leicht zu grauen und flauen Fotos. Ausnahmen, etwa für High-Key-Effekte, bestätigen wie immer die Regel.

Licht und Schatten

Paradoxerweise wird das Vorhandensein von Licht durch sein Gegenteil besonders deutlich: Tiefe Schatten lassen das Licht umso brillanter und kräftiger wirken.

Es ist dabei »nur« darauf zu achten, die Kontraste, den Unterschied zwischen hellster und dunkelster Stelle im Bild also, soweit zu reduzieren, daß das Foto in den Teilen Zeichnung hat, die der Fotograf für wesentlich erachtet. Soweit das machbar ist.

Natürliches Licht

Bei Außenaufnahmen können Sie das Licht nur im eng begrenzten Raum um die Kamera herum beeinflussen. Denn Aufheller oder Blitzgeräte wirken nur innerhalb weniger Meter. Bleibt bei großflächigen Motiven oder auch bei einer Vorliebe für natürliches Licht nur, mit dem vorhandenen Licht auszukommen.

Im Lauf eines Tages ändert sich die Lichtcharakteristik immer wieder. Bei wolkenlosem Himmel um die Mittagszeit beispielsweise hat die Sonne Spotcharakter, das Licht ist hart und

Der unsichtbare Blitz: Blitzlicht wurde hier wie ein Aufhellblitz eingesetzt. Allerdings war nicht die Aufhellung der Grund für den Blitzlichteinsatz, denn das Licht war sehr weich, sondern der schnelle Blitz wurde benutzt, um die Wassertropfen »einzufrieren«. Aufnahmedaten: Film PAN F, belichtet wie ISO 50/18° und entwickelt in LC29, Verdünnung 1+19. Vergrößert auf Multigrade III RC de Luxe.

gleißend. Das bedeutet extreme Lichtkontraste und harte Schlagschatten. Die frühen Morgen- und die späten Nachmittagsstunden dagegen zeigen weniger harte Kontraste, aber lange Schatten. Je bedeckter der Himmel ist, desto weicher, aber auch konturloser, wird die Lichtcharakteristik. Extrembeispiel ist Nebelwetter; hier fungiert der Nebel wie eine riesige Lichtwanne. Die Kontraste sind extrem niedrig, Schatten ist nicht vorhanden.

Der Fotograf wird von diesen unterschiedlichen Stimmungen profitieren, die Tageslicht vermitteln kann. Vom gleißenden Sonnenlicht bis zur monderleuchteten Nacht ist eine unendliche Spannbreite von Ausdrucksmöglichkeiten gegeben, die maßgeblich von sich ständig ändernden Lichtverhältnissen leben. Tageslicht trägt deshalb oft ganz entscheidend zur Stimmung eines Fotos bei – wenn es richtig gesehen und ins Bild umgesetzt wird. Stimmungsvolle Aufnahmen leben von der Information, die das Licht vermittelt.

Je nach Tages-, Jahreszeit und Witterung zeigen sich ganz andere Lichtcharakteristiken, die es sehr wohl lohnt abzuwarten. Nicht selten weiß der Fotograf eines besonders beeindruckenden Bildes zu erzählen, daß er diesen einen Ort immer wieder aufgesucht hat, um die optimale Lichtstimmung zu finden.

Andererseits gibt es immer wieder Aufnahmen, bei denen nicht das Licht an sich beherrschendes und eben doch auch unkontrollierbares Element sein soll, sondern in denen das Motiv im Vordergrund steht. Porträts und Stilleben sind Beispiele, bei denen das zutrifft. Hier ist es wünschenswert, die Lichtwirkung bereits vor der Aufnahme genau festzulegen, um das Sujet im besten Licht – im Sinn des Wortes – zeigen zu können.

Blitzlicht

Dazu eignet sich Blitzlicht nur sehr eingeschränkt, denn es erfüllt die Forderung, das Licht bereits vor der Aufnahme beurteilen zu können, überhaupt nicht. Eine Ausnahme bilden hier nur Studioblitzgeräte, die zusätzlich ein Pilotlicht zur Lichtkontrolle haben.

In aller Regel jedoch ergibt diese kräftige Lichtquelle starke Schlagschatten, weil der kleine Blitzreflektor wie ein Spot wirkt. Deutlich verbessert werden kann die harte Lichtwirkung durch Blitzschirme, Reflektoren oder andere Vorsätze, die die Leuchtfläche vergrößern und das Blitzlicht streuen. Dadurch ergibt sich eine etwas weichere Lichtcharakteristik.

In der Schwarzweißfotografie kann auch der indirekte Blitz gegen Decke oder Wand unbedenklich eingesetzt werden. Anders als in der Farbfotografie können hier farbige Wände das Ergebnis nur unwesentlich beeinflussen. Möglich ist der indirekte Blitz soweit die Lichtleistung ausreicht. Denn immerhin wird der zurückgelegte Weg des Lichts deutlich größer und zusätzlich muß ein gewisser Streuverlust berücksichtigt werden. Bei einer Verdoppelung der Aufnahmeentfernung steht dann weniger als ein Viertel der ursprünglichen Lichtleistung zur Verfügung – das sind Werte, die beim indirekten Blitzen schnell erreicht und übertroffen werden. Anwendbar ist diese Technik in kleineren hellen Räumen. Dunkle Wandfarben dagegen schlukken soviel Licht, daß die Methode kaum mehr praktikabel ist.

Trotz mancher Einschränkungen bietet Blitzlicht in vielen Situationen unbestreitbare Vorteile, denn ein Blitzgerät ist verhältnismäßig leicht und stellt eine enorme Lichtleistung jederzeit zur Verfügung. Einmal kann damit – auch unter ungünstigen Lichtverhältnissen – zumindest ein Foto gemacht werden. Für dokumentarische Aufgaben ist das besser als nichts. Zum anderen kann Blitzlicht, gekonnt eingesetzt, eine wirklich gute Lichtquelle sein.

Sein Hauptnachteil aber bleibt: Die Lichtwirkung kann nicht vor der Aufnahme beurteilt werden. Weiterhin verbietet es sich in bestimmten Situationen von selbst, weil es Lichtstim-

Blitz- und Dauerlicht in der Kombination ermöglichen es, scharf und unscharf in einem Bild zu vereinen.
Aufnahmedaten: Film PAN F, belichtet wie ISO 50/18° und entwickelt in LC29, Verdünnung 1+29. Vergrößert auf Multigrade FB, zwei Gesamtbelichtungen mit Filter 1 (6 s) und Filter 5 (2 s), der Kopf ist mit 4 s und Filter 3,5 nachbelichtet.

mungen regelrecht erschlägt. Versuchen Sie es stattdessen mit der Available-Light-Fotografie und hochempfindlichen Filmen.

Mischlicht

Sehr schöne Effekte lassen sich erzielen, wenn Blitz- und Tageslicht kombiniert eingesetzt wer-

Im Fotostudio hat man das Licht unter völliger Kontrolle und kann jede gewünschte Lichtstimmung erzeugen.
Aufnahmedaten: Film FP4, belichtet wie ISO 125/22° und entwickelt in Ilfosol S. Vergrößert auf Multigrade III RC de Luxe.

den. Gekonnt gemacht, können sich damit sogar die Nachteile beider Lichtarten aufheben. Ein populäres Beispiel ist der Aufhellblitz. Er mindert die starken Schlagschatten des grellen Sonnenlichtes, ohne daß die Nachteile des Blitzes (hartes Licht, Schlagschatten) wirksam werden können.

Noch mehr Möglichkeiten als mit dem – meist automatisch gesteuerten – Aufhellblitz ergeben sich, wenn der Fotograf die Mischung von Blitz- und Dauerlicht selbst bestimmt. Das Verhältnis von Tages- und Blitzlicht kann folgendermaßen ermittelt und festgelegt werden: Die Verschlußzeit steuert den Tageslichtanteil, die Blende den Blitzlichtanteil. Wobei Blitzlicht immer den Bildvordergrund und Dauerlicht den Hintergrund beleuchtet.

Soll beispielsweise ein Innenraum mit Fensteraussicht fotografiert werden, wird zunächst die Blende festgelegt, die für die angestrebte Schärfentiefe nötig ist. Danach wird die Blitzleistung für den Vordergrund eingeregelt. Jetzt wird die Verschlußzeit festgestellt, die notwendig ist, um den Hintergrund (Fensteraussicht) zu belichten. Dabei ist zu beachten, daß die Synchronzeit nicht unterschritten wird. Durch Abgleich der Blende kann nun der Vordergrund bewußt über- oder unterbelichtet werden, mit der Verschlußzeit wird dies für den Hintergrund erreicht. Im Beispiel mit der Fensteraussicht etwa wäre es empfehlenswert, die Hintergrundbelichtung etwas anzuheben, da das Foto dann mit heller Fensteraussicht natürlicher erscheint. Durch diese gezielte Steuerung von Blitz- und Dauerlicht lassen sich weitere interessante Effekte erreichen.

Mischlichteffekt I

Der Bildvordergrund (eine Blüte, ein Stein usw.) wird – zum Beispiel in der Landschaftsfotografie – mit dem Blitz belichtet, während der Hintergrund bewußt leicht unterbelichtet wird. Die Verschlußzeit ist dabei so zu wählen, daß der Hintergrund (den das Blitzlicht nicht mehr ausleuchtet) um 1 bis 2 Blendenstufen unterbelichtet wird.

Beispiel:

Dauerlichtmessung ergibt Blende 11 – 1/30 s. Der Blitz ist so einzustellen, daß er bei Blende

11 richtig belichtet. Die Verschlußzeit jedoch wird auf 1/60 s oder 1/125 s reduziert. Ganz eigene Lichtstimmungen, die etwas Unwirkliches an sich haben, sind das Resultat.

Mischlichteffekt 2

Ein anderer Effekt ergibt sich in der Kombination von längeren Verschlußzeiten und Blitzlicht. Der Blitz zeichnet dabei eine scharfe Phase in das verwischte Motiv. Hier ist der Blitz um ca. 1 bis 2 Blenden knapper zu bemessen. Die Verschlußzeiten sollten zwischen 1/15 s und 1/4 s liegen.

Beispiel:

Dauerlichtmessung ergibt Blende 11 – 1/8 s. Blende 11 wird eingestellt, aber der Blitz ist jetzt so einzustellen, daß er bei Blende 5,6 – 8 richtig belichtet. Die Verschlußzeit wird um 0 – 0,5 Stufen reduziert.

Da eine Phase durch das schnelle Blitzlicht auf jeden Fall scharf wird und die Wischeffekte erwünscht sind, muß nicht vom Stativ fotografiert werden. Es spielt bei dieser Technik keine Rolle, ob sich die Kamera bewegt (Verwackeln) oder das Motiv oder gar beide.

Kunstlichtfotografie

Kunstlicht ist – im Gegensatz zum Blitzgerät – völlig unabhängig von der Kamera und kann frei im Raum plaziert werden. Streiflicht, Auflicht, Seitenlicht etc. werden so erst möglich. Es stellt natürlich auch keine Schwierigkeit dar, mehrere Lichtquellen gemeinsam zu benutzen und so das Motiv tatsächlich im besten Licht zu zeigen.

Ich kann Ihnen nur raten, sich von Zeit zu Zeit eine Zimmerecke freizuräumen und dort ein kleines Studio aufzubauen, wo Sie alle Aufnahmeparameter kontrollieren können. Hier entstehen dann gestaltete Fotografien vom Porträt bis zum Stilleben und der Table-Top-Aufnahme.

Überraschend viel läßt sich schon mit dem Licht machen, das bereits vorhanden ist: Tageslicht oder normale Haushaltslampen. Das Tageslicht kann durch die Vorhänge in seiner Wirkung gesteuert werden. Da es sich um unbewegte Motive handelt, die sowieso vom Stativ fotografiert werden, spielen lange Belichtungszeiten keine Rolle.

Weiterhin können alle Raumleuchten von der Steh- bis zur Deckenlampe vorübergehend als Studioleuchten zweckentfremdet werden. Die Lichtwirkung ist genau zu beurteilen. Der Diaprojektor liefert einen ausgezeichneten, fokussierbaren Spoteffekt und mit selbstgeschnittenen Masken können beliebige Lichtformen (Kreis, Quadrat, Schrift, Muster usw.) auf das Motiv projiziert werden. Noch besser für die Lichtführung sind natürlich spezielle Fotoleuchten geeignet.

Spezielle **innenverspiegelte Fotolampen** enthalten den Reflektor bereits und scheinen deshalb besonders preisgünstig zu sein. Das stimmt auch, aber zur Lichtgestaltung sind sie nur sehr eingeschränkt brauchbar, denn das Licht kann weder gebündelt noch besonders weit gestreut werden. Für erste Experimente sind sie aber durchaus tauglich. Beachten Sie dabei unbedingt folgendes: Viele Lampenfassungen aus dem Haushalt sind für die hohe Leistung von 250 Watt oder gar 500 Watt nicht ausgelegt. Vergewissern Sie sich deshalb vorher unbedingt, ob die Fassung die Belastung auch tatsächlich aushalten wird.

Studioleuchten werden mit fast denselben Glühbirnen benutzt, wie sie auch im Haushalt gebräuchlich sind. Der einzigen Unterschied: Die Leistung liegt höher, bei 250 Watt oder 500 Watt. Verschiedene Lichtwannen erlauben es, das Licht in weiten Bereichen zu formen.

Diese Studioleuchten (Anbieter: Kaiser Fototechnik) sind nicht ganz billig. Eine Aufnahmeeinheit (Lampenfassung, Reflektor bzw. Schirm und Birne) kostet ab etwa 200 Mark. Dazu kommt dann noch das Lampenstativ, das nicht mehr als 150 Mark kosten sollte. Mit einer Leuchte kommen Sie noch nicht sehr weit, zwei sollten es schon sein. Runde 700 Mark müssen Sie also in die Grundausstattung Ihres Heimstudios investieren. Das lohnt sich erst, wenn Sie wirklich Spaß an der Sache haben, dann aber sehr.

Für den Beginner in der Kunstlichtfotografie empfehle ich folgendes Vorgehen: Experimentieren Sie zum Nulltarif einfach mal ein bißchen mit den beweglichen Lampen aus Ihrem Haushalt (Stehlampen, Klemmspots usw.). Sie können bereits vor der Aufnahme die Lichtführung genau beurteilen.

Wenn Ihnen dann die ganze Sache Spaß macht, sollten Sie sich für Studioleuchten entscheiden. Denn Sie werden sehr schnell merken, daß die Lichtleistung der normalen Haushaltslampen in vielen Fällen zu gering ist und die Möglichkeiten der Lichtführung stark eingeschränkt sind. Zwei Leuchten sind für den Anfang ausreichend. Dazu dann zwei Reflektoren (für weiches und gebündeltes Licht) und noch einen oder zwei Reflexschirme. So können Sie mit den zwei Lampenfassungen schon viele verschiedene Lichtsituationen aufbauen.

Das teuerste, aber auch beste, sind **Studioblitzgeräte**. Sie sind in der Leistung regelbar, und es gibt für keine andere Lichtart eine solche Fülle an unterschiedlichen Reflektoren, von engen Spots bis zur Lichtwanne.

Preiswerte Styroporplatten aus dem Baumarkt sind ganz ausgezeichnete **Aufhellwände**, die sich zudem aufgrund des geringen Gewichtes besonders leicht handhaben lassen. Wenn Sie eine Seite mit zerknitterter Alufolie bekleben, dann haben Sie zusätzlich eine hochreflektierende Fläche mit diffuser Lichtstreuung. Und schwarz angemalt (mit Abtönfarbe) erhalten Sie einen »Neger«, mit dem sich unerwünschtes Licht abschatten läßt.

Aufhellwände eigenen sich oft besser als eine zweite Leuchte zur Schattenaufhellung, denn damit können unliebsame Doppelschatten vermieden werden. Weiterhin kann der Effekt einer großflächige Leuchte imitiert werden, indem eine kleine Leuchte indirekt gegen die große Reflexionsfläche gerichtet wird.

Reflexschirme sind für Blitzgeräte, vor allem aber für Studioleuchten, ein sehr interessantes und preiswertes Mittel zur Lichtgestaltung. Reflexschirme sind schnell zusammengefaltet, einfach zu transportieren und aufzubewahren. Neben solchen mit weißer Beschichtung gibt es Varianten in den Oberflächen Gold und Silber für spezielle Lichtcharakteristiken, wobei die hochreflektierende Beschichtung hohe Lichtausbeute ermöglicht.

Die Verwendung dieser Reflexschirme empfiehlt sich immer dann, wenn aus einer harten Lichtquelle weich gestreutes Licht erzeugt werden soll, das Schlagschatten und hohe Hell/-Dunkelkontraste vermeidet.

Weiße Streuschirme ergeben ein weiches und neutrales Licht. Unbeschichtete Schirme können dabei sowohl als Reflex- als auch als Durchlichtschirm eingesetzt werden. Außen schwarz beschichtete Reflexschirme reflektieren demgegenüber wesentlich mehr Licht.

Schirme mit Silberbeschichtung reflektieren ein sehr brillantes Licht, das Struktur und Farben betont. Diese Reflexschirme eignen sich besonders für technische Sachaufnahmen, bei denen hohe Brillanz und Farbtreue erwünscht ist.

Der goldfarben beschichtete Reflexschirm reflektiert ein warm getöntes Licht, das Hauttöne vorteilhaft zur Geltung bringt. Das hat in der Schwarzweißfotografie allerdings weniger Bedeutung, da sich mit Farbfiltern deutlichere Effekte erreichen lassen.

Selbst mit einer einzigen Leuchte sind interessante Beleuchtungssituationen möglich, wie dieses Beispiel zeigt.
Aufnahmedaten: Film XP1, belichtet wie ISO 400/27° und entwickelt in C41. Vergrößert auf Multigrade III RC de Luxe.

Streng seitliche Lichtführung moduliert den Körper. Im Vergleich mit dem Bild auf Seite 48 wird deutlich, wie eine weichere bzw. härtere Lichtführung das Ergebnis ganz anders ausfallen läßt.
Foto: Harald Grotowsky

Lichtführung

• Hauptlicht, auch Führungslicht genannt, ist gerichtetes Licht, das durch die beabsichtigte Schattenwirkung für plastische Bildwirkung sorgt. Es setzt das Licht in etwa so, wie wir es vom Sonnenlicht gewohnt sind, wirkt also »natürlich«. Es wird zuerst festgelegt, und ihm haben sich alle weiteren Lichtquellen unterzuordnen.

• Spotlicht ist ein streng gerichtetes Licht mit engem Austrittsbündel, das, als Effektlicht eingesetzt, Details hervorheben kann. Wenn es als einzige Lichtquelle eingesetzt wird, zeigt es einen scharfen Schattenwurf und ist für Low-Key-Aufnahmen geeignet. Mit anderen Lichtquellen zusammen ist es gut geeignet als Akzentlicht von der Seite oder von hinten, um Glanz in die Haare zu legen oder den Körperumriß mit einem Lichtsaum zu versehen.
• Flächenlicht liefert eine gleichmäßige und weiche Ausleuchtung ohne akzentuierten Schattenwurf sowie eine gleichmäßige Helligkeit über die gesamte beleuchtete Fläche. Diese Charakteristik ist mit entsprechenden Leuchten oder Streuscheiben bzw. Reflexschirmen vor einer Lichtquelle erzielbar. Bei hellen Decken kann auch eine starke Leuchte, indirekt gegen die Decke gerichtet, eine diffuse Beleuchtung ergeben.
• Aufheller kann entweder eine leistungsschwächere Leuchte oder eine Aufhellwand sein. Damit werden Schatten so aufgehellt, daß der Kontrast zwischen hellen und dunklen Bildstellen soweit gemildert ist, daß sich eine gute Bilddurchzeichnung ergibt, ohne daß sich dabei die Lichtstimmung verändert.

Lichtposition

Die Leuchten können in unterschiedlichen Positionen aufgestellt werden:

• Auflicht von vorne kommt direkt aus der Kameraachse, ist nahezu schattenfrei, das Motiv wirkt flach, Konturen und Strukturen von Oberflächen treten kaum hervor, schlechte Trennung von Motiv und Hintergrund. Es wird vor allem benutzt, um unvorteilhafte und unerwünschte Schatten aufzuhellen bzw. die Allgemeinbeleuchtung zu übernehmen, wenn Effektlichter für die notwendige Spannung sorgen.
• Seitenlicht bringt starke plastische Modulation und wird in der Regel zur Aufhellung von Schattenpartien eingesetzt. Eine Sonderform ist Streiflicht von unten. Damit werden »unheimliche« Effekte erzielt.
• Streiflicht wird im Winkel von exakt 90 Grad eingesetzt. Starke Schattenmodulation macht Strukturen und Konturen deutlich sichtbar.
• Gegenlicht löst das Motiv vom Hintergrund und erzeugt einen Lichtsaum. Achten Sie aber darauf, daß der Lichtsaum nicht zu einer unschönen Überstrahlung wird.
• Indirektes Licht: Die Leuchte wird gegen die Wand, die Decke oder einen Reflektor (Styroporplatte, Reflexschirm) gerichtet und strahlt das Motiv indirekt an. Sehr weiches und gleichmäßiges Licht.

Licht setzen

Wenn Sie das Licht einrichten, dann postieren Sie zuallererst das Führungslicht, dem sich später jede andere Leuchte unterzuordnen hat. Doppelschatten und unnatürliche Lichtwirkungen sind normalerweise zu vermeiden. Das Führungslicht muß der allgemein angestrebten Lichtqualität entsprechen. Hart und gerichtet oder weich und diffus. Auch die anderen Leuchten richten sich dann nach dieser Maxime. Eine weiche Lichtführung wirkt anheimelnd, beruhigend und romantisch, während eine harte Lichtcharakteristik Spannung ins Bild bringt, aufregend und bedrohlich wirken kann.

Streiflicht von unten, das bedrohlich und unheimlich wirkt, zeigt, wie Licht normalerweise nicht gesetzt wird. Auch bei Kunstlichtbeleuchtung orientiert sich der Betrachter an dem, was er kennt. Und das ist natürliches Licht, das nur seitlich oder von oben einstrahlt. Dem sollte auch die Lichtführung bei Kunstlicht entsprechen.

Zusammenfassung Kunstlicht

- Hier haben Sie Zeit: Machen Sie viele verschiedene Fotos vom selben Motiv. Wechseln Sie die Brennweite und den Schärfentiefebereich. Probieren Sie verschiedene Schwarzweißfilme aus.
- Spielen Sie mit der Lichtgestaltung und sammeln Sie Erfahrungen. Auch Notizen schaden nicht. Vieles sieht trotz Dauerlicht auf dem Foto anders aus als in Wirklichkeit.
- Legen Sie zuallererst das Hauptlicht fest und setzen Sie erst dann die Akzente. Sie verhaspeln sich sonst in einer unkontrollierbaren »Lichtsoße«.
- Es müssen nicht immer zwei, drei oder noch mehr Leuchten sein. Seitliches Streiflicht etwa kann ganz allein schon sehr wirkungsvoll sein.
- Ein Diaprojektor kann hervorragend als Spotlicht oder zur Projektion von Hintergrundmotiven eingesetzt werden.

Der Charakter der High-Key-Aufnahme (vorwiegend hell), wird durch einige tiefdunkle Details noch betont.
Aufnahmedaten: Film FP4, belichtet wie ISO 125/22° und entwickelt in ID-11, Verdünnung 1+3. Vergrößert auf Multigrade III RC de Luxe.

High-Key und Low-Key

Das sind Effekte, bei denen das Licht entweder besonders reichlich oder besonders knapp ein gesetzt wird.

In der High-Key-Technik wird das Bild weitgehend schattenfrei ausgeleuchtet, das Bild zeigt überwiegend Weiß und zarte Grautöne, kaum Schwarz. Einige tiefschwarze Motivdetails betonen allerdings die Helligkeit des Bildes. Geeignet sind hier gegebenermaßen Motive, die viele helle Töne enthalten.

Im Gegensatz dazu steht die Low-Key-Beleuchtung, bei der das Bild bewußt dunkel gehalten wird. Die Lichtcharakteristik ist ausgeprägt bis hart. Seitliche Beleuchtung mit einem Spot und ein überwiegend dunkles Motiv kommen hier in Frage. Die Aufteilung der Tonwerte im Bild ist der High-Key-Aufnahme genau entgegengesetzt: Große schwarze Flächen mit geringer oder gar keiner Zeichnung stehen einigen wenigen Spitzlichtern gegenüber, die die Schwärze umso mehr betonen.

Available-Light-Fotografie

Wenn es etwas dunkler wird und es soll oder muß aus der freien Hand fotografiert werden, dann ist das nur möglich, wenn Blitzlicht oder hochempfindliche Filme zum Einsatz kommen. Während bei Blitzlicht immer die Gefahr gegeben ist, daß es die Atmosphäre zerstört, hat die Available-Light-Fotografie den großen Vorteil, daß die vorhandene Lichtstimmung erhalten bleibt.

Oft wird der Einsatz hochempfindlicher Filme alleine nicht reichen, und der Film muß zusätzlich gepusht werden. Das bedeutet, er wird bei der Aufnahme unterbelichtet und anschließend forciert entwickelt.

Bilder mit hohem Schwarzanteil nennt man »Low-Key-Aufnahmen«. Die Schwere des Bildes wird durch die wenigen hellen Stellen besonders augenfällig.
Foto: Jochen Fiebig

Available-Light-Fotografie: Die Fotografie bei (wenig) vorhandenem Licht. Zum Einfangen der vorhandenen Lichtstimmung kommen hochempfindliche Filme zum Einsatz. Aufnahmedaten: Film HP5, belichtet wie ISO 1600/33° und entwickelt in Ilfotec HC, Verdünnung 15. Vergrößert auf Multigrade III RC de Luxe.

Nachtaufnahmen zeigen einen eigenen Reiz, denn im Dunkel bilden sich Lichtinseln, die die Szenerie in ganz ungewohntem, neuem Licht erscheinen lassen.

Zudem empfiehlt sich der Einsatz lichtstarker Objektive, um für die Freihandfotografie mehr Reserven für eine ausreichend schnelle Verschlußzeit zu haben. Dann aber muß die geringe Schärfentiefe bei offener Blende berücksichtigt werden. Sie kann zwar gestaltend wirken, weil sie das Motiv deutlich vom Hintergrund löst. Ist andererseits aber so eng begrenzt, daß nur Objekte sehr geringer Tiefenausdehnung scharf abgebildet werden. Bei einem Porträt etwa, das bei offener Blende aufgenommen wird, werden große Teile des Kopfes bereits unscharf, so daß dem genauen Scharfstellen auf die Augenpartie besondere Bedeutung zukommt.

Nachtaufnahmen

Gewissermaßen eine Steigerung der Available-Light-Fotografie ist die Fotografie bei Nacht, wo es oft um Belichtungszeiten im Minutenbereich geht. Ich kann Ihnen diese Art der Fotografie sehr ans Herz legen, denn nachts zeigen sich alle Motive in einem neuen, ganz anderen Licht. Durch die wenigen Lichtquellen bilden sich Lichtinseln in einem Meer von Schwarz.Besonders reizvoll ist es, bereits am frühen Abend aufzubrechen und auch im Zwielicht zu fotografieren. Die Mischung aus restlichem Tageslicht und den bereits eingeschalteten Lampen schafft sehr reizvolle Lichtsituationen und Motive. Ein Stativ ist für diese Art der Fotografie unerläßlich.

Und hier kann der Film mehr zeigen, als das Auge zu sehen vermag. Ein Film kann nämlich – im Gegensatz zum Auge – Licht addieren. Durch genügend lange Belichtungszeiten ist es deshalb sogar möglich, die Nacht zum Tage zu machen.

In der Regel sollten Sie jedoch versuchen, die eigentümlichen Lichtstimmungen nicht zu hell wiederzugeben. Da die Belichtungsbestimmung nachts nicht ganz einfach ist, können Sie die Leuchten direkt anmessen und zwei Stufen abziehen. Sie erhalten damit Ergebnisse, bei denen die Lichter nicht zu stark ausgefressen sind. Die Atmosphäre – Lichtinseln in der Dunkelheit – bleibt dabei gut gewahrt.

Tonwertsteuerung I – durch Belichtung

Bei der Aufnahme eines Fotos werden die Grundlagen gelegt für das spätere Bild, denn die Belichtung des Negativs bestimmt ganz entscheidend die Güte des Positivs. Versäumnisse, die bei Belichtung und Entwicklung auftreten, können im nachhinein nurmehr gemildert, keinesfalls ausgebügelt werden. Einfach, aber prägnant ausgedrückt: Nur ein gutes Negativ ermöglicht ein gutes Positiv.

Es ist deshalb grundsätzlich anzustreben, ein Negativ mit maximaler Information zu erzielen – gegebenenfalls können diese im Positiv immer noch beschnitten werden. Das bedeutet, der Steuerung der Tonwerte bei der Aufnahme kommt besondere Bedeutung zu.

Es gibt mehrere Möglichkeiten, vor und während der Aufnahme die Tonwerte zu manipulieren: vor der eigentlichen Aufnahme durch eine diffuse Vorbelichtung, dann natürlich, bei der Aufnahme, als wesentliches Moment durch die Belichtung, und schließlich während der Aufnahme in weitem Maß auch durch Filter.

Kontrastreduzierung durch Vorbelichtung

Eine diffuse Vorbelichtung des Negativs führt zu einer Verbesserung der Detailzeichnung in den Schatten, ohne die Lichter wesentlich zu beeinflussen. Dazu wird die Kamera gegen eine gleichmäßige Fläche (Himmel, Wand, Graukarte) gerichtet und das Negativ wird mit einem Wert belichtet, der um ca. drei Stufen unter der angezeigten Belichtung liegt. Voraussetzung ist eine Kamera, mit der sich Mehrfachbelichtungen machen lassen, denn anschließend wird auf diesem vorbelichteten Negativ das eigentliche Motiv aufgenommen.

Durch die Vorbelichtung erhöht sich die Ansprechempfindlichkeit des Films, so daß die Schatten besser durchgezeichnet werden. Die Vorbelichtung kann deshalb, wiewohl sie umständlich ist, bei hohen Kontrasten nützlich sein.

Die Wirkung der Vorbelichtung wird an folgender Überlegung deutlich: Angenommen sei ein Motiv mit einem Kontrastumfang von 1:64. Das heißt, die hellste Stelle des Motivs reflektiert 64mal mehr Licht als die dunkelste. Entsprechend registriert das Negativ in den Lichtern 64mal soviel Licht wie in den Schatten.

Anders formuliert liest es sich so, daß die Schatten 1 Belichtungseinheit erhalten, die Lichter 64. Damit ergibt sich folgendes Bild der Belichtungseinheiten von den Schatten bis in die Lichter: 1 – 2 – 4 – 8 – 16 – 32 – 64.

Die Vorbelichtung, die ja äußerst knapp bemessen wird, entspricht der Belichtungsintensität der Schatten, liegt also bei Werten um 1 oder 2. Diese Belichtung kommt jetzt noch dazu, und das wirkt sich auf die tiefsten Schatten so aus: Die Belichtungsintensität beträgt 1, plus die Zusatzbelichtung von 1, ergibt 2. Und auf die hellsten Lichter so: Die Belichtungsintensität beträgt 64, plus die Zusatzbelichtung von 1, ergibt 65. Weiter unten auf der Seite finden Sie dazu eine Übersicht.

Das bedeutet, der ursprüngliche Kontrast von 1:64 hat sich geändert. Er beträgt jetzt viel mehr 2:65. Die Lichter erhalten also nicht mehr 64 mal soviel Licht, sondern nun gut 32mal soviel wie die Schatten. Der Negativkontrast ist von 1:64 auf 1:32 gesunken. (bei 2:65 ergibt dies exakt 1:32,5).

Dieses Verfahren ist allerdings nicht unbegrenzt anwendbar, da bei zu hoher Vorbelichtung der Grundschleier des Films erhöht wird. Damit wird die Vorbelichtung unwirksam. Sie sollte in jedem Fall weniger als 25% der Hauptbelichtung betragen.

Eine Gradationsverflachung des Negativmaterials kann auch durch Ultrakurzzeitbelichtung (1/1000 s oder kürzer) mit einem Blitzgerät erreicht werden. Dabei darf nur indirektes Licht in weitem Abstand eingesetzt werden. Diese Maß-

Belichtungseinheiten unkorrigiert	1	2	4	8	16	32	64
Diffuse Vorbelichtung zusätzlich	+1	+1	+1	+1	+1	+1	+1
Gesamtbelichtung	2	3	5	9	17	33	65

Mit der – möglichst genauen – Belichtungsmessung wird die Grundlage gelegt für das gute Bild.
Foto: Jochen Fiebig

nahme ist allerdings nur sehr schwer zu steuern und bedarf einiger Tests.

Möglichkeiten der Belichtungsmessung

Bei der Belichtungsmessung muß man sich darüber im Klaren sein, daß der Belichtungsmesser ein technisches Gerät ist. Geeicht zwar, aber nicht in der Lage zu Interpretationen.

Jeder Belichtungsmesser ist auf ein mittleres Grau geeicht, das einer Reflexion von 18% entspricht. Dieser Wert entspringt der Annahme, daß der normale Motivkontrast bei 1:32 liegt. Nimmt man den Mittelwert daraus, so ergibt sich das Neutralgrau zu einer Dichte von 0,75 bzw. einer Reflexion von 18% (exakt 17,68%).

Mit der Belichtungsmessung wird also die angemessene Stelle in mittleren Dichten wiedergegeben und liegt damit in der Mitte des Belichtungsumfangs eines Films.

Kleiner Seitensprung zum Positiv: Das heißt erstens, daß das angemessene Motivdetail im Positiv mit einem Tonwert wiedergegeben wird, der diesem mittlerem Grau entspricht. Das heißt zweitens, daß die Meßstelle im voll zeichnenden Tonwertbereich liegen wird. Legt man dabei hochglänzendes Papier zugrunde, das einen Kontrastumfang von etwa 1:50 (~ 5,5 Blendenstufen) wiedergeben kann, bedeutet das weiterhin, daß all die Stellen des Motivs auch im Print noch Zeichnung haben werden, die im Vergleich mit der Meßstelle nicht wesentlich heller oder dunkler sind als +/- 2,5 Blendenstufen.

Zurück zur Belichtungsmessung. In den meisten Fällen wird mit dem Belichtungsmesser das reflektierte Licht gemessen, jener Anteil des Lichtes also, der vom Motiv zurückgeworfen wird. Es ist offensichtlich, daß eine weiße Fläche

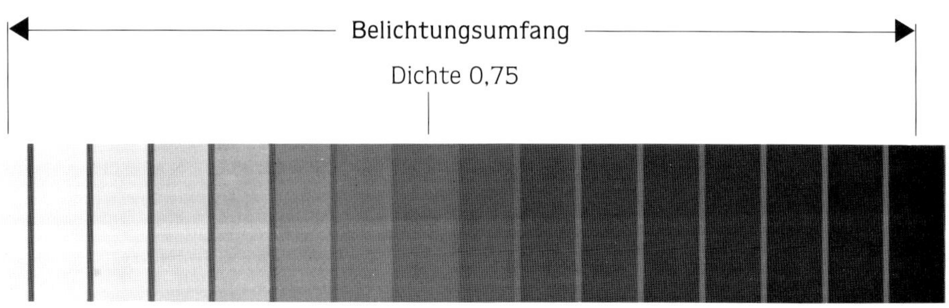

Der Graustufenkeil zeigt Felder von weiß bis schwarz in unterschiedlichen Dichten. Von Feld zu Feld besteht ein Dichteunterschied, der einer drittel Blende entspricht. Der Wert, auf den der Belichtungsmesser geeicht ist, liegt etwa in der Mitte dieser Skala.

Zeigt ein Motiv überwiegend helle Bildteile, dann muß das bei der Aufnahme berücksichtigt werden. Eine unkorrigierte Belichtungsmessung ergäbe einen mittleren Grauwert und damit ein zu dunkles Bild. Es muß deshalb reichlicher belichtet werden, als der Belichtungsmesser anzeigt.
Foto: Jochen Fiebig

deutlich mehr Licht reflektiert als eine schwarze – der Belichtungsmesser mißt unterschiedliche Werte. Auch wenn dieselbe Lichtmenge auftrifft, die Beleuchtungsverhältnisse also exakt gleich sind, kann der Belichtungsmesser nur die – unterschiedlich starke – Reflexion messen und wird deshalb unterschiedliche Werte bei unterschiedlichen Farben anzeigen.

Da der Belichtungsmesser auf dieses mittlere Grau geeicht ist, heißt das im Umkehrschluß, daß jede Meßstelle unabhängig von ihrer tatsächlichen Eigenschaft als mittleres Grau wiedergegeben wird, wenn die Messung unkorrigiert übernommen wird. Nur wenn die tatsächlichen Verhältnisse diesem Eichwert entsprechen, stimmt auch der angezeigte Meßwert.

Bei Motiven, auf die diese Voraussetzung nicht zutrifft, muß der Fotograf den gemessenen Wert verändern, damit sich die richtige Belichtung ergibt. Wird nach einer unkorrigierten Messung belichtet, dann wird auch eine sehr helle oder aber eine sehr dunkle Meßstelle zu diesem mittleren Grau belichtet.

Um also ein sehr helles Motiv auch hell zu bekommen, muß die Belichtung um plus ein bis plus zwei Stufen angepaßt werden, wenn die hellen Stellen angemessen werden. Entsprechendes gilt in Minusrichtung für dunkle Motive. Das heißt, durch gezielte Wahl des Meßpunktes und dessen Interpretation kann die Belichtung eines Fotos genau vorherbestimmt werden. Daraus ergeben sich auch neue Gesichtspunkte in der Bildgestaltung, denn die Dichten müssen nicht immer dahin gelegt werden, wo sie eigentlich hingehören. Es ist ohne weiteres möglich, ein dunkles Motiv nicht oder sogar entgegengesetzt zu korrigieren, um es besonders hell zu zeigen. »High-Key« und »Low-Key« Aufnahmen sind extreme Beispiele für die bewußte Korrektur in die eine oder andere Richtung.

Nicht eben einfacher aber werden diese Sachverhalte durch die unterschiedlichen Meßcharakteristiken. So wird bei einer mittenbetonten Integralmessung das gesamte Motivfeld – unter Betonung der Bildmitte – als mittleres Grau interpretiert. Eine eindeutige Meßstelle aber läßt sich nicht finden, so daß auch beabsichtige Korrekturen ins Leere laufen werden, da nicht genau auszumachen ist, was wie gemessen und gemittelt worden ist.

Objektmessung

Das Prinzip, bei dem das reflektierte Licht gemessen wird, nennt man Objektmessung. Der Belichtungsmesser wird aus Richtung der Kamera auf das Motiv gerichtet, und der Reflexionsanteil des Lichts wird bestimmt. Nach diesem Prinzip arbeiten alle Belichtungsmesser, die in die Kamera eingebaut sind. Die Meßcharakteristik spielt dabei keine Rolle. Ob Integral- oder Spotmessung – Grundannahme ist immer, daß das Meßfeld in der Summe ein mittleres Grau ergibt. Und nur dann stimmen Meßwert und Belichtung.

Soll bei diesem Motiv die Gegenlichtstimmung erhalten bleiben, dann ist knapper zu belichten. Die großen dunklen Motivteile würden sonst zu hell wiedergegeben.

Bei der Integralmessung wird das gesamte Bildfeld gemessen, meist mit Betonung der Mitte, und daraus ergibt sich der Meßwert. Da die meisten Motive sowohl aus helleren wie aus dunkleren Flächen bestehen, addieren sich helle und dunkle Teile zu einem Meßwert, der in etwa dem Eichwert entspricht. Eine recht zuverlässige Meßmethode, bei der nur dann Vorsicht geboten ist, wenn ein Motiv sehr viel helle oder dunkle Bildanteile hat. Eine Landschaftsaufnahme mit hohem Himmelanteil im Bildfeld wird deshalb zu dunkel ausfallen, weil der Himmel stark ins Meßergebnis einfließt. Da der Himmel bei unkorrigierter Belichtung mit mittleren Dichten wiedergegeben wird, verschenken wir nicht nur rund zweieinhalb Blendenstufen Belichtungsspielraum in Richtung hell, sondern die Landschaft wird auch noch zu dunkel wiedergegeben.

Am einfachsten kann man sich in solchen Fällen mit dem Meßwertspeicher helfen: Die Kamera wird leicht gegen den Boden geneigt, der erhaltene Meßwert wird fixiert und erst dann wird die Aufnahme wie geplant gemacht.

Vor- und Nachteil in einem ist die mittelnde Charakteristik der Integralmessung. Bei ausgewogenen Motiven ist eine schnelle und sichere Belichtungsmessung möglich, doch der Fotograf kann nie ganz sicher sein, wie die Dichten im Foto liegen werden. Die Integralmessung empfiehlt sich vor allem in Situationen, in denen keine Zeit bleibt, sich um die Belichtung und die Wahl der Meßstelle groß Gedanken zu machen.

Die Gegenlichtaufnahme ist ein klassisches Beispiel für die Grenzen der Integralmessung. Das beschattete Motiv und der gleißende Hintergrund werden zu einem Mittelwert berechnet, der irgendwo zwischen beiden extremen Helligkeitswerten liegt. Im ungünstigsten Fall jedoch liegen beide Extremwerte – Schatten und Lichter – bereits außerhalb des Belichtungsspielraums. Mit dem Ergebnis, daß vom Motiv praktisch überhaupt keine Zeichnung mehr zu finden ist.

Dem kann abgeholfen werden, wenn das bildwichtige Motivdetail mittels Spot- oder Nahmessung angemessen wird. Eine zweite Möglichkeit besteht darin, Licht hinzuzufügen, um die Kontraste zu senken: Der Aufhellblitz gleicht die starken Hell-Dunkel Kontraste aus.

Ausgewogenere Belichtungsergebnisse sind mit einer **Mehrfeldmessung** möglich, bei der das Bildfeld in mehrere Zonen aufgeteilt ist, die unterschiedlich gewichtet werden. Ein kleiner Computer in der Kamera, der mit den Daten aus der Analyse vieler tausend Bilder gefüttert ist, versucht anhand der Helligkeitsverteilung innerhalb des Motivs die richtige Belichtung auszurechnen. Die Zuverlässigkeit der Belichtung ist dabei prinzipiell höher als bei einer Integralmessung, allerdings werden die Meßwerte intern aufgeteilt und berechnet, so daß es dem Fotografen kaum mehr möglich ist, nachzuvollziehen, wie der Meßwert zustande kam und wie er

Die wichtigste Überlegung bei jeder Belichtungsmessung: Der Meßwert wird als mittleres Grau wiedergegeben. Abhängig von der Meßmethode (Spot-, Selektiv- oder Integralmessung) wird ein unterschiedlich großer Ausschnitt angemessen. Vor der Aufnahme muß entschieden werden, ob das Motiv bzw. das Detail diesem mittleren Grauwert entspricht. Ist das nicht der Fall, dann muß korrigiert werden. Ist die Meßstelle ein wenig heller oder dunkler als der Eichwert, dann +/- 1 Stufe. Ist sie deutlich heller bzw. dunkler, dann um +/- 2 Stufen. In Kombination mit dem Belichtungsspielraum des Films ergibt sich so immer ein gut belichtetes Negativ. Im Beispiel (Integralmessung) war keine Korrektur notwendig, da das Motiv in der Summe dem mittleren Grau entspricht.
Foto: Jochen Fiebig

eventuell zu korrigieren wäre, um ein anderes Ergebnis zu erhalten.

Bei der **Spotmessung** wird nur ein kleines Motivdetail angemessen. Spotmesser haben enge Meßwinkel, oft beträgt er nur 1°. Hiermit kann nun jenes Motivdetail exakt angemessen werden, das im späteren Foto mit einer Dichte von 0,70 wiedergegeben werden soll.

Da bei der Spotmessung die Meßstelle ganz exakt festgelegt ist, kann auch die Belichtung sehr genau erfolgen; die Messung verspricht aber nur dann Erfolg, wenn die Meßstelle richtig ausgewählt wird. Dazu muß »nur« die richtige Meßstelle mittlerer Dichte im Motiv herausgefunden werden.

Wird die Meßstelle nicht auf einen mittleren Dichtewert gelegt, sondern bewußt in dunkle oder helle Teile verlagert, dann sind High- und auch Low-Key-Effekte auf einfache Weise zu realisieren.

Doch selten genug wird die Spotmessung nur dazu eingesetzt werden, mittlere Dichten anzumessen. Der enge Meßwinkel bietet vielmehr den Vorteil, daß das Motiv in seinen wichtigsten Partien genau ausgemessen werden kann. Eine Bestimmung des Kontrastumfangs ist damit kein Problem.

Eine **Graukarte** wird bei der Aufnahme benutzt, um zu verläßlichen Meßwerten zu gelangen. Mit einer Ersatzmessung auf die Graukarte findet der Belichtungsmesser die Remissionsverhältnisse vor, auf die er geeicht ist, und die Meßwerte stimmen. Besonders lichtechte, haltbare und hochwertige Graukarten stellt die Firma Fotowand Technik her. In jedem Fall sollte bei Grau- und auch bei Farbkarten dafür Sorge getragen werden, daß sie bei längerem Nichtgebrauch nicht in der prallen Sonne liegen bleiben, sondern lichtgeschützt aufbewahrt werden.

Eine Graustufenkarte kann nützlich sein zum Eintesten von Entwicklern, zur Ermittlung der Gradation, für Tontrennungen und Fotografiken.

Lichtmessung

Umgehen kann man die geschilderten Probleme bei der Wahl der passenden Meßstelle nur mit Handbelichtungsmessern, die eine Lichtmessung zulassen. Dabei wird der Meßzelle eine Diffusorscheibe vorgeschaltet, die das einfallende Licht im Winkel von rund 180° auffängt. Die Messung erfolgt direkt am Motiv, wobei die Meßzelle auf die Lichtquelle gerichtet ist.

Damit wird nicht mehr die Reflexion gemessen, sondern das einfallende Licht – die tatsächlichen Beleuchtungsverhältnisse also. Soweit ein Handbelichtungsmesser zur Verfügung steht und es möglich ist, direkt am Motiv oder einem gleichermaßen beleuchteten Ersatzpunkt zu messen, liefert die Lichtmessung sehr zuverlässige Ergebnisse. Aufgrund der Notwendigkeit am Motiv zu messen, kommt diese Methode vor allem im Studio oder etwa bei Freilichtporträts in Frage. In Fällen also, wenn sich das Motiv in erreichbarer Nähe befindet.

Es ist mit dieser Methode aber nicht möglich, einzelne Motivdetails auszumessen, um etwa den Lichtkontrast festzustellen.

Kontrastmessung

Ein Belichtungsmesser mit kleinem Meßwinkel oder die Nahmessung am Motiv sind die Voraussetzungen für eine selektive Messung des hellsten und dunkelsten bildwichtigen Punktes. Beachten Sie dabei das Wort »bildwichtig«. Es macht keinen Sinn, das Motiv in seiner Gesamtheit auszumessen, wenn von vorneherein feststeht, daß bestimmte Details unwichtig sind. Aus dem Unterschied zwischen hellster und dunkelster Meßstelle ergibt sich der Kontrastumfang des Motivs (Objektumfang) in Belichtungsstufen.

Vorherbestimmung des Bildes durch gezielte Belichtung

Ein Schwarzweißmotiv zu erkennen, ist nur der erste Schritt zur perfekten Vergrößerung. Belichtung und Entwicklung sind dann so zu wählen, daß sich die gewünschte Grauwertskala auch auf dem Positiv wiederfindet. Da unser Ziel das gute Bild ist, wird es maßgeblich die Entscheidung über die Belichtung bestimmen.

Eine genaue Vorherbestimmung des letztendlichen Bildergebnisses erlauben nur ein Handbelichtungsmesser oder die Spotmessung in der Kamera. Behelfsweise kann in manchen Fällen eine Nahmessung die Spotmessung ersetzen. Die Integral- und viel mehr noch die Mehrfeldmessung verändern die Meßergebnisse bereits so, daß keine zuverlässigen Aussagen mehr über die Tonwertverteilung im Motiv möglich sind. Auch die Lichtmessung ist nicht geeignet.

Bei einer Punktmessung liegt genau fest, was angemessen worden ist und wie es wiedergegeben wird – als mittleres Grau nämlich. Mit dem Wissen um den Belichtungsspielraum des Films und den Kontrastumfang des Papiers kann diese Meßstelle nun bereits vor der Aufnahme vom Fotografen so interpretiert werden, daß sich später auf der Vergrößerung der gewünschte Grauton zeigt. Zum anderen kann mit zwei Spotmessungen, einmal auf die Lichter, dann auf die Schatten, der Kontrastumfang des Motivs gemessen werden. Ist er zu groß für den Belichtungsspielraum des Films, dann kann festgelegt werden, ob es wichtiger ist, in den Lichtern oder den Schatten noch Zeichnung zu haben.

Objektkontrast

Worum es zuvorderst geht, das ist natürlich das Motiv. Es hat einen bestimmten Objektkontrast, der sich, mit einer Kontrastmessung bestimmen läßt. Hier einige Werte für Objektumfänge, damit Sie einen Eindruck bekommen:

Nebel, trübes Wetter	1:10	= ca. drei Blendenstufen
Diffuses Sonnenlicht, leichte Schatten	1:30	= ca. fünf Blendenstufen
Direktes Sonnenlicht, tiefe Schatten	1:100	= ca. sieben Blendenstufen
Gegenlichtsituation:	1:500	= ca. neun Blendenstufen

Niedriger Objektkontrast, das heißt nicht mehr als vier Blendenstufen Differenz. **Normaler Objektkontrast** umfaßt fünf bis sechs Blendenstufen. Hoher Objektkontrast bedeutet sieben und mehr Blendenstufen.

Negativkontrast und Belichtungsumfang

Diese Informationen über Helligkeit sollen nun zunächst im Negativ bestmöglich festgehalten werden. Hier kommt der Belichtungsumfang des Films ins Spiel, der bei modernen Emulsionen, abhängig von der Empfindlichkeit, etwa zwischen 1:250 und 1:500 liegt. Das entspricht acht bzw. neun Blendenstufen. Niedrigempfindliche Filme haben aufgrund ihres höheren Kontrastes einen etwas geringeren Belichtungsspielraum als mittelempfindliche. Den größten Belichtungsspielraum zeigen hochempfindliche Materialien. Eine Sonderstellung nimmt übrigens auch hier der Ilford XP2 ein, denn er hat einen wesentlich größeren Belichtungsumfang von rund 12 Blendenstufen.

Aus dem ermittelten Objektkontrast und dem Belichtungsumfang ergibt sich der Belichtungsspielraum: Es ist offensichtlich, daß ein hoher Objektkontrast von 12 Blendenstufen nicht von einem Film wiedergegeben kann, der einen Belichtungsumfang von nur acht Blendenstufen hat. Umgekehrt besteht bei einem niedrigen Objektkontrast von drei Blendenstufen ein großer Belichtungsspielraum beim gleichen Film.

Daraus ergeben sich folgende Überlegungen: Zeigt die Kontrastmessung eine Differenz von acht Blendenstufen zwischen hellster und dunkelster bildwichtiger Motivstelle an, dann wird der Film alles, was Ihnen wichtig ist, auch aufzeichnen, wenn mit dem Mittelwert belichtet wird.

Ist der Helligkeitsumfang des Motivs größer, dann müssen Sie bereits bei der Belichtung entscheiden, welche Motivdetails Zeichnung aufweisen sollen. Es gibt also nicht nur keinen Belichtungsspielraum, sondern im Gegenteil müssen Sie eine bewußte Beschneidung vornehmen.

Wird dabei der genaue Mittelwert herangezogen, geht sowohl in den hellsten Lichtern wie auch in den tiefsten Schatten Zeichnung verloren. Wird der Mittelwert nach plus korrigiert, dann verlieren die Lichter noch mehr Zeichnung, die Schatten jedoch gewinnen hinzu. Umgekehrt wird eine Minuskorrektur die Lichter begünstigen, die Schatten aber ohne Zeichnung lassen.

Nur bei kontrastarmen Motiven, bei denen der Unterschied zwischen bildwichtiger hellster und dunkelster Stelle geringer ist als der Belichtungsumfang des Films, besteht ein tatsächlicher Belichtungsspielraum.

Da in der Praxis meist normale Objektumfänge von 1:32 (= fünf Blendenstufen) oder 1:64 (= sechs Blendenstufen) auftreten, kann ein Belichtungsspielraum häufig ausgenutzt werden. In solchen Fällen wird so knapp als möglich belichtet. Gerade so, daß die bildwichtigen Schatten noch sicher zeichnen. Aufgrund des Diffusionslichthofes (siehe Kapitel Filme unter »Schärfe») nämlich führen Überbelichtungen zu einem Ansteigen der Körnigkeit und einem Schärfeverlust.

Deshalb wird ein gerade ausreichend belichtetes Negativ bessere Werte zeigen als ein reichlicher belichtetes. Obwohl beide aufgrund des Belichtungsspielraums und des geringeren Objektumfangs noch einwandfreie Grauwertabstufungen im Positiv ergeben.

Der bei vielen Motiven große Belichtungsspielraum des Films schließlich zeigt auch, daß es in der Praxis meist eben doch möglich ist, ohne Kontrastmessung auszukommen und sich einfach auf die Werte des integralen Belichtungsmessers zu verlassen. Nur bei hohen Objektkontrasten ist zu überlegen, was wichtiger ist: Schatten- oder Lichterzeichnung.

Stellen Sie bei der Kontrastmessung einen niedrigen oder einen hohen Objektkontrast fest und Sie möchten den ganzen Film mit diesem Motiv belichten, dann sollten Sie, besonders bei hohen Kontrasten, Belichtung und anschließende Entwicklung leicht modifizieren, um ein Negativ mit normalem Kontrast zu erhalten. Belichten Sie bei hohen Kontrasten die Aufnahmen um etwa eine halbe Blendenstufe reichlicher und verkürzen Sie die Entwicklungszeit um 20%. Bei niedrigen Objektkontrasten genügt es, die Entwicklungszeit um 20% zu verlängern, eine Belichtungsanpassung ist nicht notwendig.

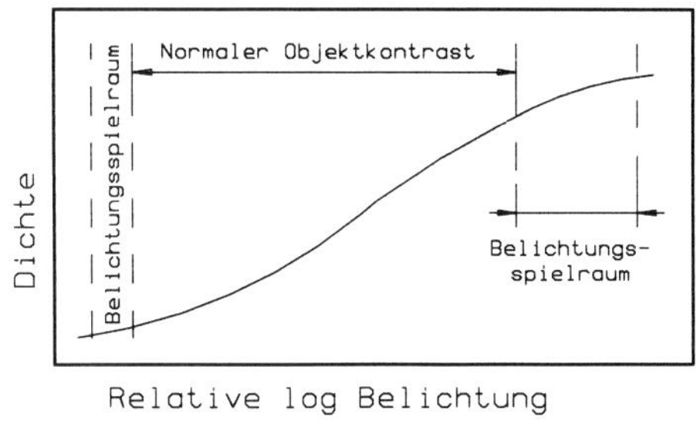

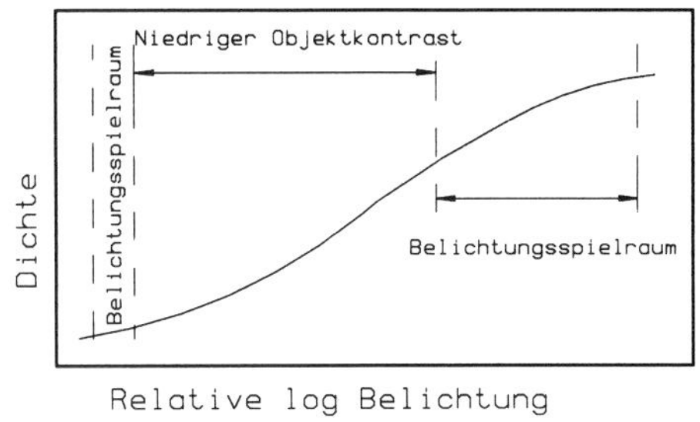

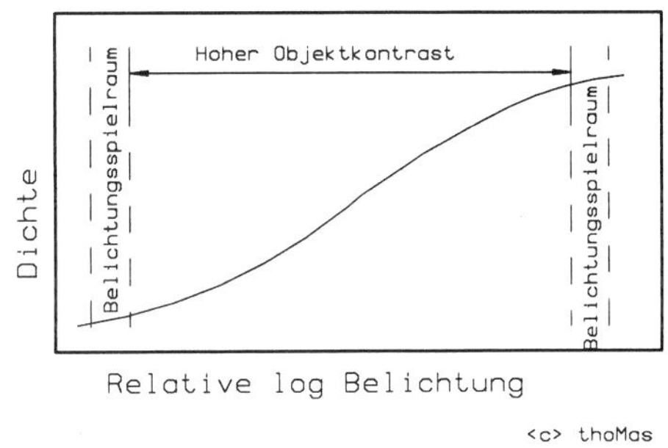

An dieser Grafik ist zu erkennen, daß der Belichtungsspielraum eines Films direkt vom Objektkontrast abhängig ist. Je größere Kontraste ein Motiv zeigt, desto genauer muß belichtet werden, wenn nicht die Gefahr wachsen soll, daß Bildteile zeichnungslos erscheinen. Generell sollte so knapp als möglich belichtet werden, damit nicht Streulicht in der Filmschicht die Schärfe mindert.

Positivkontrast und Kopierumfang

Nutzbar von dem Belichtungsumfang des Films ist für das Bild allerdings nur ein kleiner Teil, denn Fotopapier weist nur einen Kopierumfang von rund 1:50 (Oberfläche hochglanz) bzw. 1:30 (Oberfläche matt) auf. Da das Bild aber immer Endprodukt ist, liegt der praktisch nutzbare Umfang also bei maximal 1:50 bzw. rund sechseinhalb Blendenstufen. Denn nur dieser Umfang wird später auch auf dem Papier wiedergegeben werden können.

Insofern läßt der Film dann doch wieder ei-

Ein Negativ enthält wesentlich mehr Informationen, als auf dem Papier wiedergegeben werden können. Abwedeln, Nachbelichten oder maskieren – das sind die Möglichkeiten, die es erlauben, den Belichtungsspielraum des Films dem Kopierumfang des Papiers anzupassen.

nen Belichtungsspielraum – beim Vergrößern. Er kann mehr Informationen aufzeichnen, als das Papier wiedergeben kann. Und aus diesem Mehr kann man sich denjenigen Teil »ausschneiden«, der einem wichtig erscheint: beispielsweise die Zeichnung in den Lichtern zu erhalten oder stattdessen in den Schatten.

Soll ein größerer Bereich wiedergegeben

werden, muß das Papier nachbelichtet oder abgewedelt werden. Die höhere Informationsdichte des Films wird in den schmaleren Bereich des Papiers gepreßt.

»Gepreßt«, das scheint ein harter Ausdruck, aber so ist es tatsächlich. Denn vergegenwärtigen Sie sich doch einmal einen Sonnenuntergang vor einem Waldstück. Blicken Sie vom dunklen Wald hoch in die grelle Sonne, dann ist das ein fast schmerzhaftes Erlebnis, so hoch sind die Kontraste. Durch kunstvolles Abwedeln bzw. Nachbelichten können Sie diese Situation auch auf Fotopapier wiedergeben. Aber: Zwischen dunklem Wald und heller Sonne liegt jetzt nur noch ein vergleichsweise lächerlich geringer Hell-Dunkel-Unterschied; reduziert von 1:10000 auf 1:50. Der Positivkontrast ist dabei so zu wählen, daß der Negativkontrast in bestmöglichen Tonwertabstufungen wiedergegeben wird – siehe dazu auch »Tonwertsteuerung IV«.

Das Zonensystem

Kein Buch über die Schwarzweißfotografie, will es ernst genommen werden, kommt am Zonensystem vorbei.

Und da es Sie vielleicht interessiert, sei hier gleich angemerkt:

Ich persönlich arbeite nicht mit diesem System. Das hat Gründe. Einer ist, hart ausgedrückt, Faulheit. Statt an den Wochenenden extensive Tests im Fotolabor durchzuführen, gehe ich lieber fotografieren.

Das klingt polemisch und so ist es auch gemeint. Genau so, wie es gute Gründe gibt, ohne das Zonensystem keine Aufnahme mehr zu machen, gibt es auch gute Argumente gegen das Zonensystem. Beispielsweise läßt seine Anwendbarkeit nach, wenn nicht jede Aufnahme einzeln entwickelt werden kann. Kleinbild- und Mittelformatfotografen können es nur eingeschränkt nutzen.

Meiner Erfahrung nach erbringen eine sorgfältige Belichtung, Entwicklung und Multigrade als Vergrößerungspapier vergleichbar gute Ergebnisse. Und meiner Meinung nach gibt es spätestens seit »Multigrade FB«, dem Gradationswandelpapier auf Barytbasis, auch für den anspruchsvollen Fotografen keinen Grund mehr, auf die Vorteile der variablen Gradationen zu verzichten. Denn mit den Möglichkeiten, mehrere Gradationen auf einem Blatt zu vereinen, steht eine Art der Bildkontrolle zur Verfügung, die sehr variabel ist.

Das Zonensystem ist maßgeblich vom Altmeister der Schwarzweißfotografie Ansel Adams mitentwickelt worden – einem Fotografen, der überwiegend mit der Großbildkamera, also auf Planfilmen fotografiert hat. Und nur wenn wie bei der Großbildkamera die Möglichkeit gegeben ist, jedes einzelne Negativ nach der Bestimmung des Motivkontrastes und der gezielten Belichtung auch einzeln zu entwickeln, greifen die Vorteile des Zonensystems voll. Bei Mittelformat- und Kleinbildkameras, wo mehrere Aufnahmen auf einen Film belichtet und dann gemeinsam entwickelt werden, ist die gezielte Negativentwicklung für jedes einzelne Motiv nicht möglich. Was nicht heißt, daß dann der Film nicht sorgfältig entwickelt werden müßte.

Daß sich hervorragende Aufnahmen auch ohne das Zonensystem machen lassen, dafür ist nicht zuletzt Ansel Adams ein gutes Beispiel. Sein wohl berühmtestes Foto »Mondaufgang in Hernandez, New Mexico«, das auf Auktionen Spitzenpreise erzielt, entstand ohne jegliche Belichtungsmessung, weil Adams in der Eile seinen Belichtungsmesser nicht finden konnte. Nur aufgrund seiner großen Erfahrung war er in der Lage, die Belichtung so abzuschätzen, daß sich ein gutes Negativ ergab.

Diese Bemerkung soll die Bedeutung des Zonensystems nicht schmälern, sondern, ganz im Gegenteil, unterstreichen. Denn an diesem Beispiel zeigt sich auch der Vorteil des Zonensystems, bzw. ganz allgemein der Nutzen, wenn man den handwerklichen Teil der Fotografie beherrscht: Das farbige Motiv kann abstrahiert und geistig bereits in seinen Grauwerten gesehen werden.

Das Zonensystem ist als Denkmodell interessant, denn es ist eine rein technische Angelegenheit, an deren Ende aber immer das gute Bild steht. Man geht dabei von der Überlegung aus, daß auf Fotopapier nur ein bestimmter Kontrastumfang wiedergegeben werden kann. Zwischen dem reinen Weiß und dem tiefsten Schwarz liegen Grautöne, mit deren Hilfe das Motiv moduliert wird. Es gilt nun, das Motiv so zu fotografieren, das heißt den Film so zu belichten, daß sich der Motivkontrast möglichst gut in den verfügbaren Graustufen des Papiers abbilden läßt.

Beim Zonensystem werden sensitometrische Erkenntnisse in die Praxis übertragen und durch (umfangreiche) Tests den jeweiligen Voraussetzungen (Filmen, Entwicklern, Geräten) angepaßt, so daß das Bildergebnis voraussagbar wird. Und das auch ohne teure Meßgeräte und praktische

Das Zonensystem ermöglicht die Vorherbestimmung der Tonwerte des Bildes. Dazu sind Materialtests unerläßlich. Ein Film, der mindestens dasselbe ermöglicht, sich aber aufgrund seiner festgelegten Entwicklung und seines exorbitanten Belichtungsspielraums einem Test »verweigert«, ist der XP2.

Beschränkungen: Jeder kann seine Materialien für seine Gegebenheiten genau eintesten.

Sein Vorzug ist unter anderem der, daß nicht mehr gefühlsmäßig vorgegangen werden muß. Mancher mag intuitiv erfühlen, was ein gutes bzw. ein schlechtes Negativ ausmacht. Die meisten jedoch brauchen dazu viel Erfahrung und lange Jahre der Irrungen. Mit dem Zonensystem kann man zwar noch keine guten Bilder machen, aber bei einiger Sorgfalt und Einarbeitung in dieses System zumindest technisch einwandfreie. Und das ist schon eine ganze Menge.

Grundvoraussetzung des Zonensystems sind Standards: eine Standardvergrößerungszeit auf einem Standardpapier. Natürlich können solchermaßen ermittelte Standards noch angepaßt werden. Beispielsweise durch geänderte Belichtungs- oder Entwicklungszeiten des Papiers. Das Zonensystem bleibt da durchaus flexibel.

Die Testreihe des Zonensystems hat einen sehr großen Vorteil: Der Fotograf lernt sein Material wirklich von Grund auf kennen, erfährt Spielraum und Grenzen der Fotomaterialien und lernt quasi nebenbei eine ganze Menge

Schatten:	Zone 0	Maximalschwärzung des Papiers.
	Zone I	Schwarz, leicht gegen Maximalschwärzung abgesetzt, ohne Zeichnung.
	Zone II	Erste angedeutete Zeichnung. Repräsentiert tiefe Schatten.
	Zone III	Sehr dunkelgrau. Belichtungszone für voll durchgezeichnete Schatten.
Mittelwerte:	Zone IV	Dunkelgrau.
	Zone V	Mittleres Grau, das dem Eichwert des Belichtungsmesser bzw. der Graukarte entspricht.
	Zone VI	Hellgrau.
Lichter:	Zone VII	Sehr helles Grau, noch mit voller Zeichnung.
	Zone VIII	Fast weiß, noch mit angedeuteter Zeichnung.
	Zone IX	Papierweiß.

über die Sensitometrie. Deshalb ist besonders Einsteigern zu empfehlen, sich einmal genauer damit zu beschäftigen und zumindest einen Film einmal durchzutesten.

Ein weiterer Vorteil des Zonensystems liegt darin, daß es das schwächste Glied in der Kette »Aufnahme – Filmentwicklung – Vergrößerung« zur Grundlage nimmt, um ein bestmögliches Ergebnis zu erzielen. Es orientiert sich am Vergrößerungspapier. Denn was nützt ein fantastisch durchgezeichnetes Negativ, wenn im Positiv davon nur Bruchstücke wiederzufinden sind?

Hier setzt das Zonensystem an. Die Wiedergabefähigkeit des Papiers, was die Grauwerte angeht, wird in Zonen eingeteilt. Von Papierweiß bis zur maximalen Schwärzung sind Abstufungen festgelegt. Die Einteilung in Zonen ist anschaulich – allerdings nicht einheitlich. So finden sich in der Literatur Angaben mit 11, 10 und 9 Zonen. Wie dem auch sei, am Prinzip ändert das nichts. Der Zonengedanke kann selbst dem, der sich nicht weiter mit Tests beschäftigen möchte, durchaus nützlich sein. Anders als abstrakte Belichtungswerte setzt es den erhaltenen Meßwert gleich als einen Tonwert des Positivs um.

Sehr schön anschaulich ist nun, daß man sich nicht mehr über mehr oder weniger diffuse Begriffe verständigen muß, sondern sich einfach der Zonen bedienen kann. Wenn ich Ihnen jetzt sage, daß ein Meßwert ohne Korrektur genau der Zone V entspricht, dann kristallisiert sich für Sie sofort ein Tonwert im Bild heraus.

Weiter wird so ganz klar, daß bei einer Belichtungsmessung auf die Sonne der Belichtungswert korrigiert werden muß, denn die Helligkeit der Sonne entspricht keinesfalls Zone V. Es kann also nicht nach Zone V belichtet werden, sondern dieser Meßwert muß je nach Bildintention in Zone VIII bis IX gelegt werden. Umgekehrt gilt gleichermaßen, daß eine beschattete Stelle nicht zur Zone V werden soll, sondern Zone III, wenn noch volle Durchzeichnung verlangt ist.

Der angezeigte Belichtungswert ist jetzt keine abstrakte Größe mehr, sondern er kann direkt in einen Grauwert umgesetzt werden. Es muß nicht mehr zwingend ein mittleres Grau angemessen werden, sondern es ist gleichermaßen möglich beispielsweise eine helle, bildwichtige Stelle anzumessen und dann den gefundenen Belichtungswert in die richtige, gewünschte Zone zu legen. Das geht umgekehrt selbstverständlich auch mit dunklen Meßzonen.

Durch die Belichtungsmessung wird also zunächst einmal ein Meßwert bestimmt, der dann interpretiert werden will: Wie soll dieser Meßwert auf meinem Positiv wiedergegeben werden, und in welche Zone muß er zur Erzielung meiner Bildabsicht gelegt werden? »Belichtung messen und plazieren« nennt man das.

Und so gesehen zeigt sich auch ohne gezielte Einzelentwicklung der Negative der Vorteil des Zonensystems: Das bildwichtige Detail kann mit der Belichtungsmessung so interpretiert werden, daß es bei sorgfältiger Entwicklung des Films auf jeden Fall in der gewünschten Helligkeit, das heißt mit dem angestrebten Grauwert, im Positiv erscheint.

In der Praxis funktioniert das nach meiner Erfahrung auch ganz ausgezeichnet ohne die Materialtests des Zonensystems. Es ergibt sich folgende Vorgehensweise: Belichtung messen und interpretieren, Belichtungswert festlegen und belichten. Film sorgfältig entwickeln. Damit ergeben sich die besten Voraussetzungen für hervorragende Positive.

Damit hier keine Mißverständnisse entstehen: Das ist noch keine strenge Anwendung des Zonensystems! Es wird hier von mir lediglich dazu benutzt, um über die sprachlich leicht faßbaren Zonen anschaulich Grundzusammenhänge zwischen Motivhelligkeit und Negativ- wie Positivdichten zu vermitteln.

Weil hier in diesem Band etwas anderes – die Faszination nämlich – im Vordergrund stehen soll, verweise ich Sie bei tieferem Interesse am Zonensystem auf weiterführende Literatur.

Tonwertsteuerung II – durch Filterung

Das Kapitel über Filter in der Schwarzweißfotografie ist etwas umfangreicher ausgefallen. Gewissermaßen als Gegengewicht zur restlichen Fachliteratur, die dieses Thema oft etwas stiefmütterlich behandelt. Ganz zu Unrecht – denn wie noch zu zeigen sein wird, kommt dem Filtereinsatz gerade in der Schwarzweißfotografie eine entscheidende Bedeutung zu. Kann doch mit gezielter Anwendung der unterschiedlichen Filter das Bildergebnis in weitem Bereich vorherbestimmt werden.

Während man sich trefflich darüber streiten kann, ob und wann Filter in der Farbfotografie notwendig und sinnvoll sind, so gibt es bei Schwarzweiß keinen Zweifel: In manchen Situationen sind Filter unentbehrlich, um tonwertrichtige Negative zu erzielen oder um Farben gleicher Helligkeit voneinander zu trennen.

Denn es kann durchaus vorkommen, daß unterschiedliche Farben gleiche Helligkeit aufweisen. Exakter ist hier von gleicher Reflexion zu reden, und das wieder heißt, daß unterschiedlich farbige Gegenstände die gleiche Lichtmenge – wenn auch in anderer Lichtfarbe – reflektieren. Und somit ergibt sich auf dem Film bei beiden Gegenständen die gleiche Dichte, da ja das Licht nur seiner Helligkeit nach ausgewertet wird. Eine bestimmte Lichtintensität bedingt eine bestimmte Schwärzung – auch bei unterschiedlicher Lichtfarbe. Was dann auf dem Farbbild durch die Farbigkeit deutlich getrennt erscheint, wird im Schwarzweißnegativ als ein Grauton wiedergegeben – eine Tondifferenzierung findet nicht statt.

Anmerkung: Dies ist ein leicht vereinfachtes Denkmodell, das davon ausgeht, daß die Filmsensibilisierung (die Farbempfindlichkeit also) in einer Grafik mit einer geraden Linie dargestellt werden könnte, bei der unabhängig von der Farbe des Lichtes gleiche Reflexion auch gleiche Dichte bewirkt. Tatsächlich ist die Empfindlichkeit des Films nicht für alle Lichtfarben exakt dieselbe. Das ändert aber nichts an der Tatsache, daß unterschiedliche Körperfarben die gleiche Schwärzung auf dem Film bewirken können und damit als Grauton nicht mehr getrennt erscheinen.

Der panchromatisch sensibilisierte Schwarzweißfilm etwa ist für Rot mehr empfindlich als für Gelb. Das wirkt sich dann so aus, daß ein helles Gelb und ein mittleres Rot die gleiche Schwärzung hervorrufen. Das typische Beispiel allerdings ist blauer Himmel mit weißen Wolken: Aufgrund der erhöhten Blauempfindlichkeit der meisten panchromatischen Schwarzweißfilme wird Blau zu hell wiedergegeben und kaum mehr vom Weiß der Wolken getrennt. Wird jetzt aber ein Gelb-, Orange- oder Rotfilter benutzt, dann wird der Himmel im Positiv zunehmend dunkler wiedergegeben. Wie ist das zu erklären?

Die Wirkung eines Filters

Ein Farbfilter läßt Licht seiner eigenen Farbe passieren (Licht transmittiert) und verschluckt (absorbiert) die anderen Farben mehr oder weniger stark. Am stärksten wird die Komplementärfarbe absorbiert. Das bedeutet, ein Filter hellt seine Eigenfarbe auf und gibt die Komplementärfarbe im Positiv dunkler wieder. Mit Hilfe geeigneter Farbfilter ist es deshalb möglich, Farben gleicher Intensität zu trennen oder eine Farbe besonders zu betonen.

Um Tonwerte zu trennen, kann also ein Filter eingesetzt werden, das die eine Lichtfarbe besser, die andere weniger gut absorbiert bzw. transmittiert. Klassische Beispiele sind das Rotfilter, das den blauen Himmel (die Komplementärfarbe !) stark abdunkelt und die weißen Wolken umso bedrohlicher erscheinen läßt. Oder das Gelbgrünfilter, das, im Frühjahr und Sommer angewandt, die Gelb- und Grüntöne glättet, sie heller und luftiger erscheinen läßt.

Am eben erläuterten Beispiel mit der blauen Himmelsfarbe wird auch deutlich, daß der richtige Filtereinsatz von weiteren Faktoren abhängig ist. Ist doch der Himmel beileibe nicht immer strahlend blau – von grau verhangen bis zum blutroten Abendhimmel sind viele Farbspiele möglich.

Und natürlich wirkt dasselbe Filter bei unterschiedlichen Lichtfarben auch unterschiedlich. Bleiben wir beim Himmel und beim Rotfilter.

Im Vergleich zur ungefilterten Aufnahme mit hellerem Himmel zeigt sich beim Einsatz des Orangefilters eine ganz andere Bildstimmung. Aufnahmedaten: Film FP4, belichtet wie ISO 125/22° und entwickelt in LC29, Verdünnung 1+29. Vergrößert auf Multigrade III RC de Luxe.

Dunkelt es normalerweise den komplementärfarbigen blauen Himmel ab, so wird bei rotüberhauchtem Himmel in der Abendsonne genau das Gegenteil passieren: Der Himmel wird plötzlich noch heller. Und bei grauem Himmel – der in unseren Breiten so selten nicht ist – zeigt ein Filter so gut wie keine Wirkung. Zwar wird ein Teil des Spektrums aus diesem »dunklen Weiß« beschnitten, dies aber wird durch den Verlängerungsfaktor ausgeglichen. Mit dem Resultat, daß der Tonwert des Himmels sich nicht ändert. Egal, ob ein Filter eingesetzt wird oder nicht.

Aus diesen Beispielen folgt, daß Verlängerungsfaktoren, wie sie für die Filter angegeben werden, nun grobe Anhaltspunkte sein können. Sperrt doch ein und dasselbe Filter einmal Farben, um sie ein anderes Mal passieren zu lassen. Das heißt, die Farbe des Lichtes beeinflußt die Filterwirkung und auch den tatsächlichen Verlängerungsfaktor. Das bedeutet auch, daß sich die Filterwirkungen und -faktoren bei Kunstlichtaufnahmen (hoher Rotanteil) von denen bei Tageslicht unterscheiden. Wie man den genauen Verlängerungsfaktor eines Filters bestimmt, wird unter dem Stichpunkt »Ermittlung des richtigen Filterfaktors« beschrieben.

Neue Namen für »alte« Farben

Bevor es nun im Einzelnen um den richtigen Filtereinsatz geht, möchte ich Ihnen eine etwas andere Namensbezeichnung für die Grundfarben des Farbkreises ans Herz legen: So unterscheidet Küppers in seiner Farbenlehre (Küppers, Harald; Das Grundgesetz der Farbenlehre, Köln 1978) die acht Grundfarben folgendermaßen: Neben den unbunten Grundfarben Schwarz (S) und Weiß (W) nennt er die drei bunten subtraktiven Grundfarben Gelb (Y = englisch Yellow), Magentarot (M) und Cyanblau (C) – bis hierhin sollte Ihnen noch alles bekannt vorkommen. Die drei bunten additiven Grundfarben allerdings werden etwas anders als gewohnt, aber sehr treffend, mit Violettblau (V), Grün (G) und Orangerot (O) bezeichnet.

Denn was wir im Farbkreis gemeinhin mit Rot bezeichnen, ist mit Orangerot genauer und treffender bezeichnet – findet es sich auf dem Farbkreis doch genau in der Mitte zwischen Magentarot und Gelb.

Was wir dagegen »im wirklichen Leben« mit Rot bezeichnen, ist viel eher Orangerot plus eine Zugabe Magentarot. Erst wenn die Grundfarbe im Farbkreis Orangerot genannt wird und nicht mehr einfach nur Rot, werden diese Unterschiede deutlich. Das hat Auswirkungen, denn damit verschiebt sich die Komplementärfarbe für Rot (das ja eben nicht Orangerot ist) von Cyanblau (komplementär zu Orangerot) in Richtung Grün (komplementär zu Magentarot).

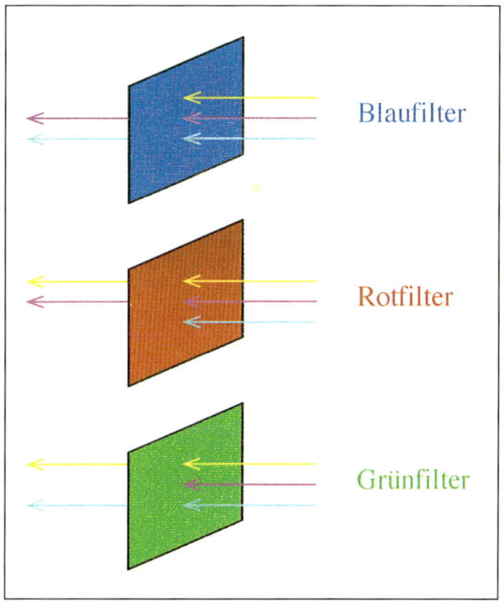

Ein Filter läßt Licht seiner eigenen Farbe passieren und absorbiert Licht anderer Farbe mehr oder weniger stark. Am stärksten wird Licht der Komplementärfarbe absorbiert. Grafik: thoMas

So hat auch jene Farbnuance, die wir umgangssprachlich gemeinhin als Blau bezeichnen, wenig mit der Grundfarbe Blau (genauer eben Violettblau zu tun), sondern schon einen deutlichen Überhang nach Cyanblau. Beispiel: der blaue Himmel – den wir ja auch nicht als violettblauen Himmel bezeichnen würden.

Es ist keine Haarspalterei, hier die exakteren Farbbezeichnungen Y, M, C, V, G und O zur Grundlage zu nehmen. Denn diese genauere Farbbezeichnung und der Farbkreis helfen uns bei der Auswahl des passenden Filters.

Begeht man den Fehler, unser umgangssprachliches Blau mit dem Violettblau des Farbkreises gleichzusetzen, dann verlangt der blaue Himmel das – zu violettblau komplementäre – Gelbfilter, um ihn deutlich abzudunkeln. Formuliert man aber exakter, so wird schnell klar, daß

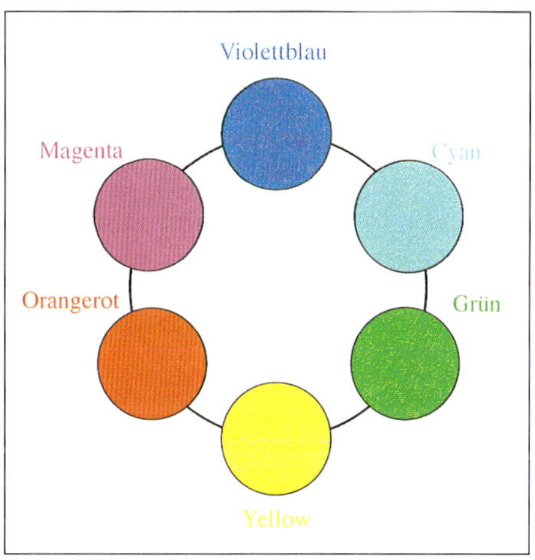

Der Farbkreis mit den sechs bunten Grundfarben. Grafik: thoMas

unser blauer Himmel kein Violett- sondern eher ein Cyanblau zeigt. Und ein Blick auf den Farbkreis zeigt dann sehr schnell, daß hier die Komplementärfarbe in Richtung Orangerot zu suchen ist.

Diese Feststellung wird in der Praxis schnell bestätigt: Gelb zeigt die schwächste Filterwirkung, Orange wirkt schon stärker und ein Rotfilter dunkelt den blauen Himmel am deutlichsten ab.

Aus dieser Tatsache läßt sich gleichzeitig schlußfolgern, daß der sogenannte Rotfilter dem Orangerot des Farbkreises ziemlich nahekommen muß, denn er sperrt Cyanblau deutlich bzw. dunkelt den blauen Himmel am stärksten ab.

Ich nehme an, daß Ihnen die Diskrepanz zwischen Umgangssprache und exakter Definition – auch hier in meinen Sätzen – aufgefallen ist. So rede auch ich hier vom »blauen« Himmel und meine doch eigentlich den cyanblauen Himmel. Nun, das ist ein Problem; und doch wieder keins. Es fiele keinem Menschen ein, nun plötzlich vom »cyanblauen« Himmel zu reden oder von der »magentaroten« Rose. Der Himmel ist strahlend blau, die Rose purpurrot. Lassen wir es dabei.

Es geht nicht darum, unsere Sprache zu verändern, sondern einzig darum, beim Blick auf den Farbkreis das passende Filter auszuwählen. Deshalb genügt es, wenn dort die exakten Farbbezeichnungen angegeben sind, um uns auf die Diskrepanzen aufmerksam zu machen.

Farbe und Filter

Wie entstehen eigentlich Farben? Was ist eine Farbe? Wo im Farbkreis ist ein Gelbbraun einzuordnen? Die Antworten auf diese Fragen helfen bei der gezielten Filterwahl.

Hier ist zunächst die Unterscheidung zu treffen zwischen Körper- und Spektralfarben. Körperfarben (Pigmente) absorbieren alles Licht bis auf das ihrer eigenen Farbe, das sie reflektieren. Spektralfarbe dagegen bezeichnet die Farbzusammensetzung des Lichts.

Eine weiße Wand reflektiert alle auftreffenden Spektralfarben nahezu vollkommen, während eine schwarze Wand das auftreffende Licht absorbiert. Das ist übrigens der Grund, weshalb sich schwarze Flächen im Sonnenlicht stärker aufheizen als weiße.

Trifft nun aber Licht nur einer bestimmten Wellenlänge (Farbe) auf einen Körper, so kann dieser auch nur dieses – farbige – Licht reflektieren bzw. absorbieren; keinesfalls weißes Licht daraus machen. Im Extrem führt das dazu, daß ein blauer Körper, der mit Licht nur der Spektralfarbe rot beleuchtet wird, schwarz erscheint, weil im roten Licht kein Blau enthalten ist, das reflektiert werden könnte und also das gesamte auftreffende Licht absorbiert wird.

Da unser Gehirn bestrebt ist, den Sinneseindruck entsprechend unserer Erfahrung zu korrigieren, werden wir uns dieses Sachverhaltes normalerweise nicht bewußt. Wir wissen, daß der Körper blau ist und sehen ihn deshalb auch unter allen Umständen so.

Das Farbsehen funktioniert im Wesentlichen mit zwei Typen von Sehzellen im menschlichen Auge. Da sind einmal die Stäbchen, die nur Helligkeitsunterschiede wahrnehmen können. Zum zweiten gibt es drei verschiedene Zäpfchentypen, die für die drei Spektralbereiche um 450 nm, um 540 nm und um 640 nm empfindlich sind. Sie sammeln die auftreffenden Lichtquanten des entsprechenden Wellenbereichs und leiten sie zum Gehirn weiter. Dort entsteht dann der Farbeindruck Violettblau, Grün und Rot. Oder jede andere Farbnuance, wenn mehrere Zäpfchentypen gleichzeitig angeregt werden.

Die Zäpfchen sind demnach für die drei Urfarben – V, G und O empfindlich. Und je nachdem, wie diese nun von den Wellen des Lichts angeregt werden, entsteht der Eindruck folgender acht Grundfarben:

S	–	–	–	(kein Zäpfchen wird angeregt)
Y		G	+O	
M	V		+O	
C	V	+G		
V	V			
G		G		
O			O	
W	V	+G	+O	

Anzumerken ist, daß dies ein idealisiertes Modell ist, in dem vorausgesetzt wird, daß die Licht- bzw. Urfarben jeweils mit gleicher Intensität vorliegen.

Farbschattierungen ergeben sich dann, wenn eine Farbe das Übergewicht erhält bzw. die Zäpfchen unterschiedlich stark angeregt werden. So wird sich ein Gelbgrün zum Beispiel dann ergeben, wenn zu Grün ein Gelbton kommt. Wenn also neben dem grünempfindlichen Zäpfchen auch jenes für orangerot empfindliche leicht angeregt wird.

Kommen schließlich alle drei Farben in unterschiedlichen Verhältnissen zusammen, dann ergibt sich kein Grau oder Schwarz. Vielmehr »verschmutzt« die am stärksten vorhandene Farbe, und es ergibt sich z.B. ein Braunton oder ein Olivgrün.

Farbempfindungen sind also immer eine sehr subjektive Angelegenheit; sind unsere ureigenste, persönliche Art, elektromagnetische Energiewellen mit einer bestimmten Wellenlänge (im Bereich zwischen ca. 400-700 nm = 0,0004-0,0007 mm) zu interpretieren. Gleich nebenan, die Wellenlänge ändert sich um weniger als 1/1000 mm, beginnt schon der infrarote Bereich. Und nur geringfügig kürzere Wellenlängen als blaues Licht (400 nm) sind bereits ultraviolett. Radiowellen unterscheiden sich in nichts anderem als ihrer Wellenlänge von »Licht«, genau wie Röntgenstrahlen.

Das Farbsehen hilft uns dabei, uns in der Welt zurechtzufinden. Wir extrahieren dazu ein winziges Spektrum der Energiewellen und haben Sinnesorgane entwickelt, die uns diese Reize, die wir »Licht« genannt haben, in Farben übersetzen. In der Schwarzweißfotografie schließlich geht es darum, ein Bild dem Eindruck entsprechend wiederzugeben. Das muß nicht möglichst tonwertgetreu heißen, wohl aber möglichst gut.

Der Farbkreis hilft bei der Filterwahl

Wenn Sie sich den Farbkreis noch einmal ansehen, dann erkennen Sie, daß er die drei additiven Grundfarben V, G, O und die drei subtraktiven Grundfarben Y, M, C enthält.

Bei der additiven Farbmischung addieren sich die drei Farben V, G, O zu weiß. Ein Beispiel für diese Farbmischung ist das Farbfernsehen. Hier ergeben Farbtripel in just diesen Farben die Farbinformation – wenn Sie nahe genug an den Bildschirm gehen, können Sie das erkennen.

Bei der subtraktiven Mischung werden bestimmte Spektralanteile des (weißen) Lichts absorbiert. Y, M, C absorbieren jeweils die Komplementärfarbe. Das ist jene Farbe, die auf dem Farbkreis genau gegenüber liegt.

Es ist nun möglich, mit jeweils drei dieser Grundfarben die anderen drei zu erzeugen (oder eben durch unterschiedliche Mischungsanteile auch Zwischentöne):

Bildung der additiven Farben durch subtraktive Mischung (zum Beispiel beim Farbvergrößern oder beim Farbdruck):

M+C	= V
Y+C	= G
Y+M	= O

Bildung der subtraktiven Farben durch additive Mischung (zum Beispiel beim Farbfernsehen):

G+O	= Y
V+O	= M
V+G	= C

Auf dem Farbkreis sind die Farben so angeordnet, daß sich komplementäre Farben genau einander gegenüber befinden, während die benachbarten Farben die Bildungsmöglichkeiten beschreiben: Cyanblau etwa liegt zwischen Violettblau und Grün, kann also mit diesen additiven Farben erzeugt werden. Grün hat Gelb und Cyan als Nachbarn und wird demzufolge aus diesen beiden erzeugt werden können.

Damit lassen sich mit einem Blick auf den Farbkreis die enthaltenen Farben einer Farbnuance festlegen und die Komplementärfarbe bestimmen. Ein Gelbgrün etwa enthält viel Gelb und ein wenig Cyanblau – die Komplementärfarbe liegt zwischen Magentarot und Violettblau. Ein Blaugrün dagegen hat einen hohen Anteil Cyanblau und nur wenig Gelb – die Komplementärfarbe liegt zwischen Magentarot und Orangerot.

Wenn Sie sich jetzt noch einmal vergegenwärtigen, daß jedes Farbfilter Licht seiner Eigenfarbe besonders gut durchläßt – entsprechende Motivfarben also aufhellt –, die Komplementärfarbe dagegen sperrt – also abdunkelt –, sehen Sie den Sinn des kleinen Farbkreises ein: Für jedes Motiv läßt sich sofort entscheiden, welches Filter notwendig wird, um die gewünschte Wirkung zu erzielen.

Soll beispielsweise annähernd komplementär gefiltert werden, dann muß je nach Farbnuance des Grün (Gelbgrün bzw. Blaugrün) ein anderes Filter benutzt werden. Einmal kommt – bei gelbgrüner Farbschattierung – das Blaufilter in Frage, das andere Mal, bei Blaugrün, ist besser das Rotfilter zu wählen.

Zum Vergleich hier das auf Seite 80 schwarzweiß und gefiltert wiedergegebene Motiv in Farbe.

Mit Blick auf den Farbkreis wird zum Beispiel auch deutlich, daß Gelb Violettblau sperrt. Ein Gelbfilter wird demzufolge den (cyan-) blauen Himmel leicht abdunkeln, da es die enthaltenen Anteile des Violettblau absorbiert. Ein Orangefilter, das zwischen Gelb und Orangerot im Farbkreis einzuordnen ist, wird bereits zusätzlich im cyanblauen Spektrum etwas absorbieren und deshalb den Himmel noch stärker abdunkeln. Und das Rotfilter schließlich, das, genauer formuliert, ein Orangerotfilter ist, kommt dem Komplementär sehr nahe. Entsprechend dramatisch abgedunkelt wird der blaue Himmel.

Den kleinen Farbkreis können Sie übrigens in Ihrer Fototasche mitführen. Es genügen dabei die Kürzel der Farbbezeichnungen, kreisförmig aufskizziert:

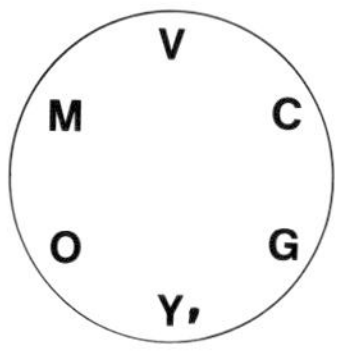

Haben Sie das zugrunde liegende Prinzip verstanden, dann ist es Ihnen jederzeit möglich, den Farbkreis schnell nachzuvollziehen und mit seiner Hilfe die notwendigen Filter auszuwählen. Die Filterwirkungen müssen Sie also nicht auswendig lernen, ohne das dahinter stehende Prinzip verstanden zu haben.

Nun wird sicher mancher den Wunsch verspüren, den Filtergebrauch zu vereinfachen. Schön wäre es da, wenn man rechnerisch oder meßtechnisch das passende Filter bestimmen könnte. Doch das scheitert an diversen Problemen.

So ist die meßtechnische Erfassung einer Farbe eine äußerst komplizierte Angelegenheit. Es geht ja nicht darum, die Farbtemperatur zu messen (dafür gibt es erschwingliche Meßgeräte), sondern eine Farbnuance exakt zu bestimmen. Das geht durchaus und hat in der Wissenschaft auch seine Berechtigung. Aber um hier zu objektiven Daten zu kommen, muß die Lichtquelle genormt sein. Und schon scheidet diese Methode für die bildmäßige Fotografie aus. Denn der grüne Laubwald kann je nach Farbtemperatur des Tageslichtes eher gelblich- oder aber bläulich-grün aussehen, um nur zwei mögliche Varianten zu nennen. Und das sogar zur selben Zeit. Die sonnenbeschienenen Kronen etwa werden gelbgrün, die beschatteten Teile dagegen blaugrün aussehen.

Und das richtige Filtern ist so schwer gar nicht. Das beste Meßinstrument, das es augenblicklich gibt, hat jeder von uns sowieso permanent in Form des Sehorgans dabei: Wir sind in der Lage, mehr als 100000 (einhunderttausend!) Farbnuancen sicher zu unterscheiden. Und das sollte ausreichen, um aus den paar Farbfiltern (Gelb, Orange, Rot, Grün und Blau), die in der Schwarzweißfotografie üblich sind, das passende auszuwählen.

Die richtige Filterwahl

Sie haben jetzt schon viel erfahren über Farben, über Filter und ansatzweise auch über Filterwirkungen. Es ist ihnen im Gedächtnis geblieben, daß ein Filter Licht seiner Eigenfarbe besonders

Eine typische Demonstration des Rotfilters. Im Vergleich mit der ungefilterten Aufnahme links wird der blaue Himmel abgedunkelt, das grüne Feld im Vordergrund kommt gleichfalls dunkler und etwas brillanter.

Im Druck sind die Filterwirkungen nicht so gut zu erkennen wie im Original. Deshalb hier eine Beschreibung der wichtigsten Unterschiede: Filterung (von links oben nach rechts unten): keine - Grün - Rot - Magenta. Am flauesten wirkt das ungefilterte Foto. Vergleichen Sie auch die Zeichnung des Hintergrunds. Das Grünfilter hellt erfahrungsgemäß etwas auf und verbessert die Zeichnung. Das Rotfilter zeigt bei diesem Motiv nahezu dasselbe Ergebnis wie das Grünfilter, mit geringfügig verbesserter Zeichnung. Aber es brauchte nur einen Verlängerungsfaktor von einer Stufe, während für das Grünfilter zwei Stufen Zugabe notwendig waren. Das mit Abstand brillanteste Ergebnis zeigt sich mit dem Magentafilter. Beachten Sie auch, daß das Rotfilter entgegen landläufiger Meinung den Himmel in diesem Bild nicht abdunkelt, weil der Himmel grau ist und nicht blau. Zum Vergleich siehe Farbabbildung auf Seite 78.

gut transmittiert, die Komplementärfarbe dagegen absorbiert. Da liegt der Schluß nahe, gleichfarbig zu filtern, wenn die Zeichnung verbessert werden soll. Das Grünfilter also für Grüntöne zu benutzen. Wie sich aber zeigt, ergibt ein Rotfilter erstaunlicherweise eine deutlich bessere Modulation der Grüntöne.

Ein Ausflug in die Reproduktion liefert überraschende, zum Teil sehr nützliche Hinweise für besseren Filtereinsatz. Wie zum Beispiel würden Sie bei der Aufnahme eines Dokuments mit Stockflecken filtern, um die Flecken zu entfernen? Richtig, mit einem Gelb- oder Orangefilter, abhängig von der Farbnuance der Flecken.

Dazu eine einfache Erklärung: Bei ungefilterten Aufnahmen bewirkt das weiße Papier eine Maximalschwärzung im Negativ – mehr geht nicht. Mit Gelbfilter ergibt sich gleichfalls die Maximalschwärzung für Weiß, da zwar Spektralanteile des weißen Lichts subtrahiert werden, dafür aber ein Verlängerungsfaktor einkalkuliert wurde. Das Gelbfilter läßt aber darüber hinaus Gelb ungehindert transmittieren. Und das ergibt für alles gelbe Licht gleichfalls die Maximalschwärzung: Im Resultat schlägt sich im Positiv dieselbe Information für Weiß und Gelb nieder: gar keine mehr.

Umgekehrt wird ein Blaufilter diese Stockflecken besonders deutlich zeigen, weil das gelbe Licht hier eben schlecht transmittiert. Das Resultat im Positiv ist eine sehr hohe Informationsdichte über Stockflecken.

Andere Beispiele: Mit einem Rotfilter können die Kästchen eines Millimeterpapiers unsichtbar gemacht werden. Ein Grünfilter hebt die Details von Rötelzeichnungen hervor. Das Blaufilter wird bei vergilbten Fotografien angewandt, um sie zu verbessern.

Das heißt, der landläufige Grundsatz: »Zur Zeichnungsverbesserung gleichfarbig filtern« wird hier doch sehr in Frage gestellt. Das gleichfarbige Filter verschlechtert die Wiedergabe dieser Farbe im Print, während das komplementärfarbige sie verbessert.

Nun zeigt sich auch in der bildmäßigen Fotografie, daß ein Komplementärfilter die Fotos brillanter erscheinen läßt als ein gleichfarbiges. Grüntöne etwa werden, durch einen Rotfilter aufgenommen, weit besser differenziert als durch das Grünfilter. Wie ist das zu erklären?

Vergegenwärtigen wir uns dazu, daß in der Natur keine Farbe absolut rein vorkommt. Es gibt unzählige Farbnuancen wie blaugrün, lindgrün, hellgrün, gelbgrün, flaschengrün ... Diese Aufzählung ließe sich allein für den Grünbereich noch viel weiter fortsetzen. Neben diesen Grünvarianten zeigt aber jede Farbnuance auch noch einen »Verschmutzungsanteil«. Gelbgrün besteht also nicht aus reinem Gelb und reinem Cyanblau in unterschiedlichen Mischungsanteilen, sondern es kommen weitere Farben hinzu. Eine Winzigkeit Magentarot etwa, das dann einen minimalen Stich ins Braune erzeugt.

Wird nun ein überwiegend grünes Motiv durch das rote Filter angemessen, dann gelangt natürlich auch vorwiegend grünes Licht zur Meßzelle, da ja auch das komplementärfarbige Filter kein strenges Sperrfilter ist. Der notwendige Verlängerungsfaktor wird also richtig bestimmt und die Grüntöne liegen im mittleren Tonwertbereich. Alle anderen Farben jedoch werden umso besser durchgezeichnet, je näher sie auf dem Farbkreis dem Orangerot liegen, da das Rotfilter ja Orangerot sehr gut und Magentarot und Gelb immer noch besser passieren läßt als Grün.

Vereinfacht ausgedrückt, kann das so formuliert werden:

Bei Filterung mit Rot (= annähernd komplementär) erhält die Farbe Grün ihre Zeichnung, weil der Verlängerungsfaktor berücksichtigt wird. Die restlichen Lichtfarben werden aufgrund der besseren Transmission durch das Filter aufgehellt und gegen das Grün abgesetzt.

Nimmt man stattdessen ein Grünfilter, passiert das genaue Gegenteil: Grünes Licht kann zwar sehr gut transmittieren und wird bei richtiger Belichtungsmessung unter Berücksichtigung des Filterfaktors gleichfalls in den helleren Tonbereich fallen. Das ist so durchaus erwünscht, denn die Hauptfarbe soll in dem Bereich liegen, der die beste Tonwertdifferenzierung ergibt. Alle anderen Lichtfarben jedoch werden jetzt mehr oder weniger stark gesperrt – mit dem Effekt, daß das Foto insgesamt verflacht und weniger gut durchgezeichnet ist.

Filterpraxis

Diese etwas umfangreicheren Erklärungen zur Farbtheorie mögen Ihnen in einem Band, der sich mit der Schwarzweißfotografie beschäftigt, etwas deplaziert vorkommen. Es bleibt jedoch festzustellen, daß der Filtereinsatz in der Schwarzweißfotografie nicht ganz so simpel ist, wie sich das mancher gedacht haben mag. Pauschale Empfehlungen wie »Gelbgrünfilter im Frühling und Sommer« können, müssen aber nicht richtig sein.

Andererseits ist es mit ein bißchen Überlegung doch möglich, jeweils das passende Filter zu wählen. Das lohnt sich, denn mit Filtern können Sie die Tonwertwiedergabe steuern und verbessern.

Bei der Filterpraxis kann man unterscheiden zwischen Korrektur- und Kontrastfiltern: **Korrekturfilter** werden eingesetzt, um Farbtöne gegeneinander abzusetzen bzw. den panchromatischen Film so zu filtern, daß sich eine augenrichtige Tonwertwiedergabe ergibt. **Kontrastfilter** sind komplementäre oder annähernd komplementäre Filter, die den Kontrast und damit die Modulation einer Hauptfarbe verbesern.

Das Blaufilter setzt zwar die roten Motivdetails (Lippen und Fingernägel) sehr schön ab, betont aber auch Hautunreinheiten über die Maßen: Zum gelblichen bis leicht rötlichen Hautton ist Blau annähernd komplementär.

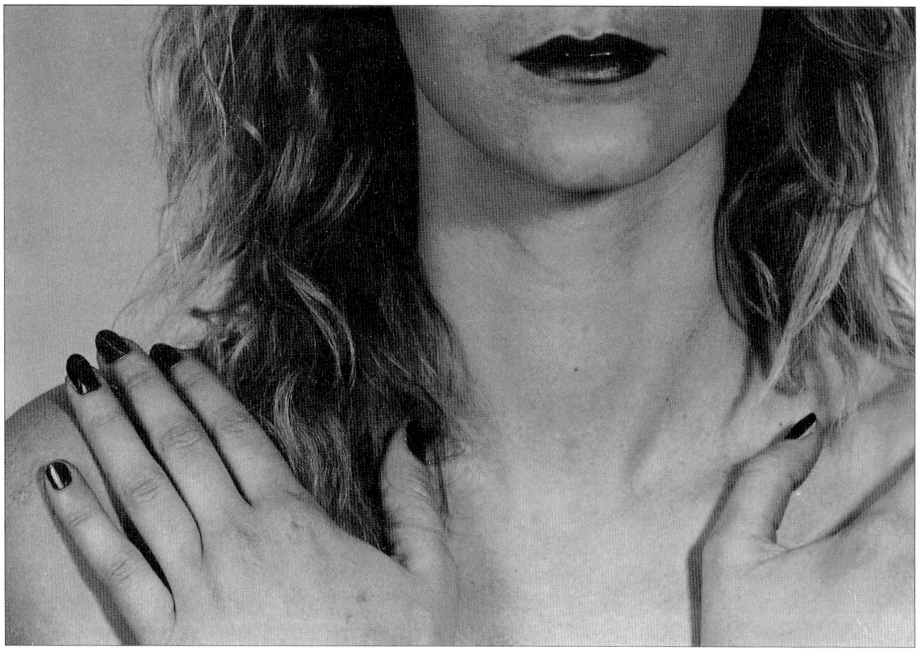

In der Schwarzweißfotografie stehen im wesentlichen folgende Filterfarben zur Verfügung: Gelb, Gelbgrün, Grün, Orange, Rot hell, Rot dunkel und Blau. Einige Filterfarben werden in unterschiedlichen Stärken angeboten. Nach meiner Erfahrung genügt jeweils ein mittleres Filter völlig.

Ein Blick auf den Farbkreis zeigt, daß bis auf Cyanblau und Magenta alle Farben vertreten sind. Soll Cyanblau oder Magenta gefiltert werden, so zeigt die Praxis, daß es ausreichend ist, stattdessen die benachbarten Farben Violettblau bzw. Orangerot zu benutzen.

Je nach Licht- und Motivfarbe kann jedes Schwarzweiß-Farbfilter natürlich entweder als Kontrast- oder auch als Komplementärfilter wirken.

Theoretisch kann ein geringes Nachlassen der Abbildungsqualität bei jedem Filtergebrauch nachgewiesen werden, was jedoch in der Praxis überhaupt keine Rolle spielt, da in der bildmäßigen Fotografie einfach nicht feststellbar ist, ob das Foto mit oder ohne Filter gemacht worden ist – die Qualität ist dieselbe.

Auf einen Blick: Filterwirkungen

Gelb »Universalfilter« für Landschaftsaufnahmen – dunkelt blauen Himmel leicht ab. Schneeaufnahmen (blaue Schatten!) werden brillanter. Leichte Reduzierung von Dunst.

Orange Deutliche Trennung von weißen Wolken und blauem Himmel, der abgedunkelt wird. Deutlichere Reduzierung von Dunst als beim Gelbfilter.

Rot Bei blauem Himmel schon ein Effektfilter, der cyanblauen Himmel fast schwarz wiedergibt (Mondschein-, Gewittereffekt). Gut geeignet, wenn Fernsichten mit atmosphärischem Dunst klar kommen sollen.

Grün Bei Porträts erscheint der Teint dunkler, der Hautton besser moduliert.

Blau Bei Kunstlichtaufnahmen läßt sich damit der hohe Rotanteil des Lichtes und die gleichzeitig hohe Rotempfindlichkeit panchromatischer Filme korrigieren. Ein Blaufilter erhöht die Dunstwirkung bei Landschaftsaufnahmen.

Die hier geschilderten Filterwirkungen sind mit etwas Vorsicht zu genießen, denn wie bereits ausführlich geschildert, hängt die Wirkungsweise eines Filters ganz entscheidend von Licht- und Körperfarben ab. Besser als solch pauschale Angaben ist deshalb ein abgestimmtes Vorgehen zur Ermittlung des passenden Filters. Weiter ist zu beachten, daß sich die hier beschriebenen Filterwirkungen immer auf das Positiv beziehen.

Gezielte Filterwahl

Machen Sie sich dazu zunächst folgende Sachverhalte noch einmal bewußt:

- Ein Farbfilter verschiebt die Grauwerte partiell. Einmal für Licht in seiner Eigenfarbe, das das Filter transmittiert. Dann für Licht im komplementären Bereich, das weitgehend absorbiert wird.
- Die Filterwirkung ist abhängig von der Licht- und Körperfarbe – es geht nicht an, pauschal zu behaupten, das Gelbfilter dunkle den Himmel ab – es dunkelt blauen Himmel ab.
- Filter werden zur Tonwertkorrektur oder zur Kontrastverstärkung eingesetzt.
- Mit einer Korrektur werden Farben, die im Positiv als gleiche Tonwerte erscheinen würden, getrennt.
- Die Kontrastverstärkung gibt einer Farbe bessere Durchzeichnung. Die Komplementärfarbe zeichnet also und führt somit zu einer besseren Modulation der Tonwerte.
- Die Eigenfarbe wirkt glättend bzw. verflachend.

Mit diesem Wissen können Sie jetzt darangehen, Ihr Motiv zu analysieren:

- Stellen Sie die Hauptfarbe fest, bzw. jene Farbe, die Ihnen am wichtigsten ist.
- Entscheiden Sie, ob Sie sie korrigieren, glätten oder modulieren möchten.

Eine gezielte Korrektur ist nur sehr schwer beherrschbar, da viel Erfahrung über den Zusammenhang zwischen Farbempfindlichkeit des Films, Farbhelligkeit des Motivs und resultierender Negativdichte vorausgesetzt wird. Einfacher scheint es mir deshalb zu sein, sich für Glätten bzw. Modulieren eines Motivs zu entscheiden – die Korrektur ergibt sich dann in der Regel quasi nebenbei.

Zum Glätten der Tonwerte nehmen Sie ein Filter in der Eigenfarbe oder ein nah daneben liegendes. Zur Modulation kommt die komplementäre bzw. weitgehend komplementäre Farbe in Betracht.

Beispiel: Unreine Haut soll bei einer Kunstlichtaufnahme geglättet werden. Vorherrschend ist also ein Gelb-Rot-Ton. Das Orangefilter wird gut geeignet sein.

Andererseits: Die Struktur eines hellgelben Sandsteinquaders soll moduliert werden – das komplementäre Blaufilter wirkt verstärkend.

Überprüfen Sie jetzt, wie sich Ihre Filterwahl

An diesem ungefilterten Luftbild ist klar zu erkennen, daß bei modernen Filmen nicht mehr gefiltert werden muß, wenn es um die bessere Trennung Wolken – Himmel geht: Die weißen Wolken setzen sich auch so gut gegen den blauen Himmel ab.
Aufnahmedaten: Film FP4, belichtet wie ISO 100/21° und entwickelt in ID-11, Verdünnung 1+1. Vergrößert auf Multigrade III RC de Luxe, Filter 3.

auf die Restfarben auswirkt und korrigieren Sie gegebenenfalls Ihre Filterfarbe.

Beispiel: Landschaftsaufnahme bei strahlend blauem Himmel. Die Grüntöne sollen zeichnen, aber das zunächst ausgewählte komplementäre Rotfilter würde den Himmel unerwünscht stark abdunkeln. Ideal wäre hier ein magentarotes Filter, das genau komplementär ist zu grün, aber den Himmel nur so stark abdunkelt wie ein Gelbfilter, denn es befindet sich gleich weit von Cyanblau entfernt wie Gelb – nur auf der anderen Seite des Farbkreises. Als Kompromiß kommt ein Blaufilter in Frage. Eine besonders elegante Lösung stellt jedoch ein rotes Verlauffilter dar – hiermit könnte partiell moduliert werden.

Bestimmen Sie jetzt am Ort den Filterfaktor mit einer Messung.

Ermittlung des richtigen Filterfaktors

Wie ausführlich geschildert, ist die Filterwirkung entscheidend abhängig von den vorherrschenden Farben. Und wenn sich die Lichtfarbe bzw. die Filterwirkung ändert, ändert sich natürlich auch der notwendige Verlängerungsfaktor. Die Ermittlung des tatsächlichen Verlängerungsfaktors erfolgt deshalb idealerweise unmittelbar vor der Aufnahme unter den herrschenden Lichtverhältnissen. Die Meßzelle des Belichtungsmessers ist ausreichend farbkorrigiert, dabei verläßliche Meßwerte anzuzeigen. Allfällige kleine Fehler gehen im Belichtungsspielraum des Films unter.

Bei Kameras mit TTL-Messung gibt es also überhaupt keine Probleme – hier wird der richtige Verlängerungsfaktor des Filters automatisch miterfaßt, wenn sich das Filter vor dem Objektiv befindet.

Wird die Belichtung mit dem Handbelichtungsmesser bestimmt, dann sollte wie gewohnt gemessen werden. Mit dem einzigen Unterschied, daß das Filter während der Messung vor die Meßzelle gehalten wird und erst zur Aufnahme vor das Objektiv gesetzt wird.

Sind mehrere Aufnahmen an Ort und Stelle geplant oder soll eine Mehrpunktmessung vorgenommen werden, dann wäre es etwas umständlich, immer das Filter vorzuhalten. Hier hilft eine Vergleichsmessung, einmal mit, einmal ohne Filter. So läßt sich am Aufnahmeort bei Messung in Richtung Motiv der augenblicklich tatsächlich gegebene Verlängerungsfaktor bestimmen und am Handbelichtungsmesser voreinstellen.

Polfilter

Auch in der Schwarzweißfotografie ist das Polfilter von Interesse. Mit ihm können Reflexe unterdrückt werden. Sie sollten dabei nicht nur an Spiegelungen denken, wie sie in Schaufensterscheiben auftreten. Sondern auch an Wasser, nasses Holz, Blätter usw. Ja selbst das Himmelslicht wird polarisiert und das Polfilter führt damit zu einer Absättigung des Himmels.

Die beste Wirkung zeigt ein Polfilter, wenn die Kamera im Winkel von etwa 30° zur Fläche geneigt ist, die es zu entspiegeln gilt. Bedenken Sie dabei, daß nicht immer die volle Wirkung auch die beste ist.

Man unterscheidet zwischen zirkularen und linearen Polfiltern. Manche Kameras mit TTL-Messung benötigen aufgrund des Meßsystems zirkulare Polfilter – das gilt für alle Kameras mit halbdurchlässigen Spiegeln und dahinter angeordneter Belichtungsmeßzelle.

Beim Betrachten des Polfilters kann der Eindruck entstehen, daß das Filter unterschiedliche Verlängerungsfaktoren hat. Ändert sich doch je nach Stellung des Filters die Helligkeit. Es ist aber nur ein Verlängerungsfaktor maßgebend, da polarisierte Teile sonst überbelichtet würden.

Der Vollständigkeit halber sei hier noch auf Polfilterfolien hingewiesen, die beispielsweise der Zubehöranbieter Hama in verschiedenen Stärken und Abmessungen im Programm hat, noch dazu zu sehr moderaten Preisen. Mit deren Hilfe können auch Metallflächen entspiegelt werden. Dazu muß sich ein Polfilter vor dem Objektiv und eine Polfilterfolie vor der Leuchte befinden. Der Lichtverlust ist dann zwar erheblich, da jeder Polfilter die Lichtleistung um rund 1,5 Blendenstufen reduziert, aber nur auf diese Weise gelingt es, metallische Flächen ohne Spiegelungen zu fotografieren.

UV-Sperrfilter

Das UV-Sperrfilter sperrt, wie der Name bereits andeutet, UV-Licht. Es kann bei Fernsichten den Dunst mildern und den Schärfeeindruck erhöhen. Allerdings ist dieser Effekt mittlerweile zweitrangig, denn sowohl Filmemulsionen als auch vergütete Objektive weisen in aller Regel bereits eine UV-Sperrschicht auf. Unverzichtbar jedoch scheint es mir wegen seiner Funktion als Linsenschutz. Statt des teuren Objektivs wird im Fall des Falles nur das preiswerte Filter zerkratzt. Achten Sie darauf, ein vergütetes Filter zu kaufen. Und wählen Sie ein Einschraubfilter – das versiegelt die Frontlinse sozusagen.

Glasfilter sind das Optimum, wenn es um optische Qualität und mechanische Widerstandsfähigkeit geht. Heliopan bietet oberflächenvergütete, planparallele Filter in unzähligen Ausführungen: Schraubfassungen (bis 160 x 1,5), Bajonettfassungen (Rollei, Hasselblad), Aufsteckfassungen, Sonderanfertigungen usw. für praktisch jede existierende Kamera an.

Filterausführungen

Filter für die Schwarzweißfotografie werden in unterschiedlichen Ausführungen angeboten. Es gibt Filterfolien, hier sind vor allem die Wratten-Filterfolien von Kodak zu nennen. Dann gibt es Glasfilter zum Einschrauben bzw. für die Bajonettfassung des Objektivs. Und letztlich gibt es Filtersysteme, bei denen alle Filter die gleiche Größe haben. Sie sind meist rechteckig und lassen sich mit einem Filterhalter und einem passenden Adapterring an jedem Objektiv anbringen.

Wrattenfilter

Wrattenfilter gibt es in vielen verschiedenen Filterfarben. Das ist ihr Hauptvorzug. Sie sind allerdings schlecht zu handhaben, denn die dünnen Folien sind extrem empfindlich. Sind sie doch aus Gelatine hergestellt, der die entsprechenden Farbstoffe zugemischt werden, wobei die Farbstoffe nicht immer stabil bleiben, wenn sie dem Licht längere Zeit ausgesetzt werden.

Die Schwierigkeiten beginnen mit der Aufbewahrung und dem Transport, denn für optimalen Schutz müßte jede Folie einzeln verpackt werden. Zudem sind es die reinsten Staubfänger. Eine Eigenschaft, die sie in Kombination mit ihrer Empfindlichkeit sehr anfällig für Kratzer macht.

Bei der Anwendung ist es schwierig, die annähernde Planlage der Folien zu erreichen – das hat negative Auswirkungen auf die Schärfe. Das Problem multipliziert sich mit dem Einsatz mehrerer Folienfilter, denn Planparallelität ist dann überhaupt nicht mehr zu gewährleisten. Da die Folien zudem kaum preiswerter sind als Glasfilter, sind sie nicht sonderlich empfehlenswert, wenn es die gewünschte Filterfarbe auch in anderer Ausführung gibt.

Glasfilter

haben demgegenüber einige Vorteile. So sind gute Filter beidseitig vergütet und planparallel. Die optische Genauigkeit ist demzufolge höher als jene von Gelatinefiltern. Gute Glasfilter schmälern die Leistung des Objektivs am wenigsten.

Auch in der Handhabung erweisen sie sich bequemer. So werden die Filter von vielen Anbietern bereits in Filterschubladen geliefert, die sich miteinander verbinden lassen. Auf diese Weise erhält man einen Filtercontainer, aus dem jedes einzelne Filter schnell gezogen werden kann.

Oder man kann die Filter zu einem Filterpack zusammenschrauben. Wird ein bestimmtes Filter gebraucht, wird der Pack an dieser Stelle getrennt. Das Filter wird – noch mit den restlichen Filtern – vor das Objektiv geschraubt. Die überzähligen Filter werden abgetrennt, wieder mit den anderen Filtern zu einem Pack verschraubt und sind so stets kompakt und geschützt aufbewahrt.

Der Nachteil dieser Filter besteht darin, daß sie immer nur für ein bestimmtes Objektivgewinde passen. Hat man Objektive mit unterschiedlichen Filtergewinden, dann wird zu jedem auch ein kompletter Satz Filter nötig.

Filtersysteme

Praktischer und vielseitiger sind Filtersysteme. Da gibt es nur einen Filterhalter und eine Filtergröße, aber verschiedene Einschraubadapter für das Objektivgewinde. Filterhalter und alle Filter können damit an sämtlichen Objektiven befestigt werden, wobei nur der preiswerte Einschraubadapter mehrfach nötig ist. Bei manchen Filtersystemen ist sogar die Möglichkeit gegeben, zwei Filterhalter gemeinsam zu verwenden. So können bis zu fünf Filter gleichzeitig eingesetzt und unabhängig voneinander gedreht werden.

Besonders interessant sind die Verlauffilter, wie sie zu den Filtersystemen angeboten werden. Es gibt zwar keine expliziten Verlauffilter für die Schwarzweißfotografie, aber es gibt gelbe, blaue, pinkfarbene Verlauffilter und andere mehr in den tollsten Farben und in verschiedenen Stärken. Und ob das Verlauffilter nun »pink« heißt oder nicht – es kommt unserem

Magentarot schon recht nahe, und das ist die Hauptsache. Mit den Verlauffiltern lassen sich partielle Tonwertsteuerungen verwirklichen.

Es gibt zwar auch runde Verlauffilter in Einschraubfassung, die aber haben gegenüber den rechteckigen eines Filtersystems einen entscheidenden Nachteil: Der Verlauf endet immer in der Mitte des Filters und damit auch des Motivs. Die rechteckigen Filterscheiben dagegen können nach oben oder unten geschoben und gedreht werden, um so den Verlauf genau in das Motiv zu legen.

Die Themen in der SW-Fotografie

Die Landschaft

Wohl das meistfotografierte Sujet ist die Landschaft. Je nach Jahres- und Tageszeit zeigen sich ganz andere Eindrücke – auch vor der eigenen Haustür. Es muß nicht immer der Yellowstone Nationalpark sein. Wer sich ein waches Auge für seine Umgebung bewahrt hat, wird auch in nächster Umgebung seine Motive entdecken. Obwohl es andererseits richtig ist, daß ein Fremder die typischen Eigenheiten einer Landschaft oft besser erfassen und ins Bild setzen kann als ein Einheimischer.

In der Landschaftsfotografie kann der Fotograf ganz besonders mit der Brennweite, der Perspektive, der Schärfentiefe und dem Standpunkt spielen. Dies ist auch ein besonders erfolgversprechendes Gebiet für den Einsatz von Filtern, mit denen sich zum Teil dramatische Wirkungen erzielen lassen.

Formen und Strukturen vom Kleinsten bis ins Unendliche tun sich hier auf. Der Fotograf kann sich in seinem Motiv bewegen und immer wieder neue Positionen finden. Allein durch die Festlegung der Horizontlinie beispielsweise lassen sich von ein und demselben Standpunkt aus ganz unterschiedliche Bildwirkungen erzielen.

In Frage kommen alle Aufnahmeformate, und selbst einfachste Kameras eignen sich. So läßt sich beispielsweise allein durch die Aufnahmehöhe der Eindruck einer Weitwinkel- oder einer Teleaufnahme mit dem Normalobjektiv vermitteln: Ein hoher Aufnahmestandpunkt ohne ausgeprägten Vordergrund nähert sich der Fernsicht des Teleobjektivs, während ein niedriger Aufnahmestandpunkt mit deutlichem Vordergrund das Weitwinkel imitiert. Dies als ein Beispiel dafür, daß die normale Augenhöhe nicht das Maß der Dinge ist. Oft haben solch kleine Ursachen wie die Verlagerung der Aufnahmehöhe überraschend große Wirkungen.

Ein Blick auf Details schließlich lohnt sich sehr beim Schlendern durch die Landschaft, denn im Kleinen lassen sich oft interessante Strukturen,

Mit dem Weitwinkel, einem tiefgestaffelten Bildaufbau aus Vorder-, Mittel und Hintergrund und mit viel Himmel wird die Weite der norddeutschen Landschaft unterstrichen.

Mut zur Leere: Ihre Wirkung erhält dieses Foto durch den hohen Himmel. Daß dies bereits bei der Aufnahme so beabsichtigt war, ist am abgebildeten Negativrand zu erkennen.
Foto: Jochen Fiebig

manchmal auch sehr schöne Stilleben, entdecken.

Das Porträt

Das Porträt ist die Aufnahme eines Gesichtes, und es soll die Wesensmerkmale einer Person möglichst in dem kurzen Sekundenbruchteil der Belichtung festhalten. Das ist nicht ganz einfach. »Porträt« heißt aber nicht: möglichst schön. Das wird nur in der kommerziellen Porträtfotografie verlangt.

Um die Persönlichkeit einer Person zu erfassen, bedienen sich manche Fotografen einer interessanten Technik. Mit niedrig empfindlichem Filmmaterial und kleinen Blendenöffnungen erreichen sie lange Belichtungszeiten von mehreren Sekunden bis in den Minutenbereich. Ähnlich wie vor hundert Jahren werden die Porträtierten dadurch gezwungen lange stillzuhalten.

Porträts sind eine gute Schulung für die Fotografie von Menschen im Allgemeinen. Bei Innenaufnahmen sollten auch extreme Lichtführungen ruhig einmal ausprobiert werden. Bei Außenaufnahmen im Sonnenschein ist zu beachten, daß hochstehende Sonne besonders die Augen stark abschattet – schwarze Augenhöhle sind die Folge, wenn nicht aufgehellt wird.

Porträtfotografie wird vor allen Dingen mit leichten Teleobjektiven angegangen, da kurze Brennweiten zu übertriebener Perspektive neigen (lange Nasen im Gesicht) und starke Teleobjektive die Proportionen zu sehr verflachen. Das leichte Tele schafft darüber hinaus die richtige Aufnahmedistanz: weit genug entfernt, um die Person nicht zu bedrängen, aber noch nahe genug, um den Kontakt zu halten.

Zur schmeichelnden Wiedergabe und zur Unterdrückung von Hautunreinheiten kann ein Weichzeichner eingesetzt werden. Hier sind die Zeiss Softare empfehlenswert, die von der Firma Heliopan in den verschiedenen Einschraubgrößen angeboten werden. Sie erhalten im Gegensatz zu anderen Weichzeichnerlinsen die Kernschärfe und überlagern sie nur mit einem Unschärfesaum. Es ergibt sich eine echte Weichzeichnerwirkung, die zudem noch blendenunabhängig arbeitet.

Starke Hautunreinheiten kann auch ein Orangefilter mildern. Vorsicht ist beim Blaufilter geboten. Er trennt zwar Lippen und Hautton sehr gut, betont aber auch Unreinheiten.

Der Akt

Bei der Fotografie des unbekleideten Menschen finden sich hauptsächlich die Anhänger zweier Lager.

Die einen favorisieren den klassischen Akt. Das bedeutet: vorrangig Darstellung von Körperformen, von Umrißlinien oder Körperdetails. In jedem Fall in einer klassischen oder einer besonders expressionistischen Pose – künstlerisch. Die Geschlechtlichkeit ist deutlich reduziert oder gar völlig nebensächlich. Der Körper wird »akademisch« dargestellt; auf gleiche Weise könnten auch unbelebte Gegenstände dargestellt werden. Es geht um die Schönheit einer Form an sich. Wogegen nun überhaupt nichts einzuwenden ist, denn wunderschöne Fotos sind auf diese Weise entstanden.

Andere beziehen die Geschlechtlichkeit ganz bewußt mit ein. Neben der Schönheit des menschlichen Körpers wird hier ganz deutlich, daß es unterschiedliche Geschlechter gibt. Die Darstellung selbst kann dabei einen eher dokumentarischen Charakter haben. Das bedeutet, der Fotograf bzw. die Fotografin nimmt den Standpunkt eines unbeteiligten Betrachters ein, der nur zeigt, was ist. Das kann auch etwas Unangenehmes sein. Oder aber es wird ein erotisches Foto, bei dem der Fotograf den Betrachter ganz bewußt auf- und anregen will. Hier ist nicht die Schönheit des menschlichen Körpers allgemein das Motiv, sondern ganz gezielt der Körper des anderen Geschlechts: Der Männerakt soll Frauen anmachen, der Frauenakt Männer. Was nicht ausschließt, daß auch Männer einen erotischen Männerakt schätzen können (Frauen vice versa). Denn die Schönheit des Körpers wird hier nicht unterdrückt, sondern um ein erotisches Moment bereichert.

Ob sich der Fotograf für die Abbildung des ganzen Körpers entscheidet, oder sich auf Körperausschnitte konzentriert, wird unter anderem auch von der Qualität des Modells abhängen. Interessant ist auch die Kombination von Bekleidung und nackter Haut – sowohl an einem Modell, als auch bei der Gegenüberstellung bekleideter und unbekleideter Menschen.

Aufnahmetechnisch gilt hier prinzipiell dasselbe, was auch bei Porträts in Frage kommt. Farbfilter für bessere Hautwiedergabe und ein Weichzeichner zur Unterdrückung von Hautunreinheiten oder zum Erzielen besonderer Stimmungen.

Zwei völlig unterschiedliche gesehene Porträts. Gemeinsam ist ihnen das Accessoire »Muschel«, das jeweils passend zur Person kombiniert wurde.
Fotos: Jochen Fiebig

Der Schattenwurf macht bei diesem Frauenakt den Reiz des Bildes aus.
Foto: Jochen Fiebig

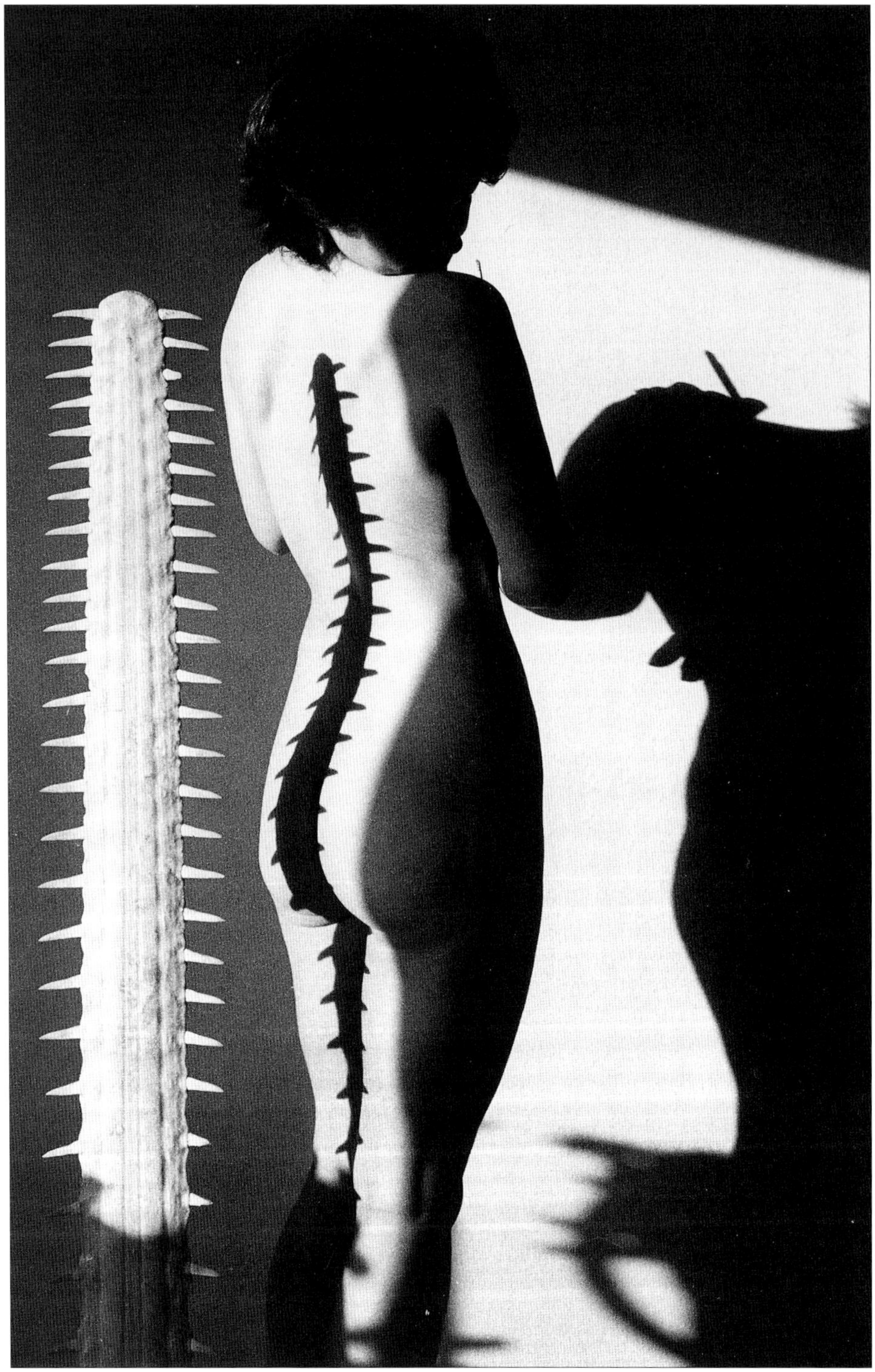

Dieser Männerakt wirkt trotz harter Beleuchtung sehr romantisch und zeigt, daß es durchaus möglich ist, den männlichen Körper auch schön – nicht nur immer muskelstrotzend – darzustellen.
Foto: Harald Grotowsky

Die Reportage, das ist nicht nur das Festhalten herausragender geschichtliche Ereignisse, sondern auch die Darstellung alltäglicher Begebenheiten. Wenn sie so gut erkannt und erfaßt werden wie hier, wird daraus ein gutes Foto.
Foto: Jochen Fiebig

Die Reportage

Eine Reportage ist mehr als ein einzelnes Foto: Es ist eine Aneinanderreihung guter und typischer Fotos, mit denen ein Ereignis geschildert werden soll. Als Thema bietet sich alles an, was uns umgibt: ein Familienfest, ein Sportereignis, eine Kirchweih.

Die gute Reportage unterscheidet sich von einer schlechten dadurch, daß die Aufnahmestandpunkte besser gewählt sind. Wie es alle gesehen haben – aus Augenhöhe – das ist nicht immer die beste Perspektive. Der höher oder tiefer gelegte Aufnahmestandpunkt ergibt machmal bessere Bilder.

Da es sich um die Dokumentation eines zeitlichen Ablaufs handelt, sollte der Fotograf hellwach sein, um die entscheidenden Momente nicht zu verpassen. Sehr hilfreich ist hier die Erfahrung, die meist durch Versuch und Irrtum gewonnen wird. Es kann aber sehr nützlich sein, sich über die Gegebenheiten bereits vor dem

Eine extreme Ausschnittvergrößerung mit angeschnittenem Fahrer, der aus dem Bild herauszufahren scheint, unterstreichen die Dramatik des Geschehens.

Aufnahmetermin ein Bild zu machen. Sich nach der besten Position umzusehen, das Licht zu beurteilen usw.

Der Ausschnitt des Motivs wird im Zweifelsfall lieber etwas großzügiger bemessen werden, denn hinterher ist immer noch Gelegenheit, den optimalen Bildausschnitt festzulegen. Das ist besser als ungünstig angeschnittene Motivteile. Und das passiert in der Hektik sehr schnell.

Die Reportage in Innenräumen, auch im Theater und im Zirkus, verlangt entweder nach Blitz oder hochempfindlichen Filmen und lichtstarken Objektiven.

Sind in der Sportfotografie Freihandaufnahmen geplant, dann sollte die Lichtstärke so hoch wie möglich sein, da die meist notwendigen längeren Brennweiten sowieso schon kürzere Verschlußzeiten für verwacklungsfreie Aufnahmen verlangen. Hier wird sich in vielen Fällen ein Einbeinstativ bewähren, das die ruhige Kamerahaltung unterstützt, ohne die Bewegungsfreiheit allzusehr einzuengen.

Reportagefotografie, das ist oft auch Available-Light-Fotografie – wenn die Lichtstimmung erhalten werden soll.

Das Stilleben

Bei einem Stilleben hat es der Fotograf mit gestaltender Fotografie in Reinform zu tun. Alle Parameter befinden sich unter seiner vollen Kontrolle. Er schafft Bilder so, wie er es möchte. Hier greift allerdings nun überhaupt keine Entschuldigung über Fehler mehr: Das Bild muß schlicht perfekt sein.

Die einfachste Form des Stillebens ist die Sachfotografie: Etwas wird fotografiert, um es zu zeigen. Produktabbildungen in Katalogen sind dafür ein Beispiel. Trotzdem, ganz so einfach ist auch diese Aufgabe nicht. Die Form und die Oberfläche, die Materialbeschaffenheit des Stückes muß dem Betrachter vermittelt werden.

Mit ein bißchen mehr Arrangement, einer besseren, prägnanteren Lichtführung und ein paar Accessoires wird plötzlich mehr daraus: Stimmungen und Gefühle werden visualisiert. Geduld vor allen Dingen braucht der Fotograf hier, um die Dinge so zu drapieren, bis sie perfekt angeordnet sind.

Neben diesen arrangierten Stilleben finden sich allerdings auch unterwegs welche. Meist im Kleinen, im Bereich der Nah- und Makrofotografie. Daß hier durchaus Motive für Schwarzweißfotografen zu finden sind, haben bedeutende Fotografen immer wieder deutlich gemacht. Man denke an die fantastische Makrofotos, die Edward Weston von Muscheln gemacht hat. Oder an Minor White, der gerissene Farbe und splitterndes Holz in Großaufnahmen zu einem Erlebnis machte.

Überlegen Sie bei einem Stilleben, wie der Betrachter durch das Bild geführt werden soll – die Anordnung der Gegenstände, die Bildkomposition lenkt das Auge. Auch die Lichtführung hat entscheidenden Einfluß auf das Ergebnis. Sie können damit die Oberflächenstruktur betonen,

Stilleben, das kann das »objet trouvé« sein, das vorgefundene Stilleben, es kann aber auch arrangiert werden.

Dieses Bild lebt durch die hohen Kontraste. Foto: Jochen Fiebig

die Formen herausarbeiten und natürlich Licht und Schatten schaffen. Der Lichtkontrast und das Motiv müssen sich entsprechen.

Bei Stilleben zuhause können Sie übrigens auch recht gut das Blitzgerät einsetzen. Allerdings nicht allein und nur selten direkt. Holen Sie sich Aufhellwände dazu, weiße Kartons oder ähnliches, und blitzen Sie dagegen. Es läuft ja nichts weg und so haben Sie Zeit und Muße, Lichteffekte auszuprobieren und gegebenenfalls auch nach längerer Zeit zu wiederholen.

Die Architektur

Architekturfotografie ist vor allen Dingen ein Ringen um Licht und Position, ist das Warten auf die richtige Tageszeit, auf das richtige Licht, das Suchen der richtigen Position. Denn wenn das Objekt feststeht, das fotografiert werden soll, müssen Tageszeit und Standpunkt gefunden werden, bei denen es sich bestmöglich präsentiert. Das schließt nicht aus, daß sich irgendwo – im Vorbeigehen – plötzlich eine besonders interessante Architektur genau im passenden Licht zeigt.

Die Großformatkamera stellt hier das ideales Aufnahmesystem dar, da auch ungewöhnliche Sichten zu realisieren sind, Die Verstellmöglichkeiten dieser Kamera erlauben auch bei Schrägsichten die Senkrechten parallel zu halten. Anders als in der Ebene scheinen nämlich Parallelen in der Senkrechten zu »kippen«, wenn sie perspektivisch zusammenlaufen. Das kann allenfalls bei einer sehr expressiven Auffassung von Architekturfotografie in wenigen Ausnahmefällen akzeptiert werden.

Starre Kameras sollten deshalb immer möglichst parallel zur Gebäudefront ausgerichtet werden. Das setzt bei der Wahl des Aufnahmestandpunktes und bei der Objektivwahl enge Grenzen. Die geforderte geringe perspektivische Verzeichnung kann entweder durch große Aufnahmeabstände und die Verwendung von Telebrennweiten oder aber durch den Einsatz eines Weitwinkelobjektivs und parallele Ausrichtung erreicht werden. In engen Grenzen kann auch eine nachträgliche Entzerrung beim Vergrößern angewendet werden – dabei werden allerdings die Proportionen verändert.

Weitwinkelobjektive verschiedener Brennweiten stellen die Standardausrüstung für den Architekturfotografen dar. Er kann aber auch nicht auf Telebrennweiten verzichten, da es oft gilt, besondere bauliche Details festzuhalten.

Ganz besonders hohe Lichtkontraste gilt es zu bewältigen, wenn in Innenräumen mit Fensteraussicht fotografiert werden soll. Hier wird ein Film mit großem Belichtungsspielraum wie der XP2 zweckmäßig sein. Die Kontraste können weiterhin durch die Blitzlichtaufhellung des Vordergrundes gemildert werden.

Architekturfotografie, das ist nicht nur das Äußere von Gebäuden, sondern auch die Fotografie der Innenräume, fällt unter dieses Themengebiet.
Foto: Jochen Fiebig

Tonwertsteuerung III – durch Negativentwicklung

Es ist kaum zu glauben, aber wahr: Auch heute, mehr als 150 Jahre nach der Erfindung der Fotografie, weiß keiner wirklich genau, was wir da eigentlich so machen, wenn wir ein Foto belichten und entwickeln.

Fest steht nur, daß keine sichtbare Veränderung festzustellen ist, wenn man ein Silberbromidkristall dem Licht aussetzt. So ein Silberbromidkristall hat man sich als eine Gitteranordnung vorzustellen, das aus Millionen von Silber- und Bromidionen besteht. Es wird nun angenommen, daß bei der Belichtung einige Silberatome entstehen, die bei der anschließenden Entwicklung als Katalysatoren auf die restlichen Silberionen wirken.

Fest steht weiterhin, daß man Fotos machen kann. Und fest steht auch, daß durch die Entwicklung das latente (das belichtete, aber noch nicht sichtbare) Bild millionenfach verstärkt wird. Aus dieser enormen Verstärkungsmöglichkeit durch Entwicklung erklärt sich auch die hohe Qualität der Fotografie gegenüber anderen – etwa elektronischen – Aufzeichnungsverfahren.

Die Schwarzweißnegativentwicklung ist generell unkritischer als andere Entwicklungsverfahren, weil während des Positivprozesses noch Manipulationsmöglichkeiten gegeben sind, die in dieser Form sonst nicht zu finden sind. Das kann selbstverständlich nicht heißen, daß man hier unbesorgt zu Werke gehen sollte.

Doch wer einen Diafilm gut belichten kann, der wird auch ein gutes Schwarzweißbild erzielen. Ein Diafilm hat einen bekannt engen Belichtungsspielraum bzw. einen Belichtungsumfang von nur etwa 1:35. Das ist weniger als der Wiedergabekontrast eines hochglänzenden Schwarzweißpapiers. Schwarzweißfilme dagegen haben einen weit höheren Belichtungsspielraum und bieten deshalb Raum für weitere Manipulationen während des Vergrößerns.

Die beste Entwicklung

Für die Filmentwicklung genügt schon eine Superminidunkelkammer, die mit geringstem Platzbedarf auskommt. Ein Filmtank, einige Spiralen und ein paar Flaschen, Mensuren und eine Zeituhr, das ist schon alles, was nötig ist. Dazu ein dunkler Raum, in dem die Filme eingespult werden. Der Entwicklungsvorgang selbst kann bei Licht erfolgen.

Bei der Entwicklung von Schwarzweißfilmen ist kein großer Umstand notwendig. Auf eine Temperierung der Chemikalien und des Tanks kann oft verzichtet werden, wenn die Raumtemperatur um die 20° C liegt. Dies ist die Standardtemperatur bei der Schwarzweißentwicklung – und sie sollte im Interesse guter und reproduzierbarer Entwicklungsergebnisse exakt eingehalten werden. Wenn nötig, werden die Verarbeitungslösungen und der Filmtank in einer großen Schale mit warmem Wasser temperiert.

Es kursieren die merkwürdigsten Geheimrezepte, was das Entwickeln und die Entwickler angeht. Für den Anfang kann ich Ihnen nur den dringenden Rat geben: Nehmen Sie einen Entwickler, den der Hersteller für diesen Film empfiehlt, und entwickeln Sie mit der angegebenen Standardzeit unter Beachtung des vorgeschriebenen Bewegungsrhythmus und bei Einhalten der Temperatur.

Mehr können und müssen Sie zunächst nicht machen, um einen gut entwickelten Film zu erhalten. In einem »Universalentwickler«, der so heißt, weil er alle guten Eigenschaften einer Filmemulsion zutage fördert, ist der Film für den Anfang gut aufgehoben. Er wird auch später der Normalentwickler für die meisten Filme bleiben. Nur wenn Sie entweder ganz gezielt feinkörnig oder empfindlichkeitsausnutzend, vielleicht auch forciert entwickeln möchten, sollten Sie den Entwickler wechseln.

Für die Filmentwicklung braucht es nicht viel. Gerade in der Schwarzweißfotografie ist weniger mehr, denn die preiswerte Kippentwicklung, zu der nur ein Filmtank notwendig ist, bringt beste Ergebnisse.

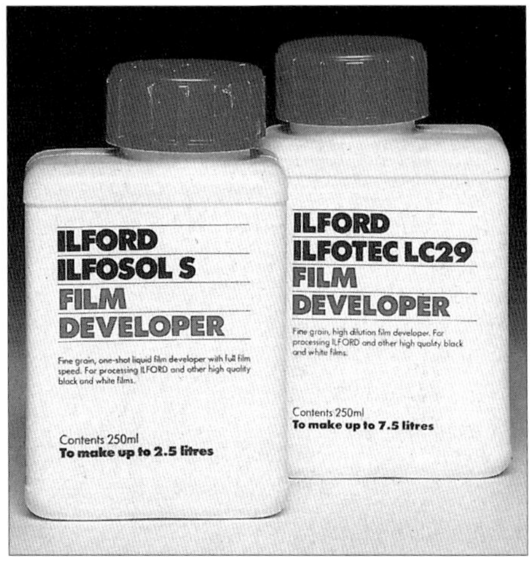

Entwickler werden verschieden konfektioniert. Flüssigentwickler sind bequem anzusetzen, während Pulver praktisch unbegrenzt haltbar ist. Wird die Stammlösung stark verdünnt, dann sind noch schärfere Ergebnisse möglich. Für Pulver spricht eventuell auch die größere Umweltfreundlichkeit der Verpackung.

Es gibt auch eine ideale Film-Entwicklerkombination. Diese »Idealkombinaton« wird allerdings vom rein persönlichen Empfinden bestimmt und sieht für jeden anders aus: »Entwickler XY unterdrückt das Filmkorn, ist aber leider nicht ganz so scharf. Der YZ mit der hohen Kantenschärfe wiederum hat im Vergleich ein leicht gröberes Korn. Und der WY, der beide Parameter unter Kontrolle hält, harmoniert leider nicht mit allen Filmtypen. Pulver mußt Du nehmen, das ist das Schärfste überhaupt ...«. Das sind so einige der Fachsimpeleien, die man führen kann.

In der Farbtechnologie gibt es all die Manipulationsmöglichkeiten nicht. Trotzdem oder gerade deswegen ist es keine Frage, daß Sie immer

einen gut entwickelten Film erhalten. Egal ob Farbnegativ oder -dia. Und das, obwohl bei einem Farbfilm mindestens drei verschiedene farbempfindliche Schichten – meist sind es sogar noch mehr – auf einmal optimal entwickelt sein wollen. Sogar im Heimlabor ist das mittlerweile trotz der Hochtemperaturprozesse ohne weiteres möglich.

Da sollte es doch auch beim vergleichsweise einfach aufgebauten Schwarzweißfilm möglich sein, eine Entwicklungsangabe zu machen, die zuverlässig zu guten Resultaten führt. Und das gibt es auch.

In den Datenblättern von Ilford beispielsweise erfahren Sie auf den Punkt genau, wie der Film zu entwickeln ist. Dabei bleibt Ihnen die Wahl des Entwicklers offen. Ob der Feinstkornentwickler Perceptol, der eine nur mäßige Empfindlichkeitsausnutzung zeigt, dafür aber sehr feinkörnig und scharf entwickelt oder der empfindlichkeitssteigernde Microphen: Im Datenblatt steht genau, wie die tatsächliche Filmempfindlichkeit jeweils gewählt werden soll. Und es steht auch drin, wie lange der Film zu entwickeln ist. Vertrauen Sie diesen Angaben – dann erhalten Sie einwandfreie Negative.

Ich möchte Sie nun nicht von Ihren »Geheimrezepten« abbringen, so Sie welche haben. Hauptsache ist, daß Ihre Ergebnisse gut werden. Ich allerdings bin heilfroh, wenn ich mich auf die Angaben eines Datenblattes verlassen kann, und investiere Zeit, die sonst beim Testen verlorenginge, lieber in die Fotografie.

Entwickler – Typen und Eigenschaften

Es ist eben schon angeklungen, daß Negativentwickler unterschiedliche Eigenschaften zeigen, die das Entwicklungsergebnis beeinflussen. Praxisgerecht können sie nach folgenden Eigenschaften charakterisiert werden: Da ist zunächst zu unterscheiden zwischen Feinkorn-, Universal- und empfindlichkeitsausnutzenden Entwicklern.

Feinkornentwickler nutzen die Filmempfindlichkeit nicht besonders gut aus, ergeben aber ausgesprochen scharfe und feinkörnige Negative. Für den Pan F etwa gibt Ilford einen E.I. von ISO 32/16° an, wenn er in Perceptol entwickelt wird. Das entspricht einer Empfindlichkeitseinbuße von 2/3 Blendstufen – die nominelle Empfindlichkeit des Pan F beträgt ISO 50/18°.

Universalentwickler wie beispielsweise ID-11 erhalten die Nennempfindlichkeit des Films und zeigen hervorragende Tonwertabstufungen. Sie bieten einen sehr guten Kompromiß zwischen Empfindlichkeitsausnutzung und Feinkörnigkeit sowie Schärfe.

Entwickler mit erhöhter Empfindlichkeitsausnutzung wie Microphen nutzen die Empfindlichkeit – natürlich – besonders gut aus. Schärfe und Körnigkeit allerdings leiden darunter etwas. Sie eignen sich besonders für die forcierte Entwicklung, wenn es auf höchste Empfindlichkeiten ankommt.

Die nächste Entscheidung betrifft die Konfektionierung. Es ist insofern eine Entscheidung, als das Gerücht geht, daß **Pulverentwickler** noch einen Tick schärfere Ergebnisse brächten als Flüssigkonzentrate. Unter dem Gesichtspunkt allerdings, daß ein Bild von einem mittelempfindlichen Kleinbildnegativ selbst im Format 24x30 cm in jedem Fall noch gestochen scharf ist, spielt dies wohl keine große Rolle.

Nach meiner Meinung ist das mit dem Vorzug des Pulvers eher in den Bereich des Ge-

Der Feinkornentwickler Perceptol nutzt zwar die Empfindlichkeit nicht besonders gut aus, dafür sind die Ergebnisse besonders feinkörnig und scharf.
Aufnahmedaten: Film FP4, belichtet wie ISO 125/22° und entwickelt in Perceptol, Verdünnung 1+3. Vergrößert auf Multigrade III RC de Luxe.

ID-11, der baugleich ist mit D76, zählt zu den »klassischen« Pulverentwicklern und ist wegen seiner guten Zeichnung in Lichtern wie Schatten ein regelrechter Dauerbrenner.
Aufnahmedaten: Film HP5, belichtet wie ISO 400/27° und entwickelt in ID-11, Verdünnung 1+3. Vergrößert auf Multigrade III RC de Luxe.

fühlsmäßigen einzuordnen. Ich entscheide mich hier ganz pragmatisch nach den Anforderungen, die gestellt sind. Bei forcierter Entwicklung greife ich zum Pulver Microphen, ansonsten wähle ich meist das ausgezeichnete Konzentrat LC29, das sich bequem in jeder gewünschten Verdünnung ansetzen läßt.

Und damit sind auch die Stichpunkte gefallen, die im wesentlichen den Unterschied ausmachen zwischen Pulver und Konzentrat. Pulver muß vor der Entwicklung zu einer Stammlösung angesetzt werden. Damit sich das Pulver gut löst, werden meist höhere Temperaturen um die 40° C zum Ansatz empfohlen. Die Lösung muß dann also noch abkühlen, der Entwickler kann nicht sofort verwendet werden. Das ist auch gut so, denn die Lösung sollte etwa sechs Stunden stehenbleiben, bis sie sich stabilisiert hat.

Flüssigkonzentrate können sofort in jeder gewünschten Menge und Konzentration angesetzt und unmittelbar danach verwendet werden. Eine kleine Pause nach dem Ansatz (fünf Minuten) ist jedoch anzuraten, damit sich kleinste Luftblasen, die im aufgewirbelten Wasser entstehen, wieder lösen können.

Letztlich ist zu entscheiden, ob der Entwickler zur einmaligen oder mehrfachen Entwicklung herangezogen werden soll. Bei den Entwicklern von Ilford zum Beispiel ist sowohl bei Pulver wie bei Konzentraten beides möglich.

Die **Einmalentwicklung** hat wesentliche Vorteile. Die angesetzte Stammlösung oder das Flüssigkonzentrat werden unmittelbar vor der Entwicklung im gewünschten Verhältnis mit Wasser verdünnt und die Filme werden entwickelt, danach wird die Lösung weggeschüttet. Es wird also jeweils frischer Entwickler bei immer gleicher Zeit benutzt. Deshalb muß auch kein Nachlassen der Entwickleraktivität über verlängerte Entwicklungszeiten ausgeglichen werden und die Ergebnisse sind reproduzierbar. Als angenehmer Nebeneffekt ergibt sich, daß die hohe Verdünnung bei der Einmalentwicklung die Schärfeleistung nochmals steigert, da Auflösungsvermögen und Kantenschärfe besser werden.

Der Bewegungsrhythmus

Für die Entwicklung von Schwarzweißfilmen kommt im kleinen Labor eigentlich nur die Kippentwicklung in Frage, bei der der Tank in bestimmten Zeitabständen mehrmals auf den Kopf gestellt wird. Mit dieser regelmäßigen Bewegung wird erreicht, daß der Entwickler das Negativ umspült und immer wieder frischer Entwickler an das Negativ gelangt und den Entwicklungsvorgang fortführt.

Es ist offensichtlich, daß die Heftigkeit der Bewegung dabei einen großen Einfluß auf den Entwicklungsfortgang hat: Je schneller und häufiger der Tank gekippt wird, desto stärker wird entwickelt.

Sie sollten sich deshalb einen bestimmten Bewegungsrhythmus angewöhnen und beibehalten, nur so bleiben die Ergebnisse wiederholbar. Ein Kipprhythmus beispielsweise, bei dem der Tank jede Minute für ca. 10 s bewegt wird ist eine feine Sache, denn hier hat der sogenannte Kanteneffekt, der die Schärfe betont, Gelegenheit zu wirken. In Verbindung mit stark verdünnten Entwicklern kann er greifen und führt zu schärferen Negativen. Diese höhere Qualität zeigt sich aber erst ab einem Vergrößerungsmaßstab von etwa 15fach linear.

Haben Sie noch keine Erfahrung mit einem bestimmten Entwickler, dann sollten Sie im Datenblatt nachsehen, für welchen Kipprhythmus die Angaben gelten. Sind mehrere Alternativen angegeben, dann wählen Sie den langsameren Rhythmus.

Von wesentlich schnelleren Rhythmen halte ich schon aus praktischen Gründen wenig. Das Kippen 20mal pro Minute – also alle drei Sekunden – ist nicht nur eine äußerst hektische Angelegenheit, sondern auch die reinste Schaumschlägerei, weil die Lösungen heftig mit Luft durchwirbelt werden.

Von der Rotationsentwicklung rate ich ab, weil kaum ein Filmhersteller dafür verläßliche Entwicklungsangaben macht. Außerdem zeigen sich bei der Rotationsentwicklung von Schwarzweißfilmen unter Umständen ungleichmäßig entwickelte Filme aufgrund von Strömungserscheinungen.

Der Vollständigkeit halber sei hier angemerkt, daß sich bei Farbentwicklungen diese Erscheinungen nicht zeigen. Der XP2 kann also unbedenklich auch bei Motiven mit glatten oder verlaufenden Fonds im Rotationsprozessor im Prozeß C-41 entwickelt werden.

Weitere Verarbeitungsschritte

Mit einem Stoppbad wie IN-1 wird die Entwicklung genau nach Ablauf der Entwicklungszeit abrupt unterbrochen. Das garantiert die Einhaltung exakter Entwicklungszeiten. Zudem senkt ein **Stoppbad** schnell den pH-Wert des Entwicklers, der eine Lauge ist. Das saure Fixierbad behält so seinen pH-Wert länger.

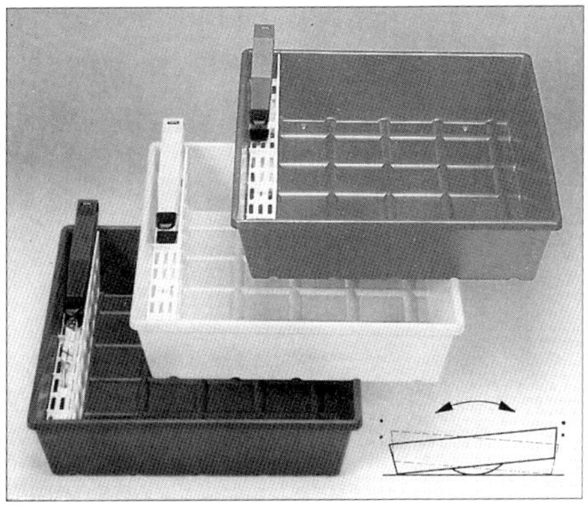

Bild links:
Kleinbild- und Mittelformatfilme werden in Kipptanks mit Spiraleinsätzen entwickelt. Die Spiralen lassen sich auf die unterschiedlichen Filmbreiten einstellen.

Bild rechts:
Für Planfilme kommt genau wie für Papiere die einfache wie zuverlässige Schalenentwicklung in Frage.

Beim Badwechsel müssen die Lösungen annähernd die gleiche Temperatur haben, sonst entsteht das sogenannte **Runzelkorn**. Das ist eine sehr anschauliche, aber sprachlich nicht ganz korrekte Bezeichnung für die Retikulation (Netzbildung) der Gelatineschicht, die durch einen abrupten Temperatursturz während des Entwicklungs- und Wässerungsvorgangs entsteht. Doch nicht das Korn »runzelt«, sondern die Schicht. Temperatursschwankungen, die 5° C überschreiten, sollten deshalb vermieden werden.

Ein modernes **Fixierbad** schließlich wie Ilford Hypam fixiert den Film in zwei bis drei Minuten. Sind Sie sich über die genaue Zeit nicht ganz im klaren, dann öffnen Sie den Tank nach frühestens 30 Sekunden und beobachten Sie den Film. Sobald die milchige Trübung des Films verschwunden ist, ist genau die Hälfte der notwendigen Fixierzeit vergangen. Mit anderen Worten: Fixierzeit = doppelte Klärzeit.

Die Ausnutzung des Fixierbades können Sie auf zwei Arten kontrollieren: Entweder machen Sie sich für jeden Film einen Strich und ersetzen es bei Erreichen der im Datenblatt angegebenen Kapazität. Oder Sie legen sich Fixierbadprüfstreifen zu, mit denen der Silbergehalt festgestellt werden kann.

Einen Härter sollten Sie dem Fixierbad nur dann zusetzen, wenn die Gefahr von Schichtverletzungen groß ist. Das kommt vor allen Dingen bei maschineller Entwicklung vor. Bei der Kippentwicklung benötigen Sie keinen Härter, was den Vorteil hat, daß sich der Film schneller wässern läßt.

Die **Silberrückgewinnung** spielt angesichts des wachsenden Umweltbewußtseins eine immer größere Rolle auch im privaten Fotolabor. Für den Amateur sind drei Möglichkeiten interessant:

- Es existieren Fixierbadsammelstellen, wo die Fixier- und Bleichfixierbäder hingegeben werden können. Informationen dazu sind bei Fachzeitschriften erhältlich.
- Die Silberabscheidung an Eisenwolle, Kupfer-, Zink- oder Aluminiumspänen (ein alter Eimer genügt als Gefäß). Hier lagert sich das Silber aufgrund des elektrochemischen Spannungsverhältnisses zwischen edlem und unedlem Metall als schwarzer Schlamm ab, der einer Scheideanstalt übergeben werden kann.
- Die chemische Fällung mit Hilfe spezieller Silberfällungsmittel.

Wirtschaftlich interessant für den einzelnen ist keines der drei Verfahren, da höchstens nur etwa vier Gramm Silber pro Liter Fixierbad anfallen und Scheideanstalten eine Gebühr für das Scheiden (das Herauslösen der edlen Metalle) verlangen, die bei geringen Mengen den Wert des Silbers übersteigt. Zudem erfordert eine Aufbereitung mindestens 5 kg Trockenschlamm, dazu sind etwa 500 Liter Fixierbad nötig. Hier kann vielleicht über Fotoklubs oder engagierte Händler ein Weg gefunden werden, größere Mengen anzusammeln und das Silber wirtschaftlich zurückzugewinnen.

Seit einiger Zeit empfiehlt Ilford eine spezielle **Wässerung** für Schwarzweißfilme, die deutlich weniger Wasser verbraucht und ebenso schnell

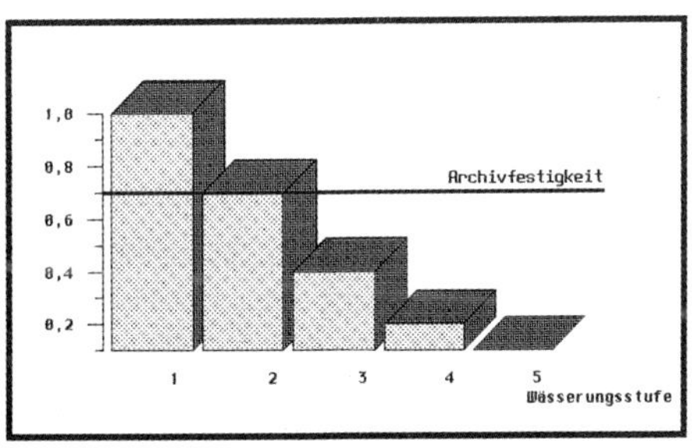

Mit der von Ilford empfohlenen Wässerungssequenz erhalten Sie im Handumdrehen archivfest gewässerte Negative.

Trocknen sollten Sie Ihren Film keinesfalls mit dem Föhn, denn die Gefahr ist viel zu groß, daß er Staub aufwirbelt, ansaugt und auf den Film bläst. Besser sind abgeschlossene Trockenschränke mit Staubfilter.

wie zuverlässig zu archivfesten Negativen führt. Diese Empfehlungen lassen sich natürlich für alle Schwarzweißfilme nutzen – auch für den 400 und 100 Delta.

Wird diese Wässerungsmethode benutzt, so sind keine Einschränkungen bezüglich der Haltbarkeit der Negative zu machen! Sie sind archivfest.

Zusammenfassung

Für optimales Wässern beachten Sie bitte folgende Punkte:

- Verwenden Sie zur Fixage ein nicht härtendes Fixierbad, zum Beispiel Ilford Hypam.
- Benutzen Sie Wasser, das dieselbe Temperatur hat wie die Verarbeitungsbäder – in der Regel sind das 20° Celsius.
- Die Wassertemperatur darf 25° Celsius nicht überschreiten.

Gehen Sie dann so vor:

- *Abspülen:* Nach dem Fixieren spülen Sie Tank und Spirale ab.
- *5x Kippen:* Füllen Sie den Tank mit Wasser und kippen Sie fünfmal langsam. Wasser gründlich ablaufen lassen.
- *10x Kippen:* Erneut füllen und zehnmal kippen. Ausgießen.
- *20x Kippen:* Erneut füllen und zwanzigmal kippen, ausgießen – fertig!
- *Netzmittel:* Jetzt sollten Sie noch einmal temperiertes Wasser einfüllen, dem Sie einige Tropfen Netzmittel Ilford Ilfotol zugesetzt haben, damit der Film schneller und ohne Trockenflecken trocknet.

Es empfiehlt sich, nach der letzten Wässerung den Film noch in ein **Netzmittelbad** zu geben. Die Trocknung erfolgt dann schneller und das Wasser kann gleichmäßiger ablaufen; Trockenflecken werden so verhindert.

Die Dosierung des Netzmittelbades kann eine kleine Einwegspritze wesentlich erleichtern – von Ilfotol etwa benötigt man nur zwei Milliliter pro halbem Liter Wasser. Da es bei dem Netzmittel nicht so auf die Exaktheit der Zugabe ankommt, kann die kleine Einwegspritze einfach mit Netzmittel aufgezogen werden, das dann dem letzten Wässerungsbad zugegeben wird.

Das **Trocknen** der Filme erfolgt an einem staubfreien, wenig begangenen Ort. Schneller

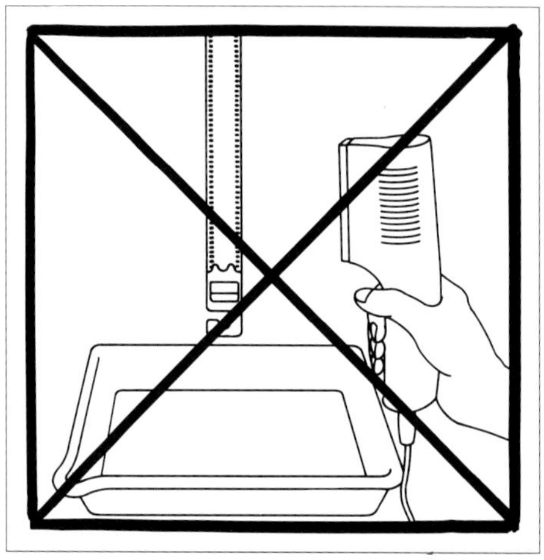

geht es in einem (teuren) Trockenschrank. Verzichten sollten Sie dabei in jedem Fall auf das Abstreifen des Films – mit welchen Hilfsmitteln auch immer. Die Gefahr von Telegrafendrähten ist einfach zu groß. Nehmen Sie stattdessen lieber Netzmittel, damit das Wasser gut abläuft.

Können Sie es gar nicht abwarten, dann ist folgendes Vorgehen gerade noch erlaubt: Zwei Finger in Netzmittel eintauchen und dann den Film ganz sanft abstreifen.

Eine Schnelltrocknung innerhalb weniger Minuten ist möglich, wenn der Film in einer leicht flüchtigen Lösung wie Alkohol gebadet wird. Da die Auswirkung auf die einzelnen Schichten jedoch nicht hinreichend sicher bestimmt werden kann, ist davon dringend abzuraten, wenn Langzeithaltbarkeit angestrebt wird. Nützlich können solche Hilfen aber bei der Pressearbeit sein.

Standardentwicklung

Die Entwicklung der Negative muß zuvorderst auf die Lichtquelle im Vergrößerer abgestimmt werden, damit bei guter Tonwertabstufung auf Papier der Gradation »normal« vergrößert werden kann: Das harte Kondensorlicht verlangt demzufolge eine etwas weichere Entwicklung als Licht aus dem Mischschacht.

Zu hart entwickelte Negative werden unter dem Kondensor noch härter wiedergeben, während weich entwickelte Negative im Mischlicht »soßige« Ergebnisse zeigen. »Richtig« entwickelte Negative verlangen also immer auch diese ganz spezielle Lichtquelle für optimale Ergebnisse – oder aber die Papiergradation muß gewechselt werden.

Eine Ausnahme bilden auch hier XP1/XP2, die bei Standardentwicklung C-41 mit allen Vergrößerern gleiches Kontrastverhalten zeigen, da sie wie ein Farbfilm aufgebaut sind und die »Farbstoffwölkchen«, anders als das Silberkorn, die Lichtcharakteristik nicht wesentlich beeinflussen.

Für die anderen Schwarzweißfilme finden sich in den meisten Datenblättern zwei unterschiedliche Entwicklungszeiten für unterschiedliche Beta- bzw. Kontrastwerte, so daß der Negativkontrast auf die jeweilige Lichtquelle abgestimmt werden kann. Typischerweise sind die Daten für Betawerte von 0,55 und 0,70 angegeben.

Neben dem Betawert gibt es noch andere Möglichkeiten, den Kontrast anzugeben. Eine mittlerweile veraltete Angabe ist der Gammawert, eine neuere der mittlere Gradient G. Bei allen Werten wird der Steigungswinkel der Schwärzungskurve bestimmt und als Tangens angegeben. Lediglich die Festlegung dieser Steigung unterscheidet sich. Der Gammawert wird am geradlinigen Teil der Kurve abgelesen. Da moderne Emulsionen oft keinen geradlinigen Teil zeigen, wird hier nicht an der Schwärzungskurve selbst, sondern an einer gedachte Linie zwischen zwei charakteristischen Punkten dieser Kurve der Steigungswinkel festgelegt. So wird beim mittleren Gradienten eine Linie gezogen zwischen den beiden Punkten, die die Grenze der zeichnenden Lichter und Schatten bezeichnen. An dieser Geraden wird der Steigungswinkel bestimmt und als Tangens angegeben.

Die Art der Bestimmung ist für die Praxis allerdings völlig unerheblich und hier nur der Vollständigkeit halber geschildert. Der resultierende Wert beschreibt in jedem Fall die Gradation, das heißt den Kontrast eines Negativs. Er drückt das Verhältnis zwischen Lichtmenge und resultierender Schwärzung aus. Ein Wert von 1 (Winkel = 45° = tan 1) bedeutet, daß die Vorlage 1:1 wiedergegeben wird. Eine Änderung um 0,1 Dichten in der Vorlage bewirkt die gleiche Dichtezunahme auf dem Film. Ein Wert von 0,5 bedeutet demnach eine Halbierung des Kontrastes der Originalvorlage.

Die unterschiedlichen Lichtcharakteristiken der Vergrößererbeleuchtungen entsprechen in etwa einer Gradationsstufe. Wird also zu einem Beta von 0,55 entwickelt, dann können diese Negative bei Kondensorbeleuchtung auf Papiere mit der Gradation normal vergrößert werden.

Werden diese Negative jedoch mit einer diffusen Lichtquelle vergrößert, dann erscheint das Positiv zu flau – die Papiergradation muß deshalb eine Stufe härter gewählt werden. Deshalb sollte die Vergrößerungslichtquelle beim Festlegen der Entwicklungszeit berücksichtigt werden, um bei Standardentwicklungen auf Gradation normal vergrößern zu können.

Einen anderen Weg geht Ilford seit kurzem. Zu den neueren Entwicklern und Filmen wird jetzt nurmehr eine einzige Entwicklungszeit angegeben, die für einen mittleren Kontrast von 0,62 gilt. Einfacher ist damit die Entwicklung allemal.

Gegenüber den bisherigen Empfehlungen hat der neue Mittelwert durchaus Vorteile. Einmal kann die Schattenzeichung im Negativ unter

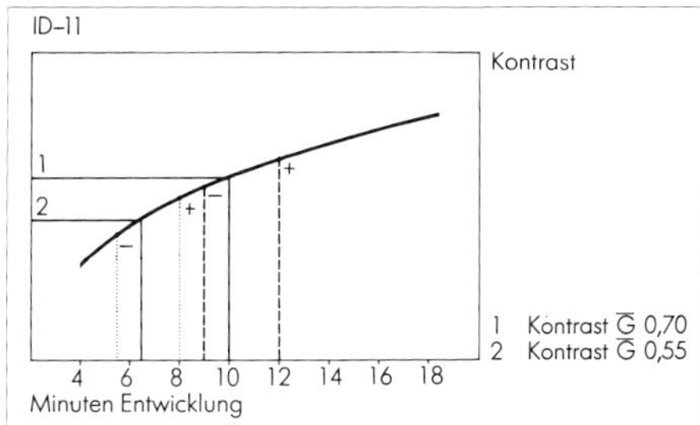

Bild oben:
Die Negativentwicklung muß der Lichtcharakteristik des Vergrößerers angepaßt werden, wenn auf Papier der Gradation »normal« vergrößert werden soll. Dazu wurden bzw. werden oft zwei Angaben gemacht, um dies sowohl bei Kondensor- wie bei Mischlicht zu ermöglichen (im Beispiel FP4 in ID-11). Nachteil: Man muß sich schon bei der Entwicklung auf eine Vergrößererlichtquelle festlegen.

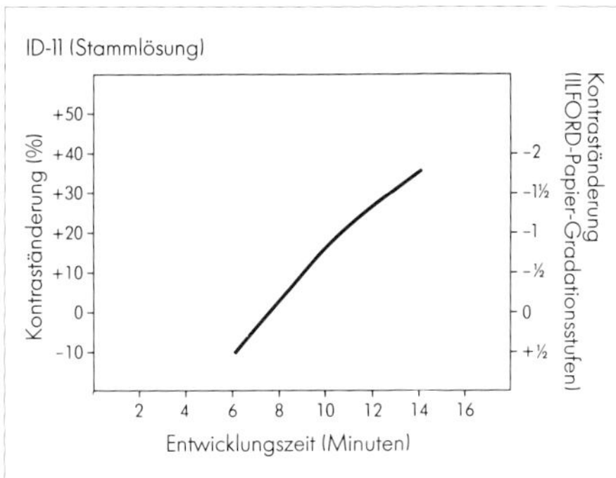

Bild unten:
Ilford hat die Negativentwicklung vereinfacht, weil der Film jetzt immer zu einem mittleren Kontrast entwickelt wird (im Beispiel HP5 Plus in ID-11). Vorteil: Die entwickelten Negative können mit allen Vergrößerertypen auf Gradation «normal» vergrößert werden. Sind doch einmal Anpassungen notwendig, dann kann rechts oder links an der Grafik abgelesen werden, was zu tun ist: Links ist die Kontraständerung in Prozent aufgetragen, rechts die Änderung in Gradationsstufen.

Die Beurteilung eines Negativs ist nicht einfach. Der beste Rat für Anfänger: Halten Sie sich genau an die Verarbeitungsempfehlungen des Filmherstellers, nehmen Sie einen empfohlenen Entwickler desgleichen Herstellers und machen Sie zunächst keine Experimente.

Umständen etwas besser sein, denn die gegenüber dem niedrigeren Kontrast leicht angehobene Entwicklungszeit gibt den Schatten mehr Zeit, Zeichnung aufzubauen. Andererseits ist gegenüber Negativen mit höherem Kontrast die Gefahr reduziert, daß eine zu lange Entwicklung zu Zeichnungseinbußen in den hohen Dichten führt, die die Lichter im Positiv repräsentieren.

Unterschiede in der Lichtcharakteristik spielen jetzt auch kaum mehr eine Rolle. Bei Multigrade-Papieren sowieso nicht und bei Papieren fester Gradation kann bei Bedarf ein etwas weicher oder härter arbeitender Positiventwickler verwendet werden.

Wollen Sie dies Beta von 0,62 auch bei Entwicklertypen erreichen, für die diese Angabe noch nicht im Datenblatt auftaucht, dann sollten Sie einfach den Mittelwert der für 0,55 und 0,70 angegebenen Zeiten nehmen. Stehen da beispielsweise sechs und acht Minuten, dann entwickeln Sie mit einer Zeit von sieben Minuten.

In der Summe ergibt sich damit ein noch einfacherer Weg zum guten Negativ: Der Belichtungsspielraum des Films, eine sorgfältige Belichtung und der mittlere Kontrast durch die Entwicklung legen eine sehr gute Grundlage für die gelungene Vergrößerung mit weiter Tonwertabstufung.

Beurteilung der Negative

Die Negativbeurteilung ist schwierig und braucht viel Erfahrung. Als Hinweis kann helfen, daß sich Entwicklungs- oder Belichtungsfehler besonders in den Schatten und den Lichtern bemerkbar machen.

Wichtig dabei: Schatten und Lichter – diese beiden Ausdrücke werden immer auf das Motiv bzw. auf das Positiv bezogen. Die Lichter sind die hellsten Stellen einer Vergrößerung mit minimaler Dichte. Ihnen entsprechen im Negativ die dunkelsten Stellen. Umgekehrt sind die Schatten die dunkelsten Stellen des Positivs, im Negativ also die hellsten Stellen.

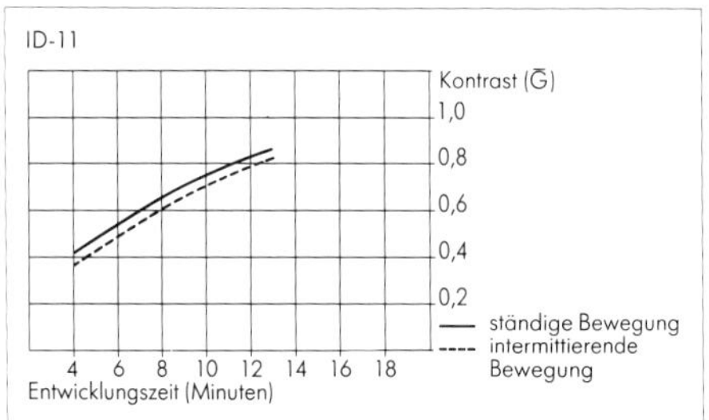

Durch Ändern der Entwicklungszeit kann der Film »weicher« oder »härter« entwickelt werden (im Beispiel HP5 in ID-11), um Objekt- und Negativkontrast anzugleichen.

Die Negativbeurteilung erfolgt übrigens genauso wie eine Diabegutachtung. Das heißt, die Negative werden nicht gegen das helle Fenster oder eine Leuchte gehalten, weil dann die Zeichnung in den Schatten nicht mehr erkannt werden kann. Die Filmstreifen werden vielmehr auf ein gutes Leuchtpult gelegt oder schräg über ein weißes Blatt Papier gehalten. Sie werden erstaunt sein, was auf diese Weise plötzlich noch an Details in den Schatten auftaucht.

Ein erster Anhaltspunkt zur Negativbeurteilung: Die Zeichnung der Lichter gibt Aufschluß über die Entwicklung, die Zeichnung der Schatten kennzeichnet die Belichtung.

Wenn also die Schattendetails in Ihrem Negativ so klar sind wie der Filmrand und keinerlei Zeichnung mehr zu erkennen ist, dann haben Sie unterbelichtet. Sind gleichzeitig die Lichter zwar gut durchgezeichnet, aber eher hellgrau, dann ist zusätzlich unterentwickelt worden. In dem Fall müßten Sie das nächste Mal reichlicher belichten und länger entwickeln.

Sind andererseits die Schatten wunderschön durchgezeichnet, aber bereits mehr als zartgrau, dann wurde überbelichtet. Sind zusätzlich die Lichter tiefschwarz, dann haben Sie überbelichtet und überentwickelt. Hier ist dann knapper zu belichten und kürzer zu entwickeln.

Ein gutes Negativ können Sie auf diese Art erkennen: Es weist einen vollen Tonwertumfang auf, das heißt die Zeichnung reicht von den Lichtern bis in die Schatten. Der Filmrand ist klar und durchsichtig, die Bildnummern sind gut zu erkennen. Die Schatten sind nahezu genauso hell wie der Filmrand, es ist aber Zeichnung zu erkennen. Die Lichter sind so gedeckt, daß man Druckzeilen gerade noch als Striche erkennen kann, wenn das Negativ über eine Zeitschrift gehalten wird.

Angepaßte Entwicklung

Beim Festlegen der Standardentwicklungszeit ist es schon erwähnt worden: Durch Ändern der Entwicklungszeit kann der Negativkontrast angepaßt werden. Ist ein Film mit Motiven überwiegend hohen oder niedrigen Objektkontrastes belichtet worden, dann kann durch Verändern der Entwicklungszeit die Gradation des Films gezielt geändert werden.

Das kann hilfreich sein, um den Kontrast des Negativs gezielt so zu verbessern, um auch diese Negative auf Gradation normal vergrößern zu können. Erhöhter Objektkontrast wird so durch einen geringeren Negativkontrast verflacht. Umgekehrt werden niedrige Objektkontraste durch eine kontraststeigernde Entwicklung aufgesteilt.

Mit einer langen und intensiven Entwicklung wird eine steile Gradation mit ausgeprägten Hell-Dunkel-Unterschieden erzielt, während eine verkürzte Entwicklung bei wenig Bewegung eine flache Gradation mit geringen Hell-Dunkel-Kontrasten ergibt.

Die Ausdrücke »flach« und »steil« beziehen sich dabei auf die Steigung der Schwärzungskurve. Bei einer flachen Gradation werden sich starke Objektkontraste in nur mäßigen Dichteunterschieden im Negativ niederschlagen. Bei einer steilen Gradation dagegen zeigen sich schon geringe Kontrastunterschiede des Motivs als starke Dichteänderung.

Stellen Sie bei einer Kontrastmessung am Motiv einen niedrigen Objektkontrast fest, bei dem der Unterschied zwischen bildwichtigen Lichtern und Schatten nicht mehr als drei Blendenstufen beträgt und Sie möchten den ganzen Film mit diesem Motiv belichten, dann können Sie die Entwicklung um 20% verlängern. Eine Belichtungsanpassung ist nicht notwendig.

Haben Sie ein Motiv mit hohem Objektkontrast im Bereich von sieben und mehr Blendenstufen, dann sollten Sie den Film 20% kürzer entwickeln. Es empfiehlt sich, in diesem Fall die Aufnahmen um etwa eine halbe Blendenstufe reichlicher zu belichten, um die verkürzte Entwicklungszeit auszugleichen.

Doch keine Panik, wenn diese Kontrastbeeinflussung einmal nicht möglich ist: Mit der Gradation des Papiers können Sie das auch später noch ausgleichen.

Forcierte Entwicklung

Wenn Filme nicht entsprechend Ihrer Nennempfindlichkeit, sondern höher belichtet und anschließend forciert entwickelt werden, spricht man vom »Pushen«. Da die Entwicklungszeit dabei deutlich verlängert wird, ist in der Regel ein Kontrastanstieg und eine Zunahme der Körnigkeit zu beobachten.

Die forcierte Entwicklung ist im Grunde nichts anderes, als eine übertrieben angepaßte Entwicklung zur Steigerung des Kontrastes. Daraus resultiert keine tatsächliche Empfindlichkeitssteigerung, sondern lediglich ein Dichte- und damit Kontrastanstieg!

Da bei der Entwicklung nicht nur die belichteten, sondern geringfügig auch die unbelichteten Silberhalogenide geschwärzt werden, kann die forcierte Entwicklung zu einem überhöhten Grundschleier führen. Wenn er den Schwellenwert übersteigt und sichtbar wird, muß das durch längere Belichtung beim Vergrößern ausgeglichen werden. Ein erhöhter Grundschleier tritt nicht nur bei forcierter Entwicklung auf. Ursache kann auch überlagertes Material oder eine Vorbelichtung sein.

Moderne Filme wie der HP5 Plus sind jedoch bereits auf diese forcierte Entwicklung vorbereitet. Hier bleibt die Gradation auch bei forcierter Entwicklung annähernd gleich. So kann der HP5 Plus (Nennempfindlichkeit ISO 400/27°) in Ilfotec HC oder LC29 bis zu einem E.I. von ISO 1600/33° bei praktisch gleichbleibender Gradation gepusht werden. Und auch bei einem E.I. von ISO 3200/36° ist die Gradationsaufteilung nicht sehr stark. Das bedeutet, daß auch bei forcierter Entwicklung noch eine differenzierte Tonwertwiedergabe möglich ist.

Beim Ilford XP1 400 bzw. beim XP2 bringt die forcierte Entwicklung keine nennenswerte Empfindlichkeitssteigerung. Eine Belichtung mit ISO 800/30° ist allerdings möglich, ohne daß die Entwicklung geändert werden müßte.

Negative verbessern

Mißglückte Negative lassen sich unter Umständen noch retten. Der Aufwand allerdings ist in jedem Fall hoch, das Ergebnis mäßig. Manipulationen lohnen sich deshalb nur, wenn es sich um unersetzliche und wertvolle Negative handelt.

Bei wirklich wichtigen Negativen kann es sich lohnen, sie in ein Fachlabor zu geben, das sie mit einem Scanner (einem elektronischen Lese-

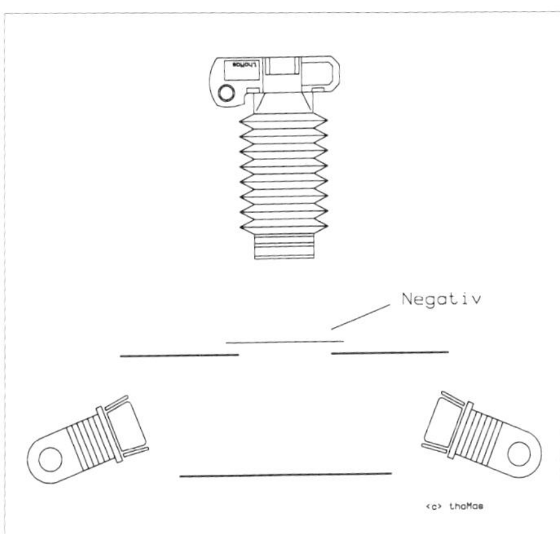

Schlechte Negative lassen sich mit einer Reproduktion im Dunkelfeld oft beträchtlich verbessern. Gerade bei zu dünnen Negativen verspricht diese Methode viel Erfolg.

gerät) abtastet und dann zurückschreibt auf ein neues Negativ. Durch diese elektronische Bildverarbeitung ist mit Sicherheit das Optimum aus einem Negativ zu holen, da selbst geringste Informationen noch abgetastet, verstärkt und dann auf Film belichtet werden können. Resultat ist ein Negativ, das das Optimum dessen darstellt, was überhaupt möglich ist.

Billiger, wenn auch weniger effektiv, ist es, sich selbst weiterzuhelfen. Chemische Verstärker oder Abschwächer sind für zu dünne oder dichte Negative gedacht. Da sie das Negativ allerdings angreifen, ist die Gefahr sehr groß, das Negativ gänzlich zu zerstören. Abschwächer beispielsweise wirken erst langsam, um dann plötzlich zu greifen – und schon war es des Guten zuviel.

Besser ist es, die Negative auf fotografischem Wege zu verbessern, indem sie dupliziert werden. Gradation oder Dichte können dabei beeinflußt werden. Zu dünne Negative lassen sich durch eine Kopie, aufgenommen im Dunkelfeld, manchmal noch retten.

Das Negativ muß dazu zweimal umkopiert werden, um wieder ein Negativ zu erhalten. Oder aber es wird XP1/XP2 als Aufnahmematerial eingesetzt. Er liefert das neue Negativ in einem Arbeitsgang, wenn er im Standardprozeß E6 entwickelt wird, wobei die Gradation steuerbar ist. Mit einer Empfindlichkeitseinstellung von ISO 50/18° bis ISO 100/21° und einer Pushentwicklung um plus zwei Blendenstufen ergibt sich eine normale Gradation, ohne Pushentwicklung (ISO 12/12° – 25/15°) ist die Gradation flacher.

Aufbewahrung der Filme

Unbelichtete fotografische Materialien halten, wenn sie kühl gelagert werden, weit über das angegebene Verfalldatum (Packungsaufdruck) hinaus. Durch Tiefkühllagerung läßt sich die Haltbarkeit enorm verlängern. Geben Sie dem Material vor dem Auspacken Zeit, sich der Raumtemperatur anzupassen. In der Kamera eingelegt, sollte der Film vor großer Hitze geschützt werden. Und belichtete Filme sollten umgehend entwickelt werden, da das Latentbild relativ instabil ist.

Archiviert wird im Dunklen unter 21° Celsius, die Luftfeuchtigkeit soll 50% nicht überschreiten, und schädliche Dämpfe sind zu vermeiden. Metallische Behälter sind deshalb besser geeignet als solche aus Holz oder Kunststoff, die oft Konservierungsmittel oder leicht flüchtige Substanzen enthalten. Bei Folien und Kunststoffen ist darauf zu achten, daß sie aus archivtauglichem Material hergestellt sind und keine Säuren, Weichmacher, Peroxide usw. enthalten.

Sehr gut geeignet sind Pergaminhüllen für die Negativarchivierung, leider müssen die Negative für Kontakte herausgezogen werden, da Pergamin nicht völlig durchsichtig ist. Praktischer sind deshalb transparente Archivierungshilfen, die allerdings weichmacherfrei sein sollten.

Bei allen Materialien wird die Langzeithaltbarkeit entscheidend durch die sorgfältige Ausarbeitung beeinflußt. Insbesonders soll sorgfältig – aber auch nicht zu lange – fixiert und gründlich gewässert werden.

Die Grundlagen für das gute Bild

Das Schwarzweißlabor

Auch für anspruchsvolle Schwarzweißaufgaben genügt eine einfache Ausstattung des Labors. Vergrößerer, Zeitschaltuhr und ein Maskenrahmen für das Papier bilden den Trockenteil, einige Schalen stehen im Naßbereich. Die Geräte selbst sollten aber – wiewohl nicht übertechnisiert – vom besten sein. Hochgezüchtete Technik kann zwar die Arbeit in bestimmten Fällen erleichtern, hilft uns jedoch für ein wirklich gutes Bild kaum weiter, wie gleich noch zu zeigen sein wird. Ausgangspunkt unserer Überlegungen ist ja die »Faszination der Schwarzweiß-Fotografie«, und die erschließt sich nicht über Automatisierung, sondern vorwiegend in der guten alten Handarbeit. Automatisierung bedeutet immer auch Standardisierung und damit Gleichförmigkeit, ja manchmal sogar Mittelmäßigkeit.

Die Anforderungen an den Raum reduzieren sich auf ein Minimum: Dunkel muß er sein und einen Stromanschluß haben. Die entwickelten Bilder können erst einmal in einer Wässerungsschale gesammelt und später im hellen Badezimmer schlußgewässert werden.

Im Extremfall besteht der ganze Platzbedarf also in dem geringen Stauraum, der benötigt wird, die Geräte aufzubewahren. Fallweise wird ein geeigneter Raum wie das Badezimmer zu einem Fotolabor umfunktioniert. Mit einer großen Abdeckplatte über der Badewanne (am besten zwei Teile, die lassen sich besser aufbewahren) ist die notwendige Arbeitsfläche geschaffen. Bei geschickter Aufbewahrung der Geräte kann der Zeitaufwand für den Aufbau minimal gehalten werden.

Vergrößerer

Ähnlich wie die Qualität von Kamera und Objektiv die technische Güte eines Fotos bestimmen, bestimmen der Vergrößerer und sein Objektiv die erreichbare Qualität im Fotolabor. So gut wie ihre Kamera sollte deshalb auch der Vergrößerer sein, um die Aufnahmequalität in der Vergrößerung halten zu können. Eine stabile Säule, ein ausreichend großes Grundbrett und

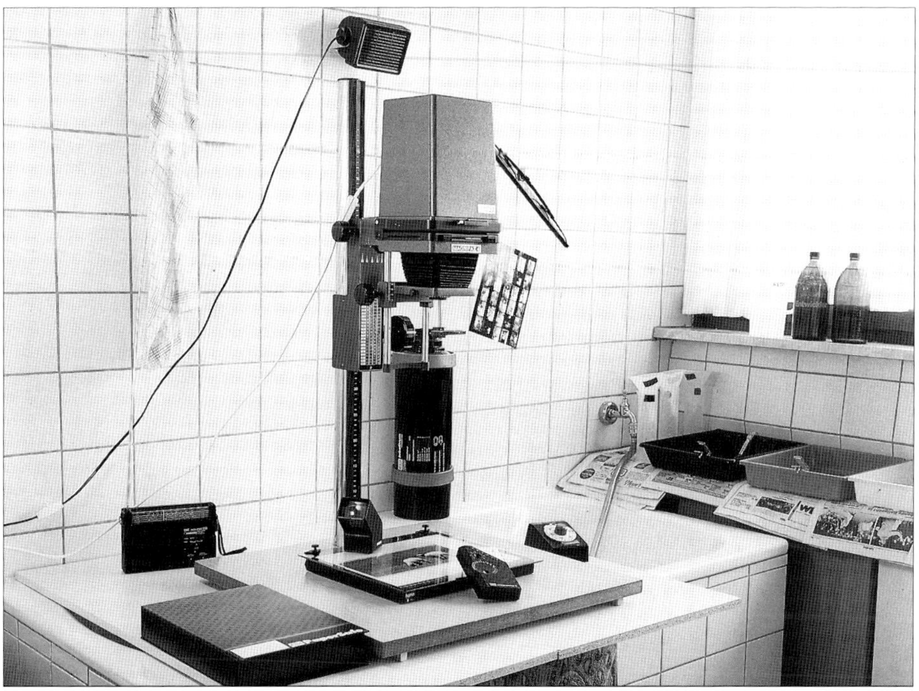

Nicht die technische Perfektion des Fotolabors bestimmt die Qualität der Ergebnisse, sondern die Sorgfalt beim Vergrößern. Im Badezimmer lassen sich Bilder genauso gut vergrößern wie im stationären Fotolabor oder im voll ausgerüsteten Profilabor.

Ein kombiniertes Beleuchtungssystem aus Mischschacht und Kondensor wird in den Vergrößerungsgeräten von Kaiser eingesetzt.

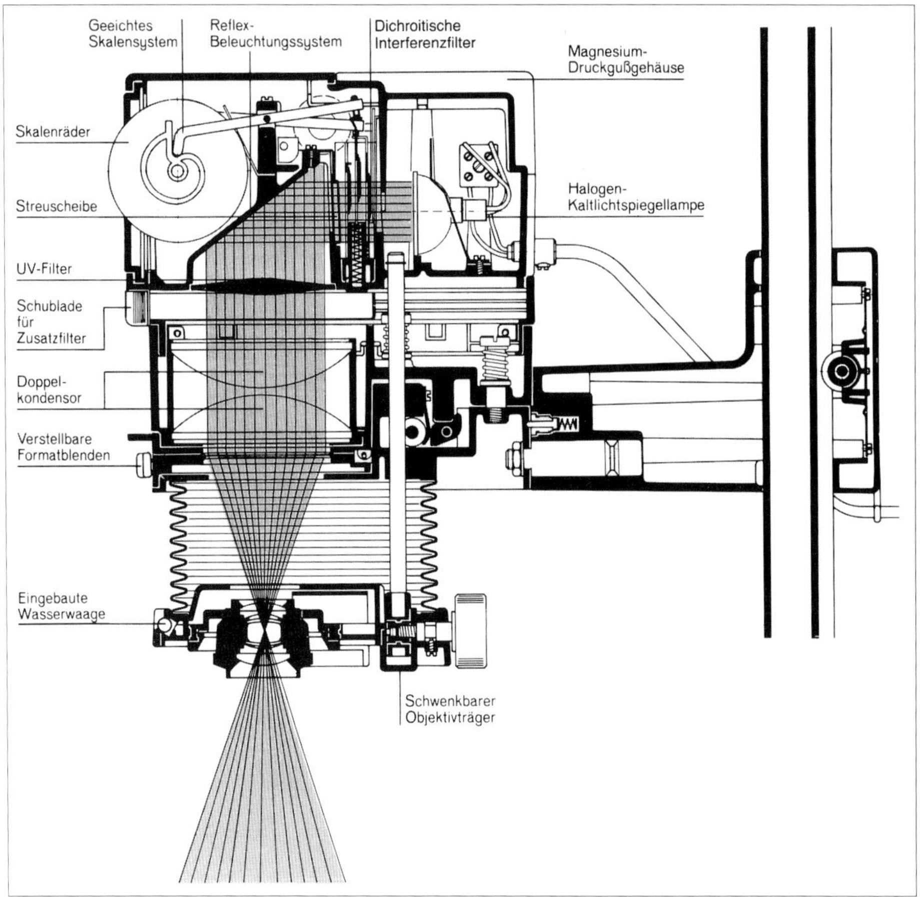

die Parallelität von Bildbühne, Objektiv und Grundbrett sind die wichtigsten Anforderungen an einen guten Vergrößerer.

Welche Beleuchtungsart der Vergrößerer aufweist, spielt für die Ergebnisse keine Rolle. Ausgesprochene Schwarzweißvergrößerer werden zwar nach wie vor oft mit **Kondensor** angeboten, aber die vermeintlich höhere Schärfe dieser Geräte beruht auf Einbildung. Es ist nämlich so, daß von gerichtetem Licht die dünnen Partien eines Negativs gut durchdrungen werden, während es andererseits an dichten Partien stark reflektiert wird. Das führt zu einer Betonung der Körnigkeit und zu einem erhöhten Kontrasteindruck, was dann schnell mit höherer Schärfe verwechselt wird. Aber es wurde ja bereits bei der Negativentwicklung geschildert, daß es möglich ist, diesen unterschiedlichen Lichtkontrast durch unterschiedliche Negativkontraste auszugleichen.

Wird ein Vergrößerer mit **diffuser Lichtquelle** verwendet und der Kontrast des Positivs ist der gleiche, dann ist jedoch kein Schärfeunterschied festzustellen. Im Gegenteil zeigt eine diffuse Beleuchtung mehrere Vorteile. Zum einen betont Kondensorlicht nicht nur die Körnigkeit, sondern genauso alle Unregelmäßigkeiten eines Negativs wie Kratzer, Staub usw. Besonders bei kleineren Formaten ist deshalb diffuses Licht problemloser, weil bei diffuser Lichtquelle eine **Korndämpfung** erreicht werden kann. Übrigens kann dies auch über die Wahl der Papieroberfläche erreicht werden. Mattes, strukturiertes Papier läßt im Gegensatz zu Hochglanzoberflächen das Korn zurücktreten.

Zum zweiten werden nur für Vergrößerer mit diffuser Lichtquelle Austauschmodule angeboten. So kann der Schwarzweißvergrößerer nicht nur schnell zum Farbgerät umgerüstet werden, sondern es ist auch möglich, ein Gradationswandelmodul einzusetzen um bei Multigrade-Papieren bequem die notwendigen Filter einzustellen. So ein Modul ist allen zu empfehlen, die viel mit Gradationswandelpapier arbeiten, denn es vereinfacht die Filterwahl doch sehr.

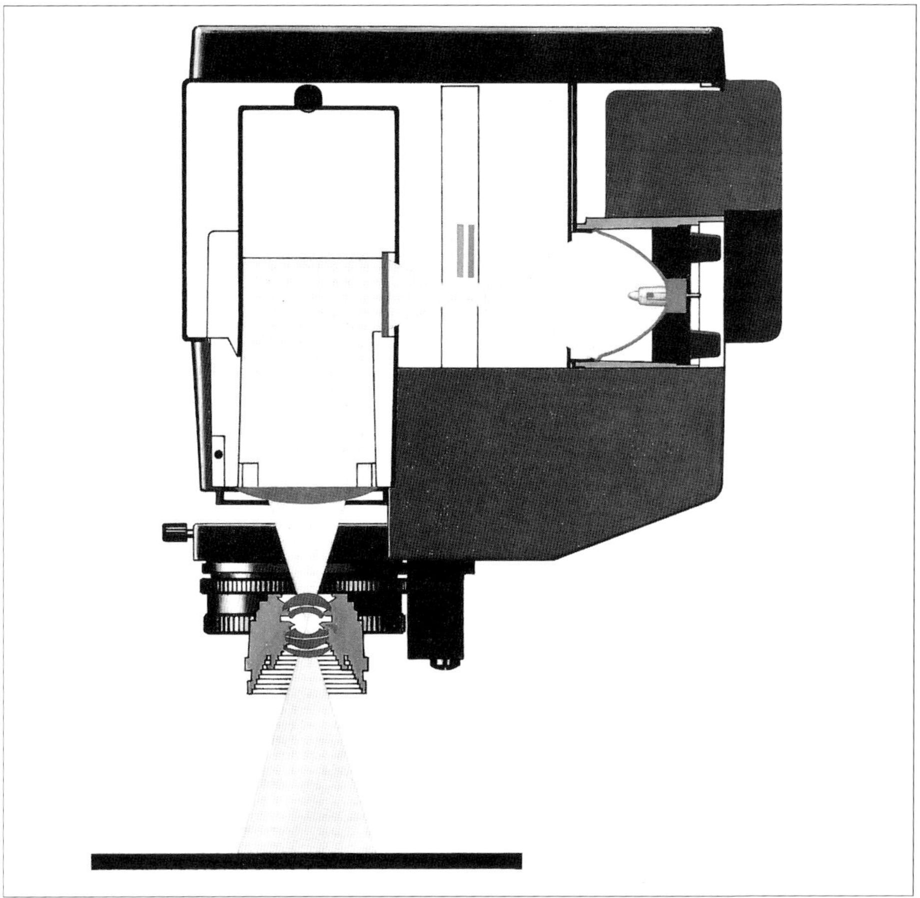

Das Prinzip des Mischlichtschachtes wird zum Beispiel im Leica-Vergrößerer benutzt.

Viel Ärger mit Staub und Fusseln beim Vergrößern kann man sich ersparen, wenn man eine glaslose **Bildbühne** benutzt. Die Bildbühne mit Glaseinlage hat zwar den großen Vorteil, daß das Negativ absolut plan gehalten wird und deshalb auch bei Offenblende immer scharf vergrößert wird.

Aber die vier (!) Glasoberflächen lassen sich nur sehr mühselig sauberhalten. Meist zeigt sich in der Vergrößerung immer noch das ein oder andere Staubkorn, das übersehen wurde. Zudem ist – trotz Anti-Newton-Glas – nicht ganz auszuschließen, daß sich ab und an konzentrische Ringe in der Vergrößerung zeigen. Ursache dafür ist, daß Negativ und Glas miteinander das Licht ungünstig gebrochen haben.

All diese Probleme vermeidet man mit einer glaslosen Bildbühne. Der einzige Nachteil – besonders bei den größeren Negativformaten – liegt darin, daß die Planlage nicht ganz so gut ist. Die Negative können sich leicht wölben, was unter Umständen zu Unschärfen führt. Abhilfe: Das Vergrößerungsobjektiv wird abgeblendet. Die solchermaßen erhöhte Schärfentiefe zeichnet das gesamte Bild scharf.

Probleme mit Staub und Fusseln aber gibt es dann praktisch nicht mehr. Ich habe mir zur Angewohnheit gemacht, das Negativ in die Bühne einzulegen und dann mit Druckluft aus der Dose von beiden Seiten abzupusten. Seitdem habe ich mit Staub praktisch keinen Ärger mehr.

Rein rechnerisch reduziert sich die Gefahr, Verunreinigungen mitzuvergrößern, um das Dreifache: Statt sechs Flächen sauberhalten zu müssen, sind es nur noch derer zwei.

Scharfgestellt wird immer auf ein Blatt Ausschußpapier (Rückseite), das in den Vergrößerungsrahmen eingelegt wird und nicht auf die Oberseite des Rahmens. Diese leichte Fokusdifferenz kann sonst schon zu Unschärfen führen. Hohe Einstellgenauigkeit ist mit einem Mikro-Scharfsteller zu erreichen. Damit stellen Sie nicht mehr die allgemeine Bildschärfe ein, sondern Sie stellen auf das Korn scharf. Darauf läßt sich besser und genauer scharfstellen als bei Einstellung der allgemeinen Bildschärfe. Die Be-

Bild links:
Multigrade-Module erleichtern die feinfühlige Filterwahl. Die meisten Module werden nach Spezifikationen von Ilford gefertigt, wofür Ilford eine Lizenz vergibt. Das Patent geht auf Jack H. Coote zurück, den langjährigen Mitarbeiter von Ilford in England, der maßgeblich an der Entwicklung des Kontrastwandelpapiers Multigrade beteiligt war.

Bild rechts:
Mit Hilfe eines Einstellnegativs kann auch bei besonders dichten Negativen oder bei Großvergrößerungen exakt scharfgestellt werden.

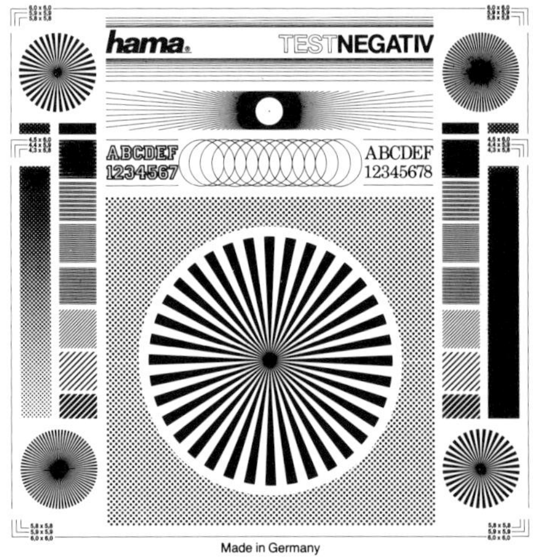

dienung ist zwar etwas gewöhnungsbedürftig, da kein ganzer Bildausschnitt sichtbar ist, sondern nur mehr winzige Details.

Besonders bei sehr dichten Negativen und bei starken Vergrößerungen erleichtern spezielle **Einstellnegative** das Scharfstellen. Sie werden zum Fokussieren anstelle des Negativs in die Bildbühne eingelegt. Wer die Mühe nicht scheut, bei geändertem Vergrößerungsmaßstab zuerst jeweils das Einstellnegativ einzulegen, kann sich Scharfstellgeräte völlig sparen, denn die Testraster in unterschiedlicher Feinheit ermöglichen punktgenaues Scharfstellen.

Objektive

Es werden im Handel Objektive unterschiedlicher Qualität angeboten. Pauschal kann festgehalten werden, daß die Objektive umso besser sind, je mehr Linsen sie haben. Üblich sind drei-, vier- und sechslinsige Konstruktionen.

Von den Objektiven mit drei Linsen rate ich gleich ab. Sie sind allenfalls für briefmarkengroße Prints zu gebrauchen. Vierlinser sind schon etwas besser – aber für höhere Ansprüche noch nicht ausreichend. Höhere Ansprüche, das bedeutet, Sie möchten auch bei den größeren Formaten wie 20x25 cm oder 30x40 cm die volle Schärfe erzielen. Bei der Aufnahme haben Sie sich soviel Mühe gegeben und da sollte doch auch die Vergrößerung gut werden.

Aus diesen Gründen sollten Sie beim Vergrößerungsobjektiv nicht sparen. Ein Sechslinser wie das Componon S von Schneider oder das Rodagon von Rodenstock – das ist die passende Voraussetzung für gute Prints. Die Qualität dieser Optiken genügt allen Anforderungen. Abgeblendet um zwei Stufen sind sie den apochromatisch korrigierten Objektiven praktisch ebenbürtig. Meßtechnisch noch zu erfassende Unterschiede liegen dann außerhalb der Wahrnehmung; das heißt, am Bild ist nicht zu erkennen, mit welchem Objektiv es vergrößert worden ist. Wer also mit glasloser Bildbühne arbeitet und deshalb sowieso (der Schärfentiefe wegen) abblendet, kann sich die Mehrausgabe für das Apo-Objektiv sparen.

Wer schließlich auf das letzte Quentchen Schärfe Wert legt oder wem nur das Beste gut genug ist, der sollte sich ein apochromatisch korrigiertes Vergrößerungsobjektiv anschaffen. Hier kommen das Apo-Rodagon oder das Apo-Componon in Frage. So ein Objektiv empfiehlt sich besonders dann, wenn vorwiegend mit Offenblende vergrößert wird.

Belichtungsschaltuhren

Es gibt reine Schaltuhren und kombinierte Belichtungsmeß- und Schaltgeräte. Bei einer Schaltuhr, einem sogenannten Timer, wird eine

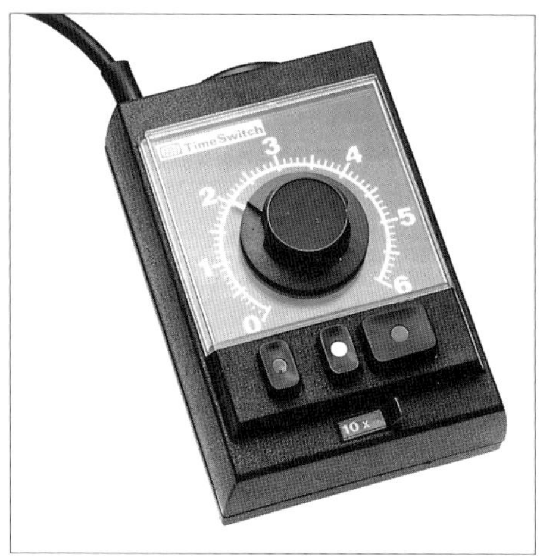

Wer sich die Zeit nimmt, hochwertige Bilder auszuarbeiten, dem genügt eine einfache Belichtungsschaltuhr. Laborbelichtungsmesser sind interessant, wenn es nicht auf das letzte Quentchen Qualität ankommt und wenn es schnell gehen soll.

Zeit eingestellt, und auf Tastendruck schaltet sie die Vergrößererlampe ein und nach Ablauf wieder ab.

Aber da werden doch noch so schöne Belichtungsmeßgeräte angeboten. Sogar mit Anzeige des Kontrastes – da kann ich auf einen Blick die notwendige Belichtung und Gradation ablesen. Das klingt alles sehr verlockend.

Doch mal was ganz anderes: Sicher ist es Ihnen, sofern Sie auch mit Diafilm fotografieren, schon ab und an passiert, daß ein Foto falsch belichtet war. Manche gingen ganz daneben, aber bei einigen, die nur eben so daneben lagen, da waren plötzlich die Farben satter, die Stimmung entsprach genau Ihrem Eindruck – und all das nur wegen eines Fehlers. Man kann es auch andersherum formulieren: In manchen Situationen zeigt sich die Automatik als fehlgeeicht und erst der »Ausrutscher« ergibt das richtige Ergebnis.

Warum also wollen Sie auf diese Spielarten, auf die Bildinterpretation verzichten, indem Sie sich wieder einem Automaten anvertrauen? Stecken doch im Negativ prinzipiell mehr Informationen als das Positiv zu zeigen vermag. Hier gilt es die richtigen herauszufinden und eventuell mit Abwedeln oder Nachbelichten, vielleicht auch durch partielle Gradationsbelichtungen, das Ergebnis zu optimieren. Und das geht nur, wenn manuell gearbeitet wird.

Während Sie bei der Aufnahme der Automatik schon des Belichtungsspielraums der Filme wegen unbesorgt vertrauen können, haben Sie im Fotolabor alle Möglichkeiten, aus diesen Informationen das Maximum aufs Papier zu holen. Und die sollten Sie nutzen.

Andererseits kann ein Meßgerät durchaus erste wertvolle Hinweise liefern. Sie sollten sich nur bei seiner Verwendung immer daran erinnern, daß es ein Automat ist. Und der muß erst einmal einjustiert werden. Bislang existieren für Papiere, anders als bei Filmen, keine genormten Vorschriften, nach denen die Empfindlichkeit verbindlich angegeben wird. Deshalb ist es unumgänglich, den Belichtungsmesser für jede verwendete Papiersorte eigens einzueichen. Und mit diesem Eichvorgang steht und fällt die Nützlichkeit des Belichtungsmessers.

Die Verwendung eines Laborbelichtungsmessers macht auch nur dann einen Sinn, wenn die Verarbeitungsbedingungen weitgehend standardisiert sind. Das heißt, das Papier muß immer dasselbe sein. Bei Papieren fester Gradation kann schon der Gradationswechsel eine Belichtungsanpassung erfordern. Auch der Entwickler sollte jeweils derselbe sein und schließlich muß auch die Temperatur konstant sein. Zuverlässige Meßergebnisse lassen sich also nur erzielen, wenn alle Parameter weitestgehend gleichartig und stabilisiert sind.

Bei der Serienvergrößerung verschiedener Motive, wo es nicht auf das letzte Quentchen Qualität ankommt, ist ein Laborbelichtungsmesser durchaus gut zu gebrauchen. Er ist auch nützlich, um der richtigen Belichtungszeit für das Negativ sehr schnell sehr nahe zu kommen.

Bei den Bildern jedoch, die ganz besonders gut werden sollen, stelle ich bei mir selber immer wieder fest, daß ich trotz aller fortschrittlichen Belichtungsmesser doch lieber bei der guten, alten Probestreifenmethode bleibe.

Denn selbst einmal vorausgesetzt, der Belichtungsmesser ist optimal eingeeicht und auch alle weiteren Parameter sind wie vorgesehen: Ich möchte es mir nicht nehmen lassen, jedes einzelne Motiv noch einmal auf seine Helligkeit und seinen Tonwertumfang zu kontrollieren (das Beurteilen sollte bei Tageslicht erfolgen!) und gegebenenfalls die Belichtung ein wenig anzupassen.

Besonders bei der Arbeit mit den Multigrade-Papieren schätze ich die Probestreifenmethode sehr. Obwohl es richtig ist, daß sich bei den meisten Gradationen bzw. Filterungen die Belichtungszeit nicht ändert, so verlangt eine härtere Bildwiedergabe doch sehr oft eine geringfügig andere Belichtung als eine weichere – einfach, um die Bildhelligkeit der Bildwiedergabe anzupassen. Gute Schwarzweißfotografie ist nämlich unter anderem auch eine Geschmacksfrage.

Dunkelkammerbeleuchtung

»Dunkelkammer«, das ist ein Begriff aus der Frühzeit des Labors. Heute muß das Fotolabor

Eine preiswerte und helle Leuchte für alle Schwarzweißarbeiten: Die Ilford SL1.

weder dunkel noch eine Kammer sein. Moderne Dunkelkammerleuchten sind so effektiv, daß sie das Fotolabor erstaunlich hell ausleuchten können, ohne das Papier zu schädigen. Erreicht wird das durch besonders schmalbandige Leuchten, die ein eng begrenztes Licht in genau jener Farbe abgeben, für die das Fotopapier unempfindlich ist. So kann das Labor hell werden, ohne daß die Leuchten die empfindlichen Materialien verschleiern könnten.

Der Anfänger wird zunächst mit einer einfachen Leuchte einsteigen, die preiswert mit auswechselbaren Filterscheiben an die verschiedenen Materialien angepaßt werden kann. Spezialleuchten mit besonders großer Helligkeit und hoher Sicherheit gegen Verschleiern empfehlen sich dann später für die bevorzugten Materialien.

Drei Farbfilter bzw. Lichtfarben sind im Wesentlichen für das private Fotolabor von Interesse:

- **gelbgrün:** für Schwarzweißpapiere
- **braun:** für Gradationswandelpapiere
- **590 nm:** gelbes, sehr sicheres Licht für alle Verfahren

Wieviele Leuchten braucht es nun? Mit einer kommt man aus, aber zwei sind besser. Idealerweise haben sowohl der Trocken- wie der Naßarbeitsplatz ihre eigene Dunkelkammerleuchte, dazu sollte eine Lampe zur Allgemeinbeleuchtung kommen, wenn das Fotolabor etwas größer ist. Denn es ist nicht angenehm für das Auge, wenn es sich ständig an Lichtinseln gewöhnen und zwischen hell und dunkel adaptieren muß. Als Faustformel gilt: Der Abstand zwischen lichtempfindlichem Material und Lampe soll mindestens 60 cm betragen, und die Fotomaterialien werden dem Licht möglichst kurz ausgesetzt. Bei Langzeitbelichtungen ab etwa 30 Sekunden ist es darüber hinaus geraten, die Leuchte am Vergrößerer während der Belichtung auszuschalten. Denn anbelichtete Fotopapiere sind empfindlicher als unbelichtete. Achten Sie bei allen Leuchten – auch bei der Hellraumbeleuchtung – darauf, daß die Lampen entweder spritzwassergeschützt sind oder sich in ausreichender Entfernung vom Naßarbeitsplatz befinden. Denn das Fotolabor ist ein »Feuchtraum«. Nachlässigkeiten können sich da schnell rächen.

Wenn Sie den Raum für das Fotolabor so gut mit den passenden Leuchten bestücken, daß alle Teile gleichmäßig ausgeleuchtet sind, dann werden Sie den Begriff »Dunkelkammer« überhaupt nicht mehr nachvollziehen können, so angenehm läßt es sich im Fotolabor vergrößern und entwickeln. Ohne daß dadurch das Papier geschädigt würde.

Schleiertest

Es empfiehlt sich für jedes Material ein Schleiertest. Anhand einer Stufenbelichtung wird dabei die Zeitschwelle festgestellt, bei der die Lampe sichtbare Verschleierungen auf dem Papier hervorruft.

Ein Blatt Papier wird im Dunklen (!) gerade so lange belichtet, daß sich ein heller Grauton ergibt. Anschließend wird das Blatt halb abgedeckt und dem Dunkelkammerlicht für ca. zweieinhalb Minuten ausgesetzt. Das Entwickeln des Blattes erfolgt dann wieder im Dunklen. Zeigen sich anschließend Unterschiede im Grauton auf dem Blatt, dann ist die Beleuchtung nicht geeignet.

Versuchen Sie es dann zunächst mit einem größeren Leuchtenabstand. Hilft das nichts, dann sollten Sie sich eine sichere Dunkelkammerleuchte zulegen – beispielsweise die Ilford SL1, die für alle Schwarzweißmaterialien geeignet ist und sehr helles, dabei sicheres Licht abgibt.

Diese zweieinhalb Minuten sind ein Praxiswert, der den normalen Bedingungen im Labor entsprechen dürfte, Länger ist ein Blatt Papier wohl kaum dem Dunkelkammerlicht ausgesetzt.

Wer oft diffizile Einstellungen vornimmt oder es gern ganz genau wissen möchte, der kann auch Belichtungsreihen machen:

2 – 2,5 – 3 – 3,5 Minuten usw. Wichtig ist dabei, daß der Test – bis auf die Belichtungsspanne bei Dunkelkammerlicht – bei Dunkelheit abläuft und daß das Papier vorbelichtet wird, weil es dann empfindlicher reagiert.

Licht zur Beurteilung

Ein hochwertiges Print sollte keinesfalls in der Dunkelkammer bei Kunstlicht beurteilt werden. Denn normales »weißes« Glühlampenlicht ist eigentlich gelb mit hohem Rotanteil. Das Gehirn aber korrigiert die Farben so, daß uns alles in Ordnung erscheint.

Allerdings nur in gewissen Grenzen. So erscheinen dem Auge bei Rotlicht Kontraste besonders hoch. Aus diesem Grund ist es nicht anzuraten, Schwarzweißvergrößerungen bei normaler Glühlampenbeleuchtung zu beurteilen:

Der hohe Rotanteil gaukelt dem Auge höhere Kontraste im Bild vor, als tatsächlich vorhanden sind. Werden die Vergrößerungen dann bei Tageslicht betrachtet, sind die Ergebnisse zu weich ausgefallen.

In diesem Zusammenhang ist es reine Augenwischerei, wenn manches Laborlicht als »augenneutral« oder »nicht kontraststeigernd« bezeichnet wird, und damit gemeint ist, daß man Schwarzweißaufnahmen direkt während der Entwicklung beurteilen könne. Allenfalls eine – sehr bedingte – Kontrolle über den Fortgang der Entwicklung kann man in diesem Licht erhalten.

Idealerweise wird die Vergrößerung bei Tageslicht in trockenem Zustand beurteilt. Am allerbesten direkt dort, wo es später einmal hängen soll. Es ist wichtig, nur trockene Bilder zu beurteilen, denn ein nasses Bild sieht ganz anders aus. Besonders deutlich wird die unterschiedliche Bildwirkung des nassen bzw. trockenen Papiers bei matten Oberflächen wie »pearl«, »silk« usw. Die nassen Papiere sehen noch sehr kontrastreich und glänzend aus, doch nach dem Trocknen ergibt sich ein ganz anderer Eindruck.

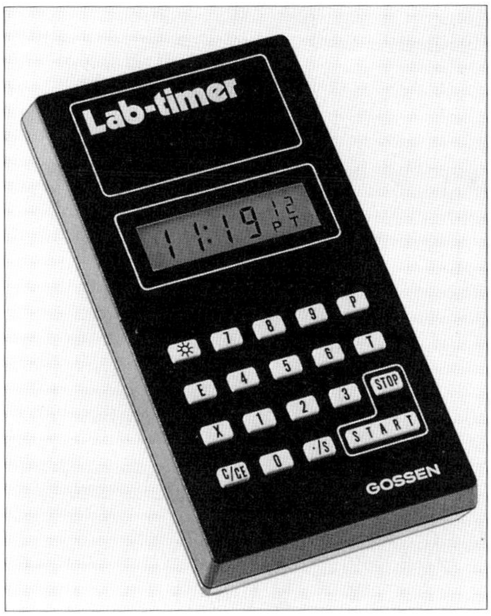

Zum genauen Einhalten der Entwicklungszeiten – sowohl bei der Film-, wie bei der Papierentwicklung – ist ein Prozeßtimer hilfreich.
Es geht allerdings auch mit einer einfachen Stoppuhr.

Weitere Geräte

Der Naßbereich fällt bei einem Schwarzweißlabor preislich kaum ins Gewicht. Vier Laborschalen in ausreichender Größe sind notwendig: für Entwickler, Stopp- und Fixierbad und für das Wasserbad, in der Sie die Bilder bis zur Schlußwässerung sammeln. Laborschalen sind immer etwas größer als das entsprechende Papierformat, so daß die Papiere gut umspült werden.

Die Erfahrung lehrt, daß selten wirklich genug Flaschen und Mensuren vorhanden sind. Beim Ansatz und der Aufbewahrung der Lösungen sollte möglichst für jeden Verarbeitungsschritt bei Negativ- und Positiventwicklung ein kompletter Satz Flaschen benutzt werden, da sonst die Gefahr von gegenseitigen Verunreinigungen und dadurch verdorbenen Lösungen sehr groß ist. Am besten nimmt man auch jeweils andere Mensuren für den Ansatz. Wenn das einmal nicht geht, müssen sie zumindest sorgfältig ausgewaschen werden.

Eine große Hilfe zur genauen Einhaltung der Verarbeitungszeiten sind Prozeßtimer. Mit diesen Spezialuhren lassen sich mehrere, frei programmierbare Zeiten hintereinander abrufen. Einige Modelle erlauben es sogar, mehrere Prozesse mit dem gesamten Zeitablauf von der Entwicklung bis zur Schlußwässerung einzuspeichern. Wird der Prozeß gewechselt, ist dann nicht jedesmal eine Neueingabe der Zeitschritte notwendig.

Papiersafes sind eine feine Sache, weil die Blätter dann nicht mehr einzeln aus der Verpackung gepuhlt werden müssen. Lieber eine Nummer größer kaufen, denn kleinere Formate passen da genausogut hinein.

Zum »Pantschen« im Fotolabor beim Ansetzen und Einfüllen der Lösungen sind Laborschürze und Handschuhe anzuraten. Es ist zwar nicht das reine Gift, womit im Fotolabor umgegangen wird, aber Chemikalien, die der Haut oder dem Hemd zusetzen können, sind schon dabei.

Neben den Papieren fester Gradation wie Ilford Galerie bzw. Ilfospeed gibt es auch das Gradationswandelpapier Multigrade mit Kunststoff- bzw. Barytträger.

Die Schwarzweißpapiere

Über der Fragestellung »Baryt oder PE« entbrennen regelrechte Glaubenskriege. Dabei ist es doch so einfach: Baryt ist besser – PE bequemer.

Wenn Sie das jetzt unbesehen glauben, sind Sie schon einem Irrtum aufgesessen. Grundsätzlich ist es so, daß die Emulsionen sich entsprechen – lediglich das Trägermaterial ist ein anderes. Dadurch ergeben sich Unterschiede, die vor allem die Bildwirkung betreffen, nicht aber die Qualität. Denn die mögliche Tonwertabstufung ist prinzipiell die gleiche.

Kunststoffbeschichtete Papiere wie Ilfospeed oder Multigrade RC bieten folgende Vorteile: Einfache und schnelle Verarbeitung, hervorragende Qualität, schnelle Trocknung, ausgezeichnete Planlage und bei entsprechender Oberfläche ein Hochglanz, der von selbst aufzieht.

Bei Barytpapieren dagegen stehen die Archivfestigkeit und die Ästhetik des Barytträgers im Vordergrund. Es ist schon ein ganz anderes Gefühl, wenn man so ein Bild in die Hand nimmt. Und auch die Präsentationswirkung ist eine andere, das Bild wirkt nicht so kalt, vielleicht etwas angenehmer. Sie merken schon an den Formulierungsschwierigkeiten, daß sich objektive Gründe pro oder kontra das ein oder andere Material kaum finden lassen.

Deshalb halte ich ganz persönlich es so: Generell wird auf kunstoffbeschichteten Papieren (Multigrade) vergrößert. Das geht schnell und in fantastischer Qualität. Und nur jene Bilder, die es mir dann wert zu sein scheinen, lange aufgehoben zu werden und die in die Privatgalerie kommen sollen, werden nochmals sorgfältig auf Baryt (Multigrade FB oder Galerie FB) ausgearbeitet.

Das beste Papier

Im Jahr 1990 feierte Ilfords Multigrade seinen 50jährigen Geburtstag. Zeit genug eigentlich, so sollte man meinen, ein ausgereiftes Papier zu entwickeln. Und doch gibt es immer noch welche, die sich damit nicht so recht anfreunden mögen: »Alle Gradationen auf einem Blatt, das kann doch gar nichts taugen«. So oder ähnlich lauten die Vorurteile.

Da erstaunt es doch etwas, daß in den Fachlabors, bei den Profis also, Multigrade voll anerkannt ist und einen Anteil von über 50% hält. Das ist umso bemerkenswerter, als Profis in aller Regel besonders konservativ und qualitätsbewußt sind. Konservativ insofern, als sie sich neuem, anderem gegenüber nur dann aufgeschlossen zeigen, wenn es auch tatsächlich besser ist.

Und es ist in der Tat so, daß Gradationswandelpapiere heute Gradationspapieren ebenbürtig sind; ja in manchen Situationen sind sie ihnen sogar haushoch überlegen. Davon wird gleich noch die Rede sein.

Festzuhalten bleibt, daß beispielsweise Ilfords Multigrade ein ausgereiftes Produkt ist, das zu den besten Schwarzweißpapieren auf dem Markt zählt. Wer das nicht glauben mag, dem kann ich nur den Rat geben, es doch einfach mal selbst auszuprobieren – es ist auch nicht teurer als Gradationspapier.

Gradationspapier hat auch heute noch seine Berechtigung, allerdings ist es eigentlich als Spezialpapier für besondere Anwendungen anzusehen. So wird Ilfospeed beispielsweise aufgrund seiner hohen Empfindlichkeit für Großvergrößerungen eingesetzt. Und es findet Verwendung, wenn es im Fachlabor darauf ankommt, Serienvergrößerungen möglichst zeitsparend herzustellen. Allerdings werden auch hier bereits Alternativen angeboten: So das Multigrade RC

XPRESS, das speziell für die Verwendung in automatischen Printern bestimmt ist.

Und Galerie FB, als das nahezu klassische Papier für Ausstellung und Präsentation, ist ein Gradationspapier, auf das keiner verzichten wird, der streng nach dem Zonensystem arbeitet und all seine Negative auf Papier derselben Gradation macht.

Ein Einwand gegen Multigrade konnte einige Zeit völlig zu Recht vorgebracht werden: Es war »nur« ein kunststoffbeschichtetes Papier. Wer auf Baryt bestand, hatte keine Möglichkeit, die variable Gradation zu nutzen.

Aber mittlerweile gibt es ja Multigrade FB – »FB« steht für »Fiber Base«. Damit wird im internationalen Sprachgebrauch der Fine-Art-Fotografen ein Papier auf Barytträger bezeichnet. Wer also auf die Ästhetik und Langzeithaltbarkeit des Barytträgers nicht verzichten möchte, kann jetzt trotzdem ein Gradationswandelpapier benutzen, das die Vorteile und Qualitäten eines kontrastvariablen Papiers mit denen des klassischen Barytpapiers kombiniert.

Steuerung der Gradationen

Um die unterschiedlichen Gradationen aus ein und demselben Papier »herauskitzeln« zu können, muß das Licht des Vergrößerers jeweils eine bestimmte Farbe haben. Denn Ilford Multigrade besitzt eine Spezialemulsion, die aus zwei Einzelemulsionen harter und weicher Gradation gemischt wird, wobei die Silberhalogenide der einzelnen Emulsionen jeweils für eine andere Lichtfarbe sensibilisiert sind. Je nachdem, in welchem Verhältnis diese nun angeregt werden, ergibt sich eine weichere oder eine härtere Gradation.

Um die unterschiedlichen Gradationen abrufen zu können, sind Filter in unterschiedlichen Ausführungen erhältlich. Einmal gibt es preiswerte Folienfilter. Die Gelatinefilter sind im Format 8,9 x 8,9 cm, 15,2 x 15,2 cm und 30,0 x 30,0 cm erhältlich und können entweder passend für die Filterschublade zugeschnitten oder unter dem Objektiv verwendet werden. Zum anderen gibt es bereits gefaßte Filter, die mit einer Halterung unter dem Objektiv befestigt werden können.

In einer Packung sind jeweils elf Einzelfilter enthalten, um die Gradationen in halben Stufen steuern zu können. Diese Filter sind mit zusätzlichen Graufiltern so abgestimmt, daß die Belichtungszeiten bei Filterwerten 0 bis 3,5 gleichbleibend sind, bei Filterwerten 4 bis 5 ist die Belichtungszeit zu verdoppeln.

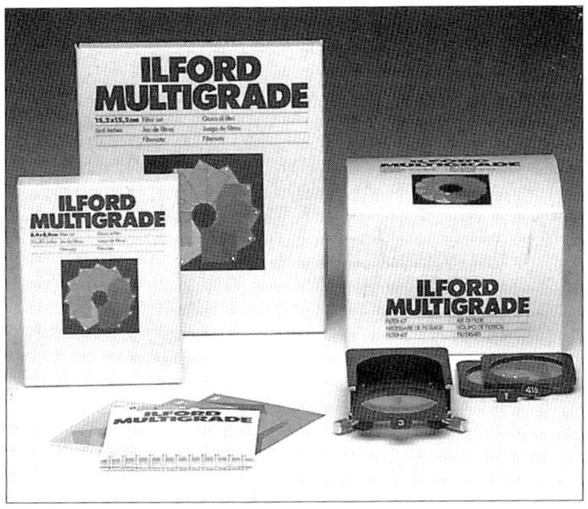

Multigradefilter gibt es gefaßt und als Folien. In der Fassung können die Filter mit einem beiliegenden Halter unter dem Objektiv angebracht werden, die Folien lassen sich passend für die Filterschublade des Vergrößerers zuschneiden.

Noch komfortabler geht es mit speziellen Gradationswandelmodulen oder der Multigrade-500 Beleuchtungseinrichtung. Ähnlich wie beim Farbvergrößern werden die gewünschten Filterfarben stufenlos eingeschwenkt.

Beachten sollten Sie, daß Gradationswandelpapier aufgrund seiner außergewöhnlichen Eigenschaften nicht bei jedem Dunkelkammerlicht verarbeitet werden kann. Gut geeignet ist die Leuchte Ilford SL1, die außergewöhnlich helles Licht abgibt und dabei noch sehr preiswert (unter DM 100,-) ist, berücksichtigt man die hohe Lichtleistung.

Mut zum Format

Da haben Sie sich eine tolle Kameraausrüstung

Bei vielen Vergrößerern mit diffuser Lichtquelle können die Filtermodule ausgetauscht werden: Ein Multigrade-Modul ermöglicht bequeme und feinstufige Gradationswahl bei Multigrade-Papieren.

für viel Geld gekauft, beträchtliche Summen in ein Fotolabor investiert. Und wozu das alles? Um Albumformate 9 x 13 cm in Serie herzustellen? In schlechter Qualität und von Aufnahmen mit einer Pocketkamera nicht zu unterscheiden?

Kein Wunder, daß dann solche Reaktionen kommen: »Meine Kamera hat nur 200 Mark gekostet – und guck mal, was die für tolle Fotos macht. Dem Heinz seine sind auch nicht besser. Und dem seine Kamera hat mehr als 1000 Mark gekostet.«

Der arme Tor, der da so spricht, kann ja nicht wissen, daß die Stunde der Wahrheit erst mit den brillanten Bildern im großen Format kommt. Aber wir wissen es. Und machen lieber eine Vergrößerung im Format 50x60 cm als 25 Stück im Format 9 x 13 cm. Diese 25 Stück würden übrigens, eng nebeneinander gehängt, genau dieselbe Fläche einnehmen wie das große Bild. Was beeindruckender ist, brauche ich wohl nicht auszumalen.

Aber Sie haben doch so viele schöne Fotos? Glauben Sie mir: Je größer das Format wird, desto mehr reduziert sich die Auswahl. Was auf 9x13 cm noch scharf aussieht, ist bei 13 x 18 cm man eben so und bei 20x25 cm schon indiskutabel. Zum zweiten wird man mit wachsendem Format auch anspruchsvoller. Da scheint einem nicht mehr jedes Motiv geeignet – nur die besten sind es wert, so groß gezeigt zu werden. So gereicht das große Bildformat indirekt auch der Bildgüte zum Vorteil und die Bilderwand hat nunmehr wenige, dafür aber umso bessere Motive aufzuweisen.

Welches Papierformat Sie letztlich zu Ihrem bevorzugten machen, bleibt natürlich Ihnen überlassen. Trotzdem, wählen Sie es nicht zu klein, außer es sollen Bilder für das Album werden. Ansonsten sollte es schon das Format 20x25 cm oder größer sein, denn da sieht man wenigstens etwas.

Ein sehr schönes Format ist 24x30 cm. Und das aus zwei Gründen: Erstens lassen sich darauf gut Kontaktbogen belichten, ohne daß die Negative mühsam aus den Hüllen gezogen werden müssen – 20x25 cm ist für die meisten Archivierungshilfen schon zu klein. Voraussetzung ist allerdings, daß Sie die Negative in Acetathüllen aufbewahren, die ganz klar sind – Pergaminhüllen sind für diesen Zweck nicht geeignet. Hauptargument für dieses Format: Die Bilder wirken schon recht beeindruckend, ohne daß sich größere Probleme beim Rahmen oder bei der Archivierung der Bilder ergeben.

Das soll jetzt natürlich nicht heißen, daß Sie sich auf dieses eine Format festlegen sollen oder müssen – ganz im Gegenteil sollten Sie immer auch andere (größere!) Formate für besondere Bilder parat haben. Aber erfahrungsgemäß hat jeder ein bevorzugtes Format – und bevor Sie sich über zu kleine Bilder ärgern oder ständig die Negative austauschen müssen, um die Kontaktbögen zu machen, rate ich zu 24x30 cm als Standardformat.

Schenken Sie schließlich auch der **Oberfläche** Ihre Aufmerksamkeit. Es ist bereits mehrfach angesprochen worden, daß hochglänzende Oberflächen einen höheren Kontrast wiedergeben können und so die brillantesten Bilder ergeben. Matte Oberflächen eignen sich demgegenüber dazu, leichte Unschärfen oder Kratzer zu überdecken.

Vor allem aber sollte die Oberfläche dem Motiv adäquat gewählt werden. Eine kontrastreiche High-Key-Aufnahme beispielsweise »schreit« geradezu nach der glänzenden Oberfläche, damit die Kontraste auch höchstmöglich ausfallen. Ein zartes Porträt dagegen kann dann zu kalt aussehen.

Bei der Wahl der Oberfläche spielt auch eine Rolle, wo das Bild einmal hängen soll, denn Hochglanz neigt naturgegeben zu Spiegelungen. Eine besonders schöne Oberfläche übrigens läßt sich erzielen, wenn hochglänzende Barytpapiere wie Ilford Galerie oder Multigrade FB luftgetrocknet werden. Entweder auf einem Gitter oder zwischen säurefreiem Fließpapier – den so erzielbaren halbmatten Glanz halte ich für eine der schönsten Oberflächen.

Verarbeitung der Schwarzweißpapiere

Beim Entwickeln der Schwarzweißpapiere in der Schale sollten Sie nicht an den Lösungsmengen sparen – ein Liter ist bei größeren Formaten oft zuwenig. Das Blatt soll gut schwimmen können. Ab und an wird die Schale bewegt, damit frischer Entwickler ans Papier gelangt. Fassen Sie dazu eine Ecke der Schale und heben Sie sie leicht an, dann wird die Verarbeitungslösung wieder gut gemischt.

Tip: Die Haltbarkeit von Chemikalien, egal ob als Konzentrat oder im Ansatz, wird von den Herstellern in der Regel sehr vorsichtig angegeben. Meist ist die tatsächliche Haltbarkeit deutlich höher, sachgerechte Aufbewahrung in hochgefüllten Glasflaschen oder mit Schutzgasabdeckung vorausgesetzt. Nichtsdestotrotz empfiehlt es sich, auf jeder Flasche das Datum des Ansatzes zu notieren.

Die Wirksamkeit kann dann einfach an einem Blatt ausprobiert werden. Selbst im schlimmsten Fall, wenn die Lösung verdorben ist, ist wenig verloren.

Den Ansatz der Lösungen können Sie unbesorgt mit Leitungswasser vornehmen: Normale Fotochemikalien sind bereits so eingestellt, daß sie mit dem Wasser aus der Leitung sehr gut auskommen.

Entwickeln

Die Entwicklungszeit ist vom Papierträger abhängig. Kunststoffbeschichtete Papiere sind bereits nach einer Minute ausentwickelt, die Bildspurzeit liegt bei 15 Sekunden. Bildspurzeit – das ist die Zeit, die vergeht, bis erste Spuren des Bildes sichtbar werden. Papiere mit Barytträger sind in zwei bis drei Minuten ausentwickelt, die Bildspurzeit beträgt etwa 30 Sekunden.

Bei der Entwicklerwahl gilt dasselbe wie bei der Filmentwicklung: Folgen Sie den Empfehlungen des Herstellers. So empfiehlt Ilford beispielsweise für Multigrade-Papiere auch den Multigrade-Entwickler, Bromophen ist für Barytpapiere wie »Galerie« entwickelt usw.

Eine **Mehrschalenentwicklung** benutzt unterschiedlich wirkende Entwickler nacheinander. »Krönung« ist die Dreischalenentwicklung, bei der das Papier nacheinander in normal, weich und hart arbeitenden Entwickler gegeben wird. Diesem Verfahren liegt die Überlegung zugrunde, daß der normale Entwickler die Mitteltöne zeichnet, der weiche die Lichter und der harte die Schatten.

Es versteht sich von selbst, daß bei Gradationswandelpapieren solche Methoden nicht notwendig sind, denn die Gradationssteuerung selbst, ob partiell oder über das ganze Bild, bietet mehr Einflußmöglichkeiten.

Bei Barytpapieren fester Gradation kann eine leichte Verbesserung eintreten. Wobei ich allerdings nach intensiven Versuchen eher geneigt bin, dies in den Bereich der Einbildung zu verweisen. Aber man hat sich schließlich soviel Mühe damit gegeben, da muß es auch was gebracht haben.

Unbestritten ist allerdings, daß die unterschiedlichen Entwickler, allein angewendet, deutlich unterschiedliche Kontraste hervorrufen. Wird mit Gradationspapieren wie »Galerie« gearbeitet, dann können diese Entwickler durchaus hilfreich sein.

Fixieren

Besonders wenn eine Langzeithaltbarkeit der Bilder angestrebt wird, ist das Fixierbad ein ganz entscheidender Schritt. Wird zu kurz oder zu lange fixiert, dann leidet darunter die Haltbarkeit der Bilder. Das wird aber nicht sofort sichtbar, sondern erst nach langer Zeit – wenn es zu spät ist.

Um das Fixierbad zu schonen, sollte dem Entwickeln immer erst ein **Stoppbad** nachfolgen. Ein Spülen des Blattes genügt – Blatt eintauchen, die Lösung einmal über das Blatt schwappen lassen und fertig.

Die Fixierzeit liegt – je nach Verdünnung – zwischen 30 Sekunden und zwei Minuten. Besonders bei den kurzen Fixierzeiten sollte das Blatt ständig bewegt werden. Die Kapazität eines Liters liegt typischerweise bei etwa 40 Blatt Barytpapier im Format 20x25 cm, bei kunststoffbeschichteten Papieren ist die Kapazität doppelt so hoch. Für archivierbare **Barytpapiere** ist die Kapazität des Fixierbades geringer anzusetzen: ca. zehn Blatt im Format 20x25 cm. Dabei sollte jedes Blatt einzeln fixiert werden.

Wässern

Bei der Wässerung ist wichtig, welche Papiere Sie verwenden. PE-Papieren genügt nahezu schon der Anblick einer Wässerungswanne, während Barytpapiere lange und sorgfältig ge-

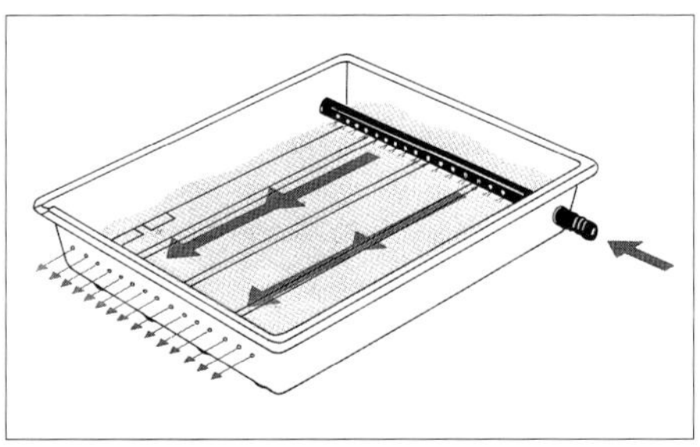

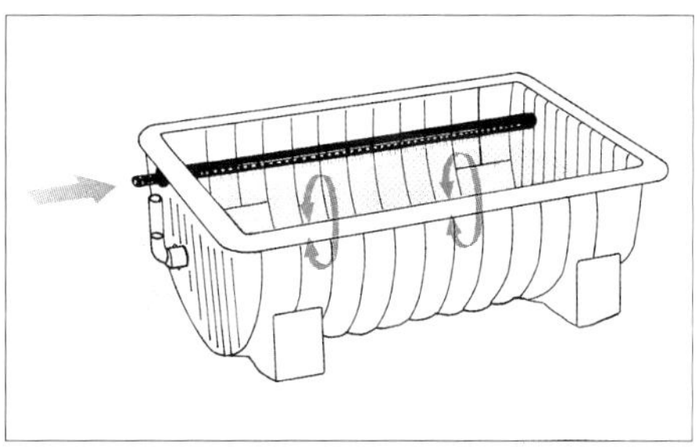

Bild links:
Kunststoffbeschichtete Papiere können schnell gewässert werden. Entsprechend sollte der Bilderwascher so ausgeführt sein, daß er einen zügigen Wasserdurchfluß ermöglicht.

Bild rechts:
Papiere auf Barytträger müssen langsam gewässert werden. Der Wassserfluß des Waschers soll deshalb so sein, daß den Salzen in der Tiefe der Schicht Gelegenheit gegeben wird, sich zu lösen.

wässert werden wollen. Damit die Papiere gut ausgewässert werden, dürfen sie in der Wanne nicht zusammenkleben.

Barytpapiere saugen sich im Fixierbad regelrecht voll, die Fixiersalze sitzen nicht nur an der Oberfläche sondern auch in der Tiefe der Schicht. Deshalb ist eine verhältnismäßig lange Wässerungszeit nötig.

Moderne PE-Papiere besitzen zwar auch eine Papierschicht, die ist aber durch Kunststoffmaterialien versiegelt, so daß nur die Fotoschicht und die Papierränder mit Chemikalien in Berührung kommen. Deshalb kann bei diesen Papieren viel schneller und kürzer gewässert werden. Nach zwei Minuten unter fließendem Wasser sind sie ausgewässert.

Um bei Barytpapieren eine **archivfeste Wässerung** zu erzielen, empfiehlt Ilford folgende Sequenz:

- Fixieren in Hypam 1+4 (ohne Härter!): 30 s bei ständiger Bewegung.
- Erstwässerung in fließendem, frischen Wasser: 5 min.
- Spülen in Galerie Washaid, unterbrochene Bewegung: 10 min.
- Schlußwässerung in fließendem, frischen Wasser: 5 min.

Auf diese Weise sind in nur 20 Minuten absolut archivfeste Bilder möglich.

Die **Bilderwascher** für PE- und Barytpapiere unterscheiden sich aufgrund der unterschiedlichen Wässerungsanforderungen ganz deutlich. Für PE-Papiere eignen sich Bilderwascher, die als flache Schale konstruiert sind. Der Wassereinlauf in die Schale soll so konstruiert sein, daß das Wasser über die gesamte Breite der Schale einläuft und die Blätter gründlich umspült.

Barytpapiere werden idealerweise in Bilderwaschern mit Gestell gewässert, wo jedes Blatt ein eigenes Fach hat. So kann das Wasser frei zirkulieren, die Vergrößerungen kleben nicht aneinander und die Fixiersalze können nach unten sinken. Besonders komfortabel und effektiv sind Konstruktionen, die dabei eine Schaukelbewegung ausführen: Ein Ventil schließt sich, baut Wasserdruck auf. Der drückt das Gestell zur Seite; das Ventil öffnet sich, Wasserdruck entweicht und das Gestell gleitet in die Ausgangslage. Ventil schließt sich ... So wird mit dem Wasserzufluß eine Schaukelbewegung in Gang gehalten, die die Auswaschung der Chemikalien zusätzlich zur Wasserzirkulation noch einmal verbessert. Solche Wascher sind leider sehr teuer. Abhängig von Größe, Kapazität und Anbieter kosten sie DM 250.- bis über 1000.-.

Trocknen

Nach dem Wässern sollte zunächst überschüssiges Wasser abgestreift werden – dazu eignet sich ein ausgedienter Scheibenwischer ganz ausgezeichnet. Auf diese Weise kann die Trocknungszeit deutlich gesenkt werden. Bei etwas Geduld können Sie die Fotos jetzt auf der Wäscheleine trocknen lassen.

Die **Trocknung von kunststoffbeschichteten Papieren** ist relativ einfach auf der Wäscheleine möglich. Sie trocknen aber vergleichsweise schnell innerhalb von drei bis vier Stunden und verziehen sich nicht, der Hochglanz zieht bei entsprechender Oberfläche von selbst auf.

Es ist nicht auf Anhieb einsichtig, aber doch so: In einem Heißlufttrockner wie z.B. dem 1050 RC von Ilford werden die Ergebnisse besser. Ganz abgesehen davon, daß die Trocknung zur Sekundensache wird, verhindert die Heißtrocknung vor allem den sogenannten »Blooming-Effekt«. Das ist eine Erscheinung, die bei PE-Papieren beobachtet werden kann, wenn man sie schräg gegen das Licht dreht: Die tiefsten Schwärzen scheinen dann mit einem milchigen Glanz überzogen.

Bei den neueren PE-Papieren von Ilford konnte ich diesen Effekt auch bei luftgetrockneten Prints nicht mehr feststellen. Trotzdem bleibt Fakt, daß eine Heißtrocknung dem Papier eine noch einen Tick bessere Oberfläche verleiht.

Das **Trocknen von Barytpapieren** ist nicht ganz so einfach wie das kunststoffbeschichteter Papiere, denn Barytpapiere können bei der Trocknung an der Wäscheleine nur schwer plan gehalten werden. Zudem ist auf diese Weise Hochglanz nie möglich und es braucht mindestens zwölf Stunden, bis die Papiere trocken sind. Die Planlage läßt sich verbessern, wenn jeweils zwei Blatt mit dem Rücken gegeneinander zusammengeklammert werden.

Werden höchste Ansprüche an die Haltbarkeit von Barytbildern gestellt, dann sollte auf eine Trockenpresse verzichtet und an der Luft getrocknet werden, denn die Heißtrocknung birgt die große Gefahr einer Verunreinigung der Bilder mit Fixierbadresten.

Mit folgender Methode kann die Trocknung

beschleunigt und ein Verwellen weitgehend verhindert werden: Die sorgfältig gewässerten Barytpapiere werden in Netzmittel gespült (z.B. in Ilfotol 1+200), dann abgestreift (Auto-Scheibenwischer) und auf drei Blatt Ilford-Fließpapier gelegt – dieses säurefreie Fließpapier garantiert die Langzeithaltbarkeit der Prints. Darüber kommen weitere drei Blatt Fließpapier, darauf die nächsten Bilder usw. Dieses »Sandwich« beschwert man ungefähr 15 Minuten lang mit Büchern – und zwar vollflächig, damit sich die Bildränder nicht verwellen. Anschließend wird dieser Vorgang noch einmal mit trockenem Fließpapier wiederholt. So wird dem Barytpapier schon ein Großteil des Wassers entzogen, wobei die Prints dank der Beschwerung plan bleiben. Nun werden je zwei Prints Rückseite an Rückseite auf eine Leine gehängt und an allen vier Ecken mit Klammern fixiert, bis sie völlig getrocknet sind.

Wellen sich die Papiere trotzdem noch etwas, so werden sie anschließend vorsichtig (!) über eine Tischkante gezogen. Selbstverständlich zeigt die Bildrückseite dabei zur Kante und ebenso selbstverständlich ist hier große Vorsicht geboten, damit die Gelatine nicht bricht.

Nicht ganz einfach ist **Hochglanz bei Baryt**. Voraussetzung dafür ist eine spezielle Trockenpresse mit Hochglanzfolie. Das gut nasse Papier wird dann auf die Folie aufgelegt und ein wenig hin- und hergeschoben, um eine satte Auflage zu erreichen. Luftblasen können mit einem Rollenquetscher vor der Trocknung herausgedrückt werden. Um Stippchenbildung zu vermeiden, werden flüssige Hilfsmittel angeboten, die Gelatine enthalten. Vor der Hochglanztrocknung wird das Papier darin gebadet; auch die Folie wird damit vorbehandelt.

Den Tip mit der Glasscheibe gebe ich gern weiter, kann allerdings nur davon abraten: Die nassen Papiere werden mit einer Rolle auf eine saubere Glasscheibe gequetscht. Die meisten meiner solchermaßen traktierten Bilder kamen nur bruchstückweise wieder von der Scheibe. Und die wenigen, die komplett blieben, waren mit Luftblasen und Stippchen nur so übersäht.

Einwände gegen die Hochglanztrocknung werden vor allem von Fotografen vorgebracht, die höchsten Wert auf Archivierungsfähigkeit der Bilder legen, da die Gefahr der Verunreinigung mit Fixierbadresten sehr groß ist.

Auch ich verwende sie selten, das aber vor allem deshalb, weil ich den leicht gebrochenen Hochglanz mehr schätze, der sich ergibt, wenn hochglänzende Barytpapiere an der Luft getrocknet werden.

Tonwertsteuerung IV – zum präsentationsreifen Bild

Sie haben jetzt, wenn Sie mir bis hierher gefolgt sind, alle Grundlagen gelegt, die für ein wirklich gutes Schwarzweißbild notwendig sind. Was jetzt noch zu tun bleibt, ist zwar entscheidend, aber nicht mehr kritisch.

Jetzt entscheidet sich, ob Sie ein mittelmäßiges oder ein wirklich gutes Bild zustande bringen. Verderben können Sie dabei allerdings nichts mehr. Wenn eine Vergrößerung einmal nichts geworden ist, so ist das überhaupt kein Problem. Das Negativ ist ja immer noch da und es wird noch einmal versucht. So lange, bis es klappt. Ein gutes Schwarzweißbild läßt sich nun einmal nicht im Schnellverfahren hervorzaubern.

Ansel Adams, der große Altmeister der Schwarzweißfotografie, zieht folgenden Vergleich: Das Negativ ist wie die Partitur eines Musikstücks, das Bild ist die Interpretation davon. Das ist ein sehr schöner Vergleich, denn er macht auf Anhieb klar, daß es beim bewußten Vergrößern nicht nur darum gehen kann, schnellstmöglich aus einem Negativ ein Positiv zu gewinnen.

In diesem Wort »Interpretation« schwingt gleichzeitig mit, daß es um Intuition, um Einfühlungsvermögen geht. Es sagt weiterhin aus, daß es mehrere Möglichkeiten gibt, eine Vergrößerung von einem Negativ zu machen. Können Sie sich vorstellen, daß das ein Automat kann? Nein? – Ich auch nicht.

Die gute alte Handarbeit, der Probestreifen, das sind die Mittel der Wahl, wenn es darum geht, eine wirklich perfekte Vergrößerung zu erstellen. Bedenken Sie bei allem, was Sie tun, daß es nicht darum geht, in einem technischen Prozeß ein Papierbild herzustellen.

Alles, was Sie da im Labor anstellen, tun Sie aus einem einzigen Grund: Ein Motiv, das es Ihnen wert zu sein scheint, soll in Schwarzweiß übersetzt und bestmöglich gezeigt werden.

All die technischen Abläufe zwischen realem Motiv und Bild dienen nur dem einzigen Zweck: Sie haben etwas gesehen, das Ihnen aufregend genug zu sein scheint, sich damit noch längere Zeit auseinanderzusetzen. Bis es schließlich in eine andere Darstellungsform übertragen ist – in eine Schwarzweißvergrößerung.

Das heißt, wichtig ist einzig das Motiv und Ihre Vorstellung davon, wie Sie es umsetzen möchten. Alles andere sind Zwischenschritte, die für sich allein genommen keine Bedeutung haben.

Der Kontaktbogen – Ausgangspunkt des guten Bildes

So, jetzt kann es endlich losgehen mit den schönen Bildern, denken Sie. Und haben damit nur zur Hälfte recht. Denn bevor Sie irgend etwas anderes machen, sollten Sie zuallererst einen Kontaktbogen erstellen. Er ist gewissermaßen Ihr Notizbuch. Hier entscheiden Sie, welche Motive es überhaupt wert sind, vergrößert zu werden. Und hier legen Sie auch den Ausschnitt fest.

Für den Kontaktbogen legen Sie ein Blatt Papier unter den Vergrößerer und direkt darauf die einzelnen Filmstreifen. Haben Sie die Negative in durchsichtigen Hüllen archiviert, dann müssen sie nicht extra herausgenommen werden. Sind sie allerdings in Pergaminhüllen untergebracht, dann bleibt Ihnen die Mühe nicht erspart, die Streifen herauszuziehen. Damit die Negative gut plan liegen und sich scharf abbilden, können Sie eine Glasscheibe darüber legen. Eine ganz einfache Fensterglasscheibe genügt vollkommen. Wer es luxuriöser und etwas bequemer möchte, der kann auch einen sogenannten Kontaktkopierrahmen nehmen.

Als Papier für den Kontaktbogen ist ein Blatt Multigrade besonders geeignet, das mit weicher Gradation (Filter 2) belichtet wird. Benutzen Sie Gradationspapier, dann greifen Sie gleichfalls, soweit verfügbar, zu einer weicheren Gradation.

Sie sollten die Belichtung in einem Bereich ansiedeln, in dem die perfekten Negative gut wiedergegeben werden, wobei die Belichtung ruhig etwas knapp angesetzt werden kann. Denn bei den Kontakten kommt es nicht auf höchste Qualität, sondern auf bestmögliche Erkennbarkeit aller Negative an.

Um sich die späteren Schritte etwas zu vereinfachen, können Sie folgendermaßen vorgehen:

Anhand des Kontaktbogens erfolgt die Vorauswahl der geglückten Aufnahmen und der Ausschnitte.

1 Legen Sie ein beliebiges Negativ in die Bildbühne des Vergrößerers. Richten Sie den Vergrößerungsrahmen auf das Papierformat ein und stellen Sie das Negativ auf den gewünschten Ausschnitt scharf.

2 Entfernen Sie das Negativ wieder und machen Sie Ihre Kontakte.

3 Nach dem Trocknen können Sie dann die besten Motive aussuchen.

4 Die obige Vorbereitungsprozedur hat jetzt folgenden Vorteil: Wenn bereits einige der Negative auf dem Kontaktbogen gut belichtet sind, dann können diese ohne weitere Messung in die Bildbühne gelegt und mit der gleichen Einstellung vergrößert werden, wie sie für den Kontaktbogen benutzt wurde.

Die solchermaßen gefundene Belichtung sollte allerdings nur für die Arbeitskopie unbesehen übernommen werden. Oder für die Motive, bei

Über den Kontaktbogen mit schwarz aufbelichtetem Filmrand...

denen es nicht so darauf ankommt, die nicht das letzte Quentchen an Qualität verlangen. Die Belichtung für wichtige Bilder sollten Sie dagegen nur an möglichst großen Probestreifen beurteilen. Dazu gleich noch mehr.

Zurück zum Kontaktbogen. Er ist die Entscheidungsgrundlage für alle weiteren Schritte. Die gelungenen Fotos können hier identifiziert und im Ausschnitt festgelegt werden. Nehmen Sie dazu einen Ausschnittsucher. Oder schneiden Sie sich vier schwarze Kartonstreifen. Damit probieren Sie an jedem einzelnen Bild den Ausschnitt und legen den besten fest. Ein Ausschnittsucher bzw. die Kartonstreifen haben den Vorteil, daß das Umfeld abgehalten wird und man sich völlig auf das jeweilige Foto konzentrieren kann.

Ich habe mir dazu folgendes Vorgehen angewöhnt:

Wann immer es geht, mache ich die Kontaktbögen der neuen Filme, wenn ich andere Negative vergrößere. Geht das einmal nicht, dann mache ich erst einmal die Kontaktbögen und sonst nichts.

Wenn sie dann getrocknet sind, setze ich mich mit den Kontakten gemütlich in einen Sessel. Ich schaue die Kontakte in Ruhe durch und markiere jene Motive mit einem Kreuz am Rand, die mir gefallen.

In einem zweiten Durchgang suche ich die Motive aus, die ich vergrößern möchte. Mit dem Ausschnittsucher lege ich den besten Ausschnitt fest und umrahme das Bild. Weiterhin treffe ich erste Entscheidungen über Belichtungsänderungen und Gradationswahl und notiere mir dies.

Wenn ich dann wieder zurückgehe ins Labor, dann habe ich schon recht klare Vorstellungen davon, wie jedes einzelne Bild aussehen soll.

Die erste brillante Vergrößerung

In der Schwarzweißfotografie ist beim Vergrößern vor allem eins wichtig: Haben Sie keine Angst vor Schwarz und Weiß. Das sind die beiden Eckpunkte, zwischen denen sich Ihr Motiv entwickeln sollte.

Als Faustregel kann deshalb gelten, daß in jeder Vergrößerung sowohl das volle Schwarz als auch das reine Weiß enthalten sein sollte. Selbstverständlich kann diese Regel jederzeit durchbrochen werden, wenn sich das als notwendig erweist. Sie hilft allerdings dabei, flaue Vergrößerungen ohne Ausdruckskraft zu vermeiden.

Nun ist es anfangs nicht ganz einfach zu entscheiden, was denn nun eine gute Vergrößerung ist und was eine schlechte.

... ist es nur ein kleiner Schritt zur ersten Vergrößerung mit der vollen Skala von Schwarz bis Weiß.

Praxistest I
Die Skala von schwarz bis weiß

Um Ihnen zumindest einen Eindruck geben zu können von einer Vergrößerung, die volle Zeichnung hat von schwarz bis weiß, habe ich mir einen Test ausgedacht. Sie benötigen dazu folgendes:

- einen Film (FP4 Plus) und Entwickler (LC29).
- alternativ stattdessen einen bereits entwickelten Film mit Motiven durchschnittlichen Kontrasts.
- ca. 15 Blatt Multigrade (RC de Luxe = kunststoffbeschichtet oder FB = Barytträger) im Format 20×25 cm oder 24×30 cm.
- Multigrade-Entwickler, Stopp- und Fixierbad.

Belichten Sie einen Film – ich empfehle den FP4 Plus. Am besten mit einem Motiv, das nicht zu hohe Kontraste aufweist. Eine partielle Belichtungsmessung auf Lichter und Schatten sollte einen Beleuchtungskontrast von maximal fünf Blendenstufen aufweisen. Messen Sie dabei nur die Lichter und die Schatten aus, die später im Bild noch durchgezeichnet erscheinen sollen. Motivdetails, die später zeichnungslos rein Weiß oder tief Schwarz wiedergegeben werden können, sind nicht zu berücksichtigen. Der Film wird strikt nach Vorschrift entwickelt. Haben Sie bereits einen Film mit entsprechenden Motiven, dann können Sie selbstverständlich auch den heranziehen.

Erstellen Sie einen Kontaktbogen von diesem Film. Vergessen Sie nicht, vorher mit einem Negativ in der Bildbühne den Ausschnitt festzulegen und scharfzustellen.

Erstellen Sie mehrere Belichtungsvarianten dieses Kontaktbogens (im Format 20×25 cm oder größer) mit weicher oder normaler Gradation (Filter 2), bis Sie die Belichtungszeit gefunden haben, bei der gerade eben die Maximalschwärzung des **Filmrandes** erreicht wird.

Es soll kein Unterschied mehr zwischen dem Schwarzton des direkt belichteten Papiers und den Stellen zu erkennen sein, die durch den Filmrand hindurch belichtet worden sind. Tasten Sie sich an diese Zeit schrittweise und im Grenzbereich ganz langsam heran. Also nicht so: 10 s = grau; 60 s = schwarz – da nehme ich doch die 60 Sekunden.

Sondern so: 10 s = grau; 15 s = schwarz. Was ergibt sich dann mit 11, 12, 13 und 14 s? Besonders wenn Sie mit Multigrade arbeiten, sollten Sie immer – nicht nur bei diesem Test – auf die Sekunde genau belichten.

Mit diesem Belichtungstest wird erreicht, daß der Schleier des Films eliminiert wird – alle unbelichteten Stellen im Foto werden jetzt mit maximaler Schwärzung wiedergegeben. So haben Sie die Gewähr, daß tiefschwarze Stellen im Bild – soweit vorhanden – auch als solche erscheinen werden.

Legen Sie jetzt ein Negativ, das Ihnen gefällt, in die Bildbühne des Vergrößerers ein. Da der passende Vergrößerungsmaßstab ja bereits eingangs festgelegt worden ist, können Sie die gefundene Belichtungszeit einfach eingestellt lassen.

Machen Sie nun die Vergrößerung. Sie hat auf jeden Fall schon einmal einen vollen Schwarzton. Um auch das volle Weiß zu erreichen, machen Sie mehrere Abzüge, bei denen Sie die Gradation erhöhen (Filter 3, 4 und 5). Beachten Sie dabei, daß die Filter 4 und 5 doppelte Belichtung verlangen (Das gilt nicht bei den Filtermodulen).

Widerstehen Sie bitte der Versuchung, bei Filter 3 aufzuhören, weil: »Das ist doch schon alles ganz weiß.« Machen Sie die ganze Gradationsreihe ruhig durch. So erhalten Sie gleich einen Eindruck davon, wie sich unterschiedliche Gradationen an ein und demselben Bild auswirken. Da Sie schon einmal dabei sind, machen Sie doch bitte gleich auch noch je eine Vergrößerung mit den Filtern 1 und 0. Sie erstellen sich so in einem Aufwasch eine Vergleichsreihe der unterschiedlichen Gradationen.

Und trotzen Sie eisern allen Verlockungen, nur mit kleinen Papierschnipseln oder -streifen zu arbeiten: »Da sieht man doch alles genausogut«. Denn gerade das tut man nicht. Schöne große Bilder wollen wir uns anschauen, damit auch in den Details noch etwas zu erkennen ist.

Nach dem Trocknen schauen Sie sich die Bilder an: Sie sollten eigentlich mindestens ein akzeptables Ergebnis vorliegen haben. Begutachten Sie die Lichter: Sind jene Stellen, die Sie bei der Belichtungsmessung während der Aufnahme als rein weiß ohne Zeichnung vorgesehen haben, das auch tatsächlich? Vergleichen Sie kritisch mit dem – unbelichteten – Papierrand. Schneiden Sie gegebenenfalls ein Stück davon ab und halten Sie es direkt neben die Stelle Ihres Positivs, die den maximalen Weißton haben sollte. Das müssen keine riesigen Flächen sein, die dies Weiß zeigen. Ein Spitzlicht im Haar, ein Glanzpunkt auf einem Blatt; kurz jene Stellen, die stark reflektieren, kommen hier in Frage.

Abhängig vom Ergebnis dieser Prüfung geht es weiter: Ist der volle Weißton immer noch nicht erreicht, dann ist dieser Film deutlich unterentwickelt oder unterbelichtet – oder Sie haben zielsicher das schlechteste aller Negativ aus dem Kontaktbogen herausgesucht. Probieren Sie es nochmal mit einem anderen.

Haben Sie das Weiß gefunden, dann begutachten Sie schließlich noch die mittleren Grautöne – sind sie gut durchgezeichnet und geben sie die Bildstimmung so wieder, wie Sie sich das vorgestellt haben? Vergleichen Sie auch die verschiedenen Gradationen miteinander – was verändert sich wie?

Wohlgemerkt: Dies ist keine Anleitung für die bestmögliche Vergrößerung. Es ist eine Anleitung, die Ihnen zeigt, wie tiefes Schwarz und reines Weiß in einem Bild aussehen müssen. Und – was noch wichtiger ist – sie werden gemeinsam in einem Bild erzielt und verglichen. Der Rest – die Grauwerte nämlich – ergibt sich zwar

Belichten Sie auf das Bildschwarz!
Foto: Jochen Fiebig

nicht ganz von selbst, aber Sie nähern sich mit diesem Test dem, was der Amerikaner als »full scaled print«, als Vergrößerung mit vollem Tonwertumfang, bezeichnet.

Besonders bei Anfängern reduziert dieser Test die Gefahr, immerzu flaue und graue Vergrößerungen herzustellen, ohne um das Bessere zu wissen. Machen Sie deshalb diesen kleinen Test. Das heißt nicht, daß Sie keine grauen oder flauen Vergrößerungen mehr machen dürfen. Tun Sies ruhig, wenn es dem Motiv angemessen zu sein scheint. Sie sollten aber zumindest wissen, wie in etwa ein Bild aussieht, das von Weiß bis Schwarz alle Tonwerte enthält.

Praxistest 2
Auf das Bildschwarz belichten

Der eben geschilderte Test ist ein zuverlässiges Mittel, auf einfache Weise die erste Vergrößerung in Schwarz-Weiß (!) zu machen. Er hat den Vorteil, daß er quasi selbsttätig zu einem Schwarzweißbild führt. Hat allerdings den Nachteil, daß ein einigermaßen gut belichtetes und entwickeltes Negativ benötigt wird.

Der hier beschriebene Vorgang ist der darauf aufbauende Test, der etwas mehr Mitdenken erfordert. Er beschreibt den grundsätzlichen Gedankengang, wie er bei jeder Vergrößerung anzuwenden ist. Mit diesem Test lernen Sie auch gleichzeitig, wie Negative, die nicht optimal sind, vergrößert werden. Denn dieser Test orientiert sich am Motiv und am Bildschwarz.

Erstellen Sie sich zunächst ein **Referenzblatt** für schwarz und weiß: Decken Sie dazu ein Blatt Papier halb ab und belichten Sie es – ohne Negativ – eine Minute lang. Nach dem Entwickeln ist je ein Hälfte Ihre Referenz für Schwarz und Weiß. Stanzen Sie abschließend noch Löcher mit dem Bürolocher ein. Sie können jetzt Ihr Referenzweiß oder -schwarz direkt über den Tonwert im Positiv legen, der verglichen werden soll. Dieses Referenzblatt ist selbstverständlich nur für die Sorte Papier gültig, auf der es entstanden ist. Auch bei verschiedenen Oberflächen versteht es sich eigentlich von selbst, daß Sie für jede Oberfläche einen eigenen Test durchführen, um die Maximalschwärzung festzustellen.

Nun suchen Sie sich anhand des Kontaktbogens ein Negativ aus, das Ihnen gefällt. Bevor Sie es vergrößern, analysieren Sie es: Entscheiden Sie, welche Stellen das volle Schwarz zeigen sollen. Benutzen Sie wieder Multigrade und stellen Sie Filter 3 ein – Gradation normal also. Ermitteln Sie jetzt die knappste Belichtung, bei der die Stellen im vollen Schwarz erscheinen, die Sie dafür vorgesehen haben. Vergleichen Sie mit Ihrer Referenz. Am besten in trockenem Zustand. Haben Sie keinen Trockner (Haarföhn geht hier ausnahmsweise auch) oder vergrößern Sie auf

Mit einem Probestreifen nähert man sich der richtigen Belichtung. Bei Multigrade-Papieren empfiehlt sich zusätzlich ein weiterer Probestreifen zur Ermittlung der richtigen Gradation.

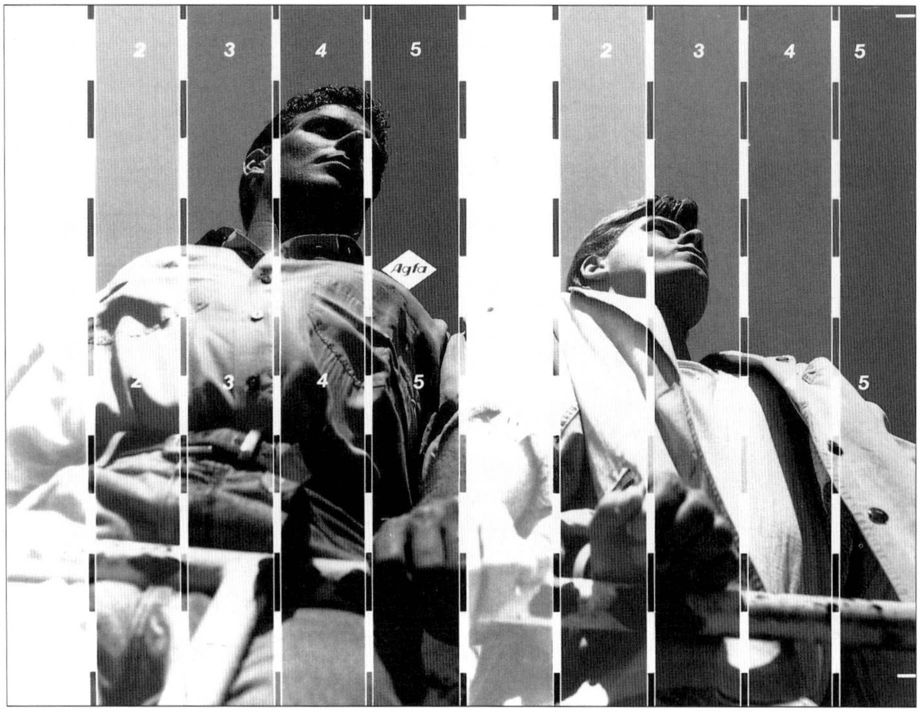

Baryt, dann dürfen Sie diesmal auch das nasse Papier vergleichen. Dazu tauchen Sie die Referenz auch in die Wässerungswanne.

Mit dem Föhn trocknen oder im nassen Zustand vergleichen: das ist nur dieses Mal erlaubt, damit der Test schneller geht. Später bei den guten Bildern sollten Sie das nicht mehr machen.

Mit so einer Belichtung auf das Bildschwarz kommen die Lichter dann fast von alleine. Überprüfen Sie nach dem Schwarz in der geschilderten Weise die Lichter und die Mitteltöne.

Zusammenfassung

Mit diesem zweiten Test haben Sie einige wichtige Dinge über das Bestimmen der Belichtung beim Vergrößern erfahren:

- Erstellen Sie sich ein Referenzblatt für Schwarz und Weiß.
- Analysieren Sie das Negativ und legen Sie das Bildschwarz fest – die Teile eines Bildes, die tiefschwarz und ohne Zeichnung kommen (können).
- Belichten Sie zum Bildschwarz. Die Lichter kommen so nahezu von alleine.

Wenn Sie mit Hilfe der Referenz das volle Weiß bei gut durchgezeichneten Grauwerten ausmachen, herzlichen Glückwunsch: Belichtungstechnisch haben Sie die erste perfekte Vergrößerung erzielt. Ist das Weiß noch nicht erreicht oder stimmen die Mitteltöne noch nicht, dann muß die Gradation geändert werden. Fehlt das volle Weiß, dann war die Gradation zu weich. Ändern Sie die Filter in halben Stufen (3,5 – 4 – 4,5 – 5) so lange, bis das Weiß da ist. Waren die Mitteltöne zu kontrastreich, dann korrigieren Sie solange in die andere Richtung, bis das Ergebnis stimmt.

Bilder in Spitzenqualität

Bei jeder Vergrößerung sollten Sie vorher schon recht genaue Vorstellungen davon haben, was Sie eigentlich zeigen möchten.

Das ist anfangs sicher nicht ganz einfach. Rufen Sie sich dazu das Motiv ins Gedächtnis und überlegen Sie, wo Sie die Schatten haben möchten, welcher Bereich gut durchgezeichnet sein soll und wo die Lichter liegen sollen. Und zwar in dieser Reihenfolge. Manches wird sich dann zwangsläufig, auch aus den Unzulänglichkeiten des Materials, ergeben.

Die erste Vergrößerung mit der über Probestreifen ermittelten Belichtungszeit zeigt, wo noch Schwächen im Bild sind. Im Beispiel sind die Augen tiefschwarze Höhlen.

Die endgültige Vergrößerung entstand in drei Schritten: Zunächst machte ich zwei Belichtungen des Gesamtbildes mit Filter 1 (9 s) und Filter 3,5 (9 s), dann wurde eine grob zugeschnittene Maske aus schwarzem Papier zum Abhalten des Himmels und der beiden Köpfe benutzt. Die Oberkörper wurden mit 18 s und Filter 3 nachbelichtet, um die Zeichnung in den Jacken zu verbessern.

Entscheiden Sie zunächst, was alles schwarz und ohne Zeichnung erscheinen kann oder soll. Danach ermitteln Sie die Belichtungszeit ganz konventionell über Probestreifen. Haben Sie dabei auch ein Auge auf die Mitteltöne und die Lichter – ist alles Wichtige gut durchgezeichnet, sind die Lichter hell?

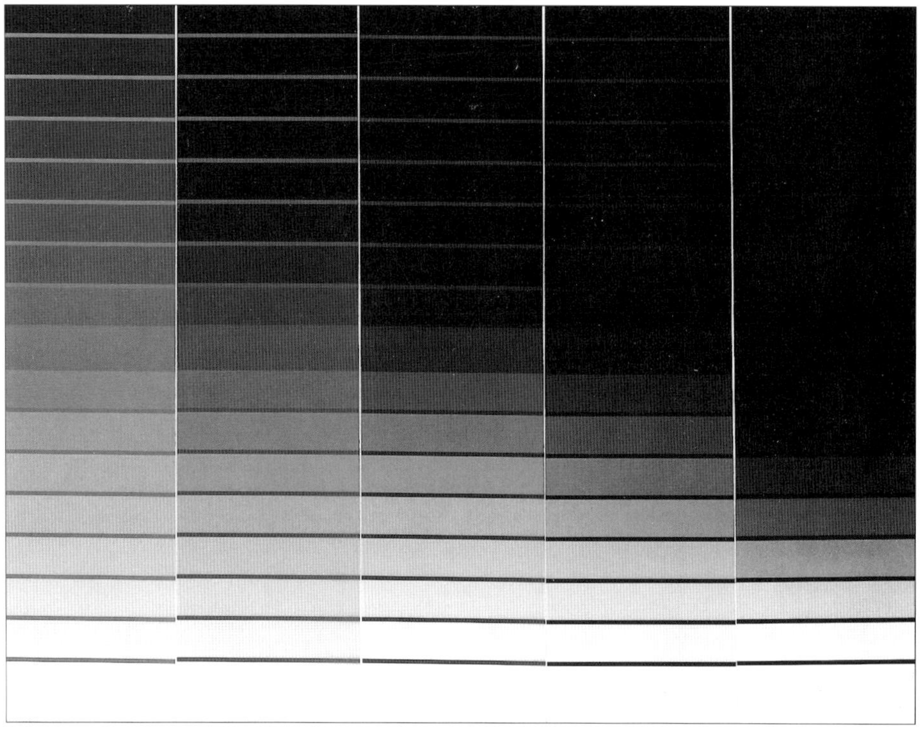

Am Graustufenkeil wird die Wirkung unterschiedlicher Gradationen besonders deutlich. Erste Feststellung: Weiß bleibt Weiß, Schwarz bleibt Schwarz. An den Minimal- und Maximaldichten ändert sich also – anders als beim Kontrast eines Films – nichts. Deutlich ist allerdings zu erkennen, daß der Mitteltonbereich umso schmaler wird, je härter die Gradation ist.

Belichtung

Belichten Sie immer zum Bildschwarz – die Lichter kommen (fast) von alleine. Vergegenwärtigen Sie sich, daß das Bildschwarz das Motivschwarz repräsentiert. Sprachlich ungenau, aber verständlich könnte man also durchaus vom Motivschwarz im Bild sprechen. Denn die Farbe Schwarz taucht ja nicht deshalb im Positiv auf, weil das so schön ist, sondern es repräsentiert die dunkelsten Stellen des Motivs. Und nahezu jedes Motiv hat diese Tiefen. Seien Sie nicht zu zögerlich, ein gutes Bild wird in der Regel immer tiefschwarze Stellen enthalten. Die Belichtung ist dabei so zu wählen, daß das volle Schwarz gerade eben erreicht wird und daß das Bild so im Entwickler stehenbleibt. Also nicht etwa reichlicher belichten und dann die Entwicklung abbrechen, wenn das Bild ausentwickelt scheint – so lassen sich keine optimalen Resultate erzielen. Das geht nur, wenn das Bild die vorgeschriebene Zeit hat, sich wirklich auszuentwickeln.

Es wäre jetzt allerdings völlig falsch, immer davon auszugehen, daß ein gutes Bild vom tiefsten Schwarz bis zum reinen Weiß alle Tonwerte enthalten muß. Ihrer Motivinterpretation allein bleibt es überlassen, wie das Bild tatsächlich aussehen wird. Feine helle Bilder sind genauso möglich wie schwere dunkle.

Beachten Sie dabei, daß es sich um die Motivinterpretation handelt. Die Bildwiedergabe soll dem Motiv angemessen sein. Keinesfalls kann damit ein schlechtes Bild entschuldigt werden.

Ein Motiv mit harten Lichtkontrasten beispielsweise wird sowohl Schwarz wie Weiß enthalten, um die Lichtstimmung deutlich herauszuarbeiten. Ein flaues Bild, auf eine zu weiche Gradation vergrößert und zu knapp belichtet, wird nichtssagend sein.

Arbeitskopie und Probestreifen

Wie Sie einen Kontaktbogen erstellen, das wurde bereits beschrieben. Mit seiner Hilfe suchen Sie die Motive aus, die Sie vergrößern möchten und legen die Ausschnitte fest.

Der nächste Schritt ist dann das Erstellen eines Probestreifens und einer Arbeitskopie. Sie sind nach den geschilderten Überlegungen zu machen. Das heißt, Sie haben sich schon recht genaue Vorstellungen von der Umsetzung des Negativs gemacht.

Bei Gradationswandelpapier sollten Sie zwei Tests machen: einen Test zur Belichtung und dann einen zweiten mit der richtigen Belichtung zur Ermittlung der passenden Gradation. Was hier wie ein Nachteil aussieht – die zwei Proben nämlich – ist in Wirklichkeit ein Vorteil. Nur bei

Gradationswandelpapier erhalten Sie so schnell zwei Aussagen: Über die richtige Belichtung und die passende Gradation.

Beachten Sie: Bei den üblichen Vergrößerungsmaßstäben liegen die erforderlichen Belichtungszeiten meist um 10 – 15 Sekunden. Bei dieser geringen Zeitspanne macht besonders bei Multigrade-Papieren schon eine Sekunde mehr oder weniger an Belichtung sehr viel aus: Sie kann gerade das letzte Quentchen Schwarz noch bringen oder verhindern.

Um schnell mehrere Proben auf ein Blatt Papier zu machen, können Sie einen Testprinter benutzen. Lassen Sie die Proben aber nicht zu klein geraten, sonst geben sie Ihnen nur wenig Anhaltspunkte, weil ausgerechnet die wichtigen Teile nicht abgebildet sind.

Jetzt belichten Sie mit den gefunden Werten ein ganzes Bild. Wenn es gut ist, ist alles klar. Wenn nicht, ist das Ihre Arbeitskopie. Sie dient der Überprüfung von Belichtung, Tonwertumfang und Gradation. Hieran entscheiden Sie auch, ob Abwedeln und Nachbelichten notwendig sind. Und hier entscheiden Sie auch, ob das Motiv materialgerecht dargestellt wird. Besonders Gradationswandelpapiere erlauben durch leichte Modifikation des Kontrastes besonders feine Wirkungen. Metalle, Holz, Wasser usw. lassen sich mit unterschiedlichen Gradationen oft besonders gut herausarbeiten. Es kommt dabei auch die partielle Gradationssteuerung in Frage, wie sie im folgenden noch beschrieben wird.

Wahl der Gradation

Die Wahl der Gradation dient dazu, Negativ- und Positivkontrast in Einklang zu bringen. Was bei Multigrade durch einen Filterwechsel ganz einfach ist, bedarf bei Gradationswandelpapieren des Packungswechsels.

Um nun zu erkennen, welche Gradation notwendig ist, sollte man sich über die Zusammenhänge im klaren sein: Der Positivkontrast ist etwas anderes als der Negativkontrast, da sich beim Positiv, im Gegensatz zum Negativ, die Minimal- und Maximaldichten nicht ändern. Die Gradation eines Papiers (= Positivkontrast) sagt vielmehr etwas über die Ansprechempfindlichkeit für unterschiedliche Belichtungen aus. Eine weiche Gradation benötigt vergleichsweise stark unterschiedliche Belichtungen, damit sich ein neuer Tonwert ergibt, während eine harte Gradation schon auf geringe Belichtungsänderungen reagiert.

Nun erfolgen ja bei der Vergrößerung eines Negativs mehrere unterschiedliche Belichtungen auf einmal: Die Schatten lassen mehr Licht passieren als die Mitteltöne und die Lichter. Bei Negativen mit geringem Kontrast ist die Differenz zwischen minimaler und maximaler Dichte gering, genauso die resultierenden Belichtungsunterschiede. Um eine Trennung der Tonwerte zu erreichen, benötigt man deshalb eine harte Gradation, die auch auf geringe Belichtungsänderungen mit deutlichem Anstieg der Schwärzung reagiert.

Demgegenüber benötigt ein Negativ mit hohen Kontrasten ein weiches Papier, das auf die starken Belichtungsunterschiede weniger stark reagiert, um auch hier wieder die gute Trennung der Tonwerte zu erreichen.

Steuerung der Tonwerte und des Kontrastes

Wenn Sie auf Gradationspapiere wie »Galerie« vergrößern, bleiben Ihnen einige Möglichkeiten, auch bei der Entwicklung noch die Tonwerte und den Kontrast zu beeinflussen. Die **Mehrschalenentwicklung** wurde bereits im vorangegangenen Kapitel erwähnt. Weiterhin ist es mit den unterschiedlich hart arbeitenden Entwicklern, einzeln angewandt, auch möglich, die Kontraste im Bereich von etwa einer halben Gradationsstufe zu steuern. Leicht unterbelichtete Negative können besser wiedergegeben werden, wenn nach Sicht entwickelt und die Entwicklung im Stoppbad unterbrochen wird, bevor die Schwärzen zulaufen. Über die Entwicklungsdauer läßt sich generell eine begrenzte Steuerung der Tonwerte erreichen. Bei guten Negativen sind diese Manipulationsmöglichkeiten völlig ausreichend, ja werden nicht einmal benötigt. Bei nicht ganz so optimalen Negativen allerdings bietet die Verwendung eines Papiers mit variablem Kontrast mehr Möglichkeiten.

Meist werden die Vorzüge des Gradationswandelpapiers bei der Lagerhaltung herausgestellt. Genügt es doch, sich eine Packung zu kaufen, um alle Gradationen verfügbar zu haben.

Das ist sicher ein nicht zu unterschätzender Vorteil. Denn auch jene Negative, die nicht optimal entwickelt sind, lassen sich allein durch einen Filterwechsel mit deutlich besseren Resultaten vergrößern. Selbst jene Motive, die einer besonders harten oder weichen Gradation bedürfen, werden jetzt bestmöglich vergrößert – meist sind es ja nur wenige, und da lohnt der zusätzliche Kauf einer Packung Gradationspapier nicht. Jetzt kann die Bildwirkung in feinen Stufen von extra weich bis ultrahart gesteuert werden.

Mit der Gradation ändert sich auch die Bildwirkung ganz erheblich. Deshalb ist eine Gradationsprobe anzuraten, und deshalb ist Multigrade so fantastisch: für jedes Motiv die richtige Gradation.

Jedes Motiv entfaltet damit genau die Wirkung, die es zeigen soll. Und das, ohne daß ein umfangreiches Papierlager nötig wäre – alle Gradationen stehen mit einem Griff aus ein und derselben Papierpackung zur Verfügung.

Doch im Gradationswandelpapier steckt noch viel mehr. Interessante Gestaltungsmöglichkeiten ergeben sich, wenn zwei Gradationsbelichtungen nacheinander auf dasselbe Blatt Papier erfolgen. Mit einer **Zweistufenbelichtung** – erst Filter 0 oder 1, dann Filter 4 oder 5 – werden beide Extremgradationen angesprochen. Die weiche und die harte. Die Belichtung der weicheren Gradation sollte so abgestimmt sein, daß sich eine gute Lichterzeichnung ergibt. Die härtere Gradation kräftigt dann Mittel- und Schattentöne. In der Summe ergibt das bei Problemnegativen brillantere Bilder.

Und ähnlich wie beim Abwedeln und Nachbelichten verfährt man bei der **partiellen Gradationsbelichtung**. Hier werden einzelne Bildteile gezielt mit unterschiedlichen Gradationen belichtet. Um beispielsweise in einem Stilleben mit Bach die volle Zeichnung des Farns zu

erhalten (Filter 2,5) und gleichzeitig die flirrenden Wasserreflexe deutlich zu machen (Filter 4).

Abwedeln und Nachbelichten

Es wurde schon darauf hingewiesen, daß der Film einen größeren Belichtungsumfang hat als das Papier. Im Negativ stecken also immer mehr Informationen, als durch einfaches Belichten im Positiv zu sehen sind. Nur bei kontrastarmen Motiven oder bei bewußtem Beschnitt dieser Informationen wird das Positiv auf Anhieb alles Gewünschte zeigen. Normalerweise aber wird ein gutes Bild immer auch einer partiellen Tonwertkorrektur bedürfen. Das heißt, Bildteile, die bei der als richtig gefundenen Belichtung zu dunkel kommen, werden abgehalten. Zu helle Bildteile werden nachbelichtet.

Die Arbeitskopie gibt die notwendigen Aufschlüsse, welche Bildteile einer Korrektur bedürfen. Sind Sie sich über die zusätzlich erforderlichen Zeiten nicht ganz im klaren, dann sollten Sie von den Bildstellen, die einer Anpassung bedürfen, zunächst Probestreifen machen.

Weder die weiche noch die harte Variante kann hier so recht zufriedenzustellen: Im weichen Bild wirkt der Löwenzahn nicht so scharf, im harten Bild aber ist der Hintergrund schon zu schwarz. Eine partielle Gradationsbelichtung – weich (Filter 0) für den Hintergrund und hart (Filter 5) für den Löwenzahn – ergibt ein besseres Gesamtergebnis.

Bei geraden Begrenzungslinien zwischen den Bildteilen ist die partielle Tonwertkorrektur mit einem Stück schwarzen Kartons ganz einfach. Dafür und auch für einfachere, großflächige Formen können sogar die Hände allein genügen. Mit den beiden Händen lassen sich überraschend viele Formen bilden – denken Sie an Schattenspiele. Genauso projizieren Sie auch hier Figuren aufs Papier. Komplizierte Formen schneidet man grob aus schwarzem Papier vor und befestigt sie an einem dünnen Draht, um auch in der Bildmitte korrigieren zu können. Da

Hier wurde beim Nachbelichten des Guten ein wenig zuviel getan: Die »Heiligenscheine« sollen und dürfen nicht sein.

die Maske auf dem fertigen Bild immer unscharf erscheint, muß nur die ungefähre Form und die auch nicht sonderlich exakt geschnitten werden.

Durch die Höhe der Hände bzw. des Kartons über dem Papier kann die genaue Fläche, die es abzuhalten oder nachzubelichten gilt, festgelegt werden. Beim Abwedeln bleibt man nicht ruhig, sondern bewegt die Hände bzw. den Karton leicht, damit sich keine scharfen Kanten abbilden. Die Kantenschärfe kann übrigens auch durch die Höhe der Form über dem Papier gesteuert werden. Je dichter sie über dem Papier ist, desto schärfer sind die Kanten.

Vereinfachen können Sie sich das Abwedeln und Nachbelichten, wenn Sie die Blendenöffnung so klein wählen, daß Sie während langer Belichtungszeit in Ruhe abwedeln oder abhalten können.

Üben Sie hier ruhig und unbesorgt. Einerseits wird es sich lohnen, weil die Ergebnisse besser werden. Andererseits gibt es nichts zu verderben. Wenn das Resultat nichts geworden ist, wird gleich der nächste Versuch gestartet.

Eine Sonderform des Abwedelns ist das Vignettieren, das Abschatten der Bildränder oder auch von ganzen Bildteilen. Dazu wird ein ovales Loch (oder eine andere beliebige Form) aus der Mitte eines Stücks Papier geschnitten und damit wird abgewedelt. Mit leichten Bewegungen sorgt man dafür, daß die Kanten schön weich verlaufen und die Maske unscharf einbelichtet wird. Die Höhe der Maske über dem Papier bestimmt die Größe des erfaßten Ausschnitts. Diese Technik eignet sich nicht nur besonders gut für Porträts, sondern ist bei allen Motiven vorteilhaft, bei denen zuviel Drumherum die Bildaussage beeinträchtigt und denen die romantisierende Wirkung der Vignette entgegenkommt.

Bildveredelung und Präsentation

Mit der kunstvollen Vergrößerung in Händen ist zwar schon das meiste geschafft, aber es gibt noch ein paar Dinge, die getan werden wollen, um das Bild auch bestmöglich zu präsentieren.

In diesem Kapitel finden Sie auch Beispiele zu besonderen Techniken in der Schwarzweißfotografie. Sie sollen Ihnen Anregung für eigene Experimente sein. Denn oft ist es so, daß ein bestimmtes Thema, ein bestimmtes Motiv, auch nach einer ganz besonderen Technik verlangt, um es bestmöglich darzustellen. Neben den geläufigen Manipulationsmöglichkeiten wie Tonungen sind weitere Techniken möglich. Dabei sollten Sie jedoch daran denken, daß die Technik immer nur Mittel zum Zweck sein kann.

Die Retusche

Es ist nicht ganz einfach, eine Vergrößerung zu machen, die völlig fehlerfrei ist. Besonders beim Kleinbild mit den notwendigen starken Vergrößerungsfaktoren bilden sich selbst kleinste Unreinheiten schnell als häßliche Spur im Bild ab. Eine glaslose Bildbühne und Druckluft aus der Dose verhindern zwar schon recht zuverlässig solche Fehler, aber ganz auszuschließen sind sie eben doch nicht.

Weiße Flecken in der Vergrößerung lassen sich durch Ausflecken so beseitigen, daß man später nicht mehr erkennt, daß sie je vorhanden waren.

Schwarze Flecken sind schwieriger zu entfernen. Möglich ist es entweder durch partielles Abschwächen oder durch Schabretusche. Weit einfacher ist es, aus schwarzen Flecken weiße zu machen: Kleine Kratzer in der Schicht etwa, die sich als schwarze Streifen in der Vergrößerung zeigen, werden im Negativ knapp mit Abdeckrot überdeckt. Beim Vergrößern kann hier keine Schwärzung mehr entstehen und aus den schwarzen sind weiße Flecken geworden, die retuschiert werden können. Alternativ können Sie die Flecken auf der Vergrößerung zunächst mit Bleicher behandeln und dann ausflecken.

Zum **Ausflecken** benötigen Sie einen guten Aquarell- oder Retuschierpinsel mit Marderhaar in der Größe 0 bis 1, Wasser, ein Papiertaschentuch und natürlich Retuschierfarben. Die Qualität des Pinsels ist wichtig, weil nur hochwertige Pinsel eine ganz feine Spitze bilden.

Damit die Spitze auch das bleibt, was sie war, werden die Pinsel nie im Wasser abgestellt oder gar kopfüber aufbewahrt. In Pausen legt man die Pinsel auf das Wasserglas oder auf den Tisch – immer aber so, daß die Spitze frei bleibt. Nach Beendigung der Retusche wird der Pinsel sorgfältig ausgewaschen und zügig ausgeschwenkt. Durch das Ausschwenken formt sich die Spitze wieder und ist auch das nächste Mal noch da.

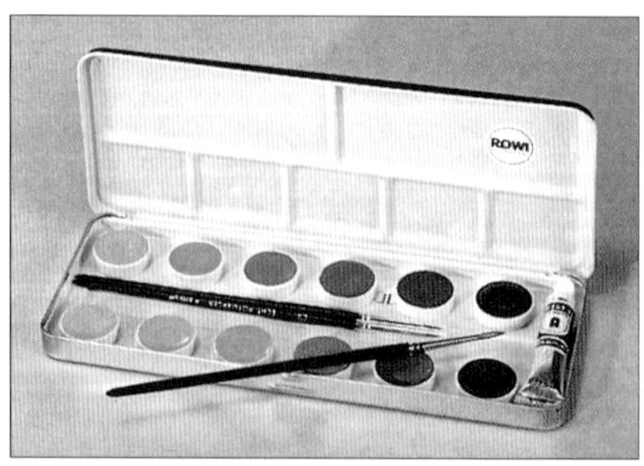

Retuschierfarben werden einzeln oder im Kasten in unterschiedlichen Schwarztönen angeboten.

Aus den Retuschefarben mischen Sie zunächst den passenden Bildton, soweit er nicht enthalten ist. Verdünnen Sie mit Wasser, wenn er zu dunkel geraten ist, damit Sie die Wirkung feiner dosieren können. Tragen Sie dann die Farbe nicht zu dick auf, sondern beginnen Sie hell und tasten Sie sich langsam an den Grauton heran, wobei der vorherige Auftrag jeweils trocknen soll. Dabei wird »gepünktelt«, das heißt Punkt an Punkt gesetzt.

Zwischendurch formen Sie die Spitze immer wieder neu, indem Sie leicht über das Taschentuch fahren. Hier können Sie auch überschüssige Farbe loswerden.

Das **Schaben**, mit dem schwarze Flecken entfernt werden, ist schwierig. Und wenn des Guten zuviel getan wird, ist das Bild kaputt. Bei hochglänzenden Oberflächen ist es praktisch unmöglich. Wenn Sie es doch versuchen möchten: Nehmen Sie eine Rasierklinge und schaben Sie vorsichtig und schrittweise.

Bleichen ist einfacher anzuwenden, weil bei einem Zuviel nachträglich ausgefleckt werden kann. Nach folgender Formel können Teile des Silberbildes entfernt werden:

Lösung A:
30 g Kaliumjodid in 25 ml Wasser auflösen.
10 g Jod werden danach zugegeben und aufgelöst.
Füllen Sie auf 100 ml mit Wasser auf.

Lösung B:
100 g Thioharnstoff werden in 1 l Wasser gelöst.

Zum Bleichen setzen Sie eine Arbeitslösung aus einem Teil von Lösung A und zwei Teilen der Lösung B an. Das Bild wird naß gemacht bzw. aus dem Wässerungsbad geholt, abgestreift und partiell mit einem feinen Pinsel gebleicht. Wenn genügend aufgehellt ist, spülen Sie das Bild ab und legen es in frisches Fixierbad zum Stoppen. Das können Sie gegebenenfalls mehrfach wiederholen. Ist der Bleichprozeß beendet, muß das Bild nochmals sorgfältig gewässert werden.

Abschwächen

Bei einer etwas zu stark gedeckten Vergrößerung, der insbesonders die Spitzlichter fehlen, kann es angeraten sein, in Abschwächer aufzuhellen. Der Abschwächer hellt die Lichter überproportional auf, läßt das Bild insgesamt heller und kräftiger erscheinen.

Der Abschwächer kann selbst angesetzt werden:

Lösung A:
500 ml Wasser, Temperatur 50° – 60° C.
16 g Thioharnstoff zugeben.
740 g Natriumthiosulfat einrühren.
Auffüllen mit kaltem Wasser auf 1000 ml.

Lösung B:
175 ml Wasser, Temperatur 50° – 60° C.
80 g Kaliumferricyanid (rotes Blutlaugensalz) zugeben.
Auffüllen mit kaltem Wasser auf 250ml.

Zum Gebrauch werden 5 Teile von Lösung A mit 1 Teil der Lösung B gemischt und dann mit 14 Teilen Wasser verdünnt. Es sind sogar noch stärkere Verdünnungen mit bis zu 95 Teilen Wasser möglich, die umso langsamer reagieren, aber auch umso besser zu kontrollieren sind.

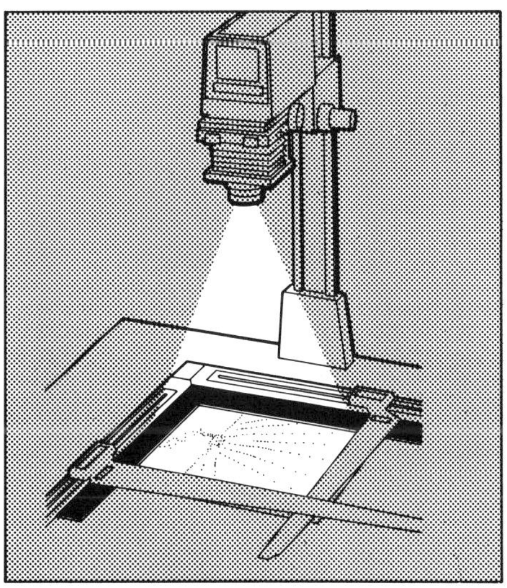

Ein schwarzer Rand in der gewünschten Breite läßt sich einfach herstellen, indem die Fläche, auf die das Motiv belichtet werden soll, mit einem schwarzen Karton abgedeckt und der Rand aufbelichtet wird.

Um zu dokumentieren, daß das Foto bereits bei der Aufnahme so komponiert worden ist, kann man das volle Negativ so vergrößern, daß der Rand mit abgebildet wird.
Foto: Jochen Fiebig

Der Ansatz ist höchstens eine Stunde lang aktiv.

Sie können das Bild partiell oder komplett abschwächen. Behandeln Sie für fünf bis zehn Sekunden, spülen Sie und beurteilen Sie das Resultat. Proben Sie im Zweifelsfall an einem Ausschußblatt, da die Lösung nachwirken kann. Wenn Sie mit dem Ergebnis zufrieden sind, wird das Bild gespült, kurz fixiert und gründlich gewässert.

Bildränder

Am einfachsten erhalten Sie einen Bildrand mit den Maskenbändern des Vergrößerungsrahmens: Sie decken den Bildrand ab, der deshalb weiß bleibt. Allerdings sind nur bei hochwertigen Rahmen die Maskenbänder auch wirklich rechtwinklig. Zudem ist es nie ganz einfach, die Randstärke an der Anschlagseite und bei den Maskenbändern gleich zu halten. Ein schneller Schnitt hinterher ist da einfacher. Rechte Winkel sind ebensowenig ein Problem wie das Beschneiden auf die genaue Größe. Skalen und Anschlagwinkel leisten dabei Hilfe. Hebelmesser können auch sehr große Kräfte übertragen, mehr Schnittlänge und Sicherheit bieten geschützte Rundmesser. Für Nostalgiker gibt es neuerdings sogar wieder Schneidemaschinen, mit denen sich ein »Büttenrand« erzielen läßt.

Eine andere Möglichkeit ist die **Negativumrandung**. Es gibt Fotografen, die legen Wert darauf, immer das volle Format des Negativs zu nutzen und möchten das auch zeigen. Sie bedienen sich dazu einer Bildbühne, die etwas größer ist als das Negativformat. Entweder wird eine Bildbühne für das nächst größere Format genommen oder aber die Ränder der Bildbühne werden so ausgefeilt, daß um das Negativ ein schmaler Streifen bleibt. Auf diese Weise bildet sich um das Negativ immer noch ein schmaler schwarzer Rand mit ab. Der in diesem Fall eben dokumentieren soll, daß keine Ausschnittvergrößerung vorliegt. Da die Randbegrenzung (die Kante der Bildbühne) nicht in der Scharfstellebene liegt, erscheint dieser Rand immer etwas unscharf.

Scharfe **schwarze Ränder** sind einfach aufzubelichten. Überlegen Sie zunächst, wie breit Ihr Rand werden soll. Schneiden Sie dann ein Stück weißen Kartons in der Größe des Bildausschnitts zu. Achten Sie dabei auf rechtwinklige, saubere Kanten. Legen Sie ein Blatt Fotopapier auf und den Karton darüber. Richten Sie ihn so aus, daß der Rand um das Papier gleichmäßig ist. Lassen Sie unten einen etwas breiteren Rand, das wirkt besser. Liegt der Karton nicht völlig plan, dann können Sie ihn mit einem Buch beschweren.

Jetzt defokussieren Sie den Vergrößerer, indem Sie das Objektiv nach oben drehen. So wird der Lichtkegel größer und Sie können den Rand aufbelichten. Belichten Sie reichlich, damit er das volle Schwarz zeigt. Noch bei aufgelegtem Karton stellen Sie dann den gewünschten Ausschnitt ein und scharf. Lampe aus, Karton

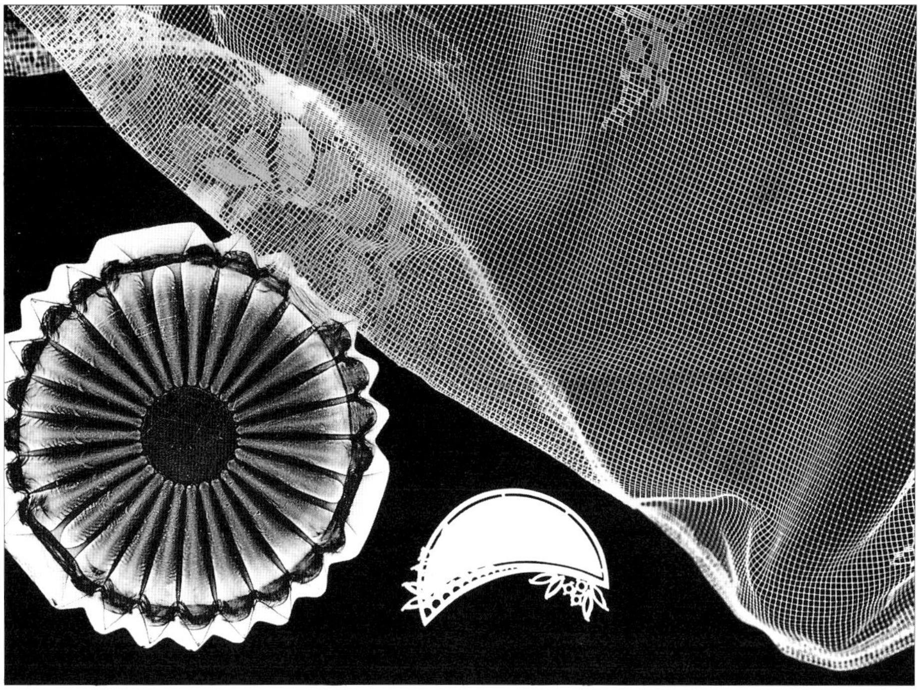

Für Fotogramme kommen sowohl undurchsichtige wie transparente Gegenstände in Frage.

wegnehmen und Motiv einbelichten. Nach der Entwicklung zeigt sich ein satter schwarzer Rand.

Verfeinern können Sie Ihre Bilder zusätzlich durch **Linienränder**, die Sie entweder mit Stiften aufzeichnen oder mit Abziehlinien gestalten, wie sie im Schreibwarenhandel zum Beispiel von Letraset erhältlich sind. Die dünnen, selbstklebenden Linien werden ähnlich Tesafilm auf Rollen angeboten und sind in unterschiedlichen Farben und Stärken erhältlich. Besonders repräsentativ ist der feine weiße oder farbige Rand knapp um ein Bild mit einbelichtetem schwarzem Rand.

Kreative Bildgestaltung

Das Fotogramm

Ein Fotogramm ist mit wenig Aufwand herzustellen: Beliebige Gegenstände (transparent oder undurchsichtig) werden auf Fotopapier gelegt und belichtet. Trotz des einfachen Verfahrens sollten Sie die möglichen Ergebnisse nicht unterschätzen. Fotogramme sind seit Anbeginn der Fotografie immer wieder gemacht und dabei besonders von Künstlern benutzt worden.

Von Man Ray beispielsweise, der durch seine fotografischen Experimente der Fotografie dieses Jahrhunderts entscheidende Impulse gegeben hat. Er beschäftigte sich intensiv mit Fotogrammen und nannte sie »Rayografien«. Christian Schad, ein dem Dadaismus zuzurechnender Maler, machte bereits vorher seine »Schadografien« – nichts anderes als Fotogramme.

Fotogramme sind bis heute ein gestaltendes Mittel geblieben, mit denen sich auch die künstlerische Fotografie immer wieder auseinandersetzt. Denn trotz der technischen Einfachheit bietet das Fotogramm einen weiten Formenspielraum.

Die Fotografik

Fotografiken sind Schwarzweißvergrößerungen, die nur wenige oder gar keine Halbtöne (= Grauabstufungen) enthalten, sondern sich der Strichzeichnung, bestehend aus reinem Schwarz und Weiß, nähern. Üblicherweise wird dieses grafische Moment eines Fotos durch das Vergrößern normaler Schwarzweißnegative auf besonders hartes Papier betont. Dadurch werden die Grauwerte reduziert und das fertige Bild besteht überwiegend aus schwarz bzw. weiß mit wenigen Grauabstufungen.

Eine andere Möglichkeit ist das Umkopieren auf speziellen Strichfilm (Lithfilm), der so hart arbeitet, daß er tatsächlich nur entweder gar nichts (= weiß) oder alles (= schwarz) zeigt.

Bis auf die üblichen Fehler wie zu helle oder zu dunkle Vergrößerungen, die Sie durch entsprechend angepaßte Belichtung ausgleichen, können Sie eigentlich nur den Fehler machen, ungeeignete Motive zu wählen. Lassen Sie sich deshalb von den – zweifelsohne verblüffenden – Effekten nicht blenden, sondern beurteilen Sie die Resultate kritisch. Die angestrebte Bildaussage sollte durch die Technik gesteigert werden. Die Technik darf nicht Selbstzweck sein.

Die Bildumkehr

Manchmal ist es wünschenswert, ein Bild mit umgekehrten Tonwerten zu erhalten. Sei es, weil der Effekt gewünscht wird, sei es, weil sich nur dann die richtigen Tonwerte zeigen – bei der Vergrößerung eines Dias nämlich.

Ein Positiv kann nur durch zweimaliges Umkopieren oder durch die Reproduktion auf Spezialmaterial (Umkehrpapier) wieder zu einem Positiv werden.

Deshalb macht die Farbvergrößerung eines Dias überhaupt keine Schwierigkeiten, weil es Umkehrpapiere wie Ilfochrome gibt. Und deshalb ist die **Schwarzweißvergrößerung** von einem **Dia** nicht so einfach, weil die hierzu notwendigen Umkehrmaterialien für das private Labor nicht zur Verfügung stehen. Ein Internegativ ist erforderlich. Das aber kann ganz einfach hergestellt werden, indem das Dia einfach auf Papier belichtet wird.

Gut geeignet ist hier Multigrade, da es keinen Rückseitenaufdruck hat und sich der Kontrast anpassen läßt. Das Dia – egal ob Schwarzweiß oder Farbe – wird bei weicher Gradation aufbelichtet, wobei das Dia seitenverkehrt – mit der Schicht nach oben – eingelegt werden muß, damit es später nach der Umkopie wieder seitenrichtig erscheint. Es entsteht ein Negativbild, das aufgrund der weichen Gradation maximale Informationen enthält.

Nach dem Entwickeln und Trocknen kann dieses Papiernegativ im Kontakt – Schicht gegen Schicht – **mit einem weiteren** Blatt Multigrade kopiert werden. Legen Sie eine Glasscheibe über die Papiere, damit die Schärfe erhalten bleibt. Belichtung und Gradation der Kopie werden wie gewohnt bestimmt.

Auf diese Weise können Sie auch – im Schnellverfahren und sehr preisgünstig – **Schwarzweißbilder** von Ihren **(Farb-)Dias** herstellen. Die Schärfe bleibt dabei gut, denn das Umkopieren geschieht ja bereits auf dem großen Endformat.
Umgekehrt können Sie auf dieselbe Art Negative von Positiven herstellen, indem Sie Bild auf Bild umkopieren. Damit können Sie sich große Internegative herstellen, die bequem zu retuschieren sind. Durch erneute Umkopie erhalten Sie dann ein verbessertes Positiv.

Sie können aber diese Tonwertumkehr auch ganz gezielt für Effekte nutzen, indem Sie es beim einmaligen Umkopieren bzw. Vergrößern belassen. Wenn Sie Dias – diesmal seitenrichtig und auf härtere Gradation – vergrößern, erhalten Sie eine Fotografik mit Negativeffekt. Die Kombination dieser beiden Gestaltungselemente schafft Bilder mit eigenem Reiz. Den gleichen Effekt erzielen Sie, wenn Sie ein Positiv umkopieren.

Da die Motive verfremdet werden – Schwarz wird zu Weiß und umgekehrt – sollte von Dias zuerst ein Kontaktbogen mit möglichst unterschiedlichen Motiven gemacht werden, um die Effekte beurteilen zu lernen und geeignete Motive auswählen zu können.

Mit dieser Technik ist es auch ganz einfach, **hochwertige Bildunterschriften** herzustellen. Schreiben Sie die Texte einfach mit der Schreibmaschine auf ein Blatt Papier und belichten Sie das im Kontakt. Sie erhalten weiße Schrift auf schwarzem Grund, die sehr gekonnt wirkt. Haben Sie einen Computer und einen guten Drucker, dann können Sie auch mit den verschiedensten Schriften spielen.

Die Kombination von Motiven

Zu ganz neuen Bildaussagen führt die Kombination zweier Einzelmotive. Dazu ist entweder die Sandwichtechnik geeignet oder das aufeinanderfolgende Aufbelichten.

Durch **kombiniertes Aufbelichten** können zum Beispiel Doppelgängeraufnahmen entstehen, oder zwei Motive werden zu einem neuen Bild vereint. Es ist eine Doppelbelichtung, die allerdings, anders als die in der Kamera, genau gesteuert und durch nachträgliche Retusche verfeinert werden kann.

Bei einem **Sandwich** werden zwei helle Negative übereinandergelegt vergrößert, und es

Durch (mehrmaliges) Umkopieren des Negativs auf Lith- oder Linefilme lassen sich – je nach Belichtung des Films – ganz unterschiedliche Ergebnisse erzielen. (vergleiche dazu Abb. Seite 143)

entsteht ein neues, drittes Bild ähnlich einer Doppelbelichtung. Besonders effektvoll ist eine Kombination eines Schwarzweißdias oder -negativs mit einem Farbdia. Das Schwarzweißdia bzw. das Negativ sollte kontrastreich sein und ein helles Motiv vor schwarzem Hintergrund zeigen. Als Ergänzung eignet sich ein helles, leicht überbelichtetes Farbdia, auf dem interessante Strukturen aufgenommen worden sind. Dieses Sandwich kann dann im Diarahmen eingefaßt zum Farbvergrößern gegeben werden.

Um Strukturen auf das Bild zu belichten, werden Effektnegative verwendet, die gleichfalls als Sandwich mit dem Motiv zusammen belichtet werden. Effektnegative zeigen Linienraster oder andere Strukturen. Je nach Struktur ergibt sich zum Beispiel der Eindruck großer Körnigkeit oder der eines auf Leinwand aufgezogenen Bildes. Effektnegative können auf Dokumenten- oder Strichfilm selbst hergestellt werden, wobei sich Nahaufnahmen diverser Strukturen besonders als Vorlage eignen.

Das Kolorieren

Das Kolorieren von Schwarzweißvergrößerungen ist, wenn Sie so wollen, eine farbige Retusche. Und genau wie bei einer Retusche werden einzelne Bildteile gezielt manipuliert. Es geht hier nicht darum, ein Bild anzumalen! Und es kann genausowenig darum gehen, aus einem Schwarzweiß- ein Farbbild zu machen. Die Kolorierung ist vielmehr eine Technik, bei der Bildteile gezielt eingefärbt werden, um die Bildaussage zu vertiefen. Ob das kleinflächig, an einzelnen Bildteilen oder über große Flächen geschieht, ist nicht so entscheidend. Entscheidend ist, daß die Bildaussage unterstützt und nicht zugemalt wird.

Für die Kolorierung kommen Eiweißlasurfarben in Frage. Von Vorteil ist, daß sie, mit Hochglanz-Verdünner angemischt, auch auf entsprechenden Oberflächen keine matten Stellen hinterlassen. Ein großer Nachteil ist allerdings, daß sie nicht lichtecht sind.

Die Geräte und Techniken entsprechen denen der Retusche. Für großflächige Arbeiten können Wattebäusche hilfreich sein. Ein Vorwässern der zu kolorierenden Stellen, Auftragen der Farbe und das Abtupfen von überschüssiger Farbe nach einigen Sekunden empfiehlt sich, um gleichmäßige Aufträge zu erzielen.

Vor dem Kolorieren des guten Prints empfehlen sich erste Versuche an Ausschußbildern, um sich mit der Technik vertraut zu machen und die möglichen Wirkungen kennenzulernen.

Tonungen

Mit der Tonung von Bildern verfolgt man zwei wesentliche Ziele in der Schwarzweißtechnik: Zum einen können Vergrößerungen durch das Tonen (Schwefel- oder Selentonung) deutlich haltbarer gemacht werden, da hier eine mögliche Oxidation des Silberbildes bereits gesteuert vorweggenommen wird. Zum anderen aber wird der farbige Bildton bewußt angestrebt, um aus dem monochromen Graubild ein monochromes Farbbild zu erhalten; getont wird schlicht und ergreifend allein des Effektes wegen.

Bei den meisten Tonungen wird das metallische Silber zunächst in einem Bleichprozeß wieder in Bromsilber überführt und anschließend im Toner eingefärbt. Bei einer Brauntonung wird es dabei zu Schwefelsilber gewandelt, weshalb braun getonte Bilder extrem archivfest sind und eine längere Lebensdauer als normale Schwarzweißvergrößerungen haben. Tonen lassen sich alle Papiere – sowohl kunststoffbeschichtete als auch solche mit Barytträger.

Aus welchen Gründen auch immer getont wird, ich persönlich halte die unaufdringlichen Tonungen für die schönsten, die das Bild nicht »knallbunt« machen, sondern tönen.

Hinweise zum Tonen

Bilder, die getont werden sollen, verlangen oft eine etwas andere Belichtung, da nach dem Tönen die Bildtöne entweder noch kräftiger oder aber schwächer werden.

Wenn bereits feststeht, daß ein Bild getont werden soll, dann muß es nicht vorher gründlich gewässert werden. Kurzes Wässern bzw. Abspülen genügt. Wollen Sie die Bilder nicht gleich anschließend tonen, dies aber später nachholen, so genügt eine verkürzte Wässerung. Sie sollten die Bilder aber bald tonen. Erst nach der Tonung werden die Bilder archivfest gewässert. Das gilt natürlich hauptsächlich für Bartypapiere. PE-Papiere sind ja viel schneller ausgewässert.

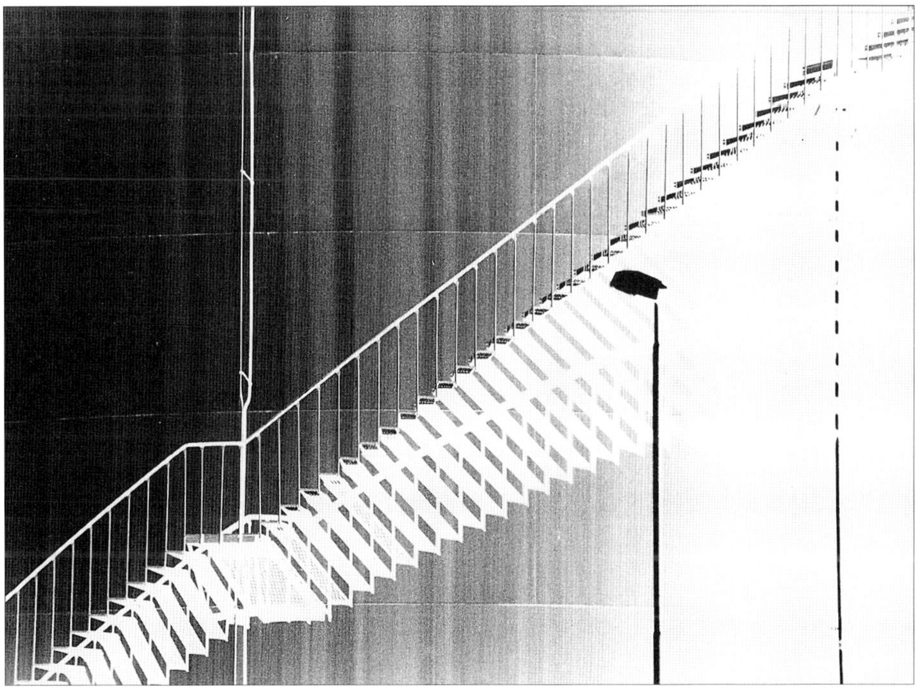

Durch Tonumkehr lassen sich reizvolle Effekte erzielen. Hier wurde ein Farbdia aufbelichtet.

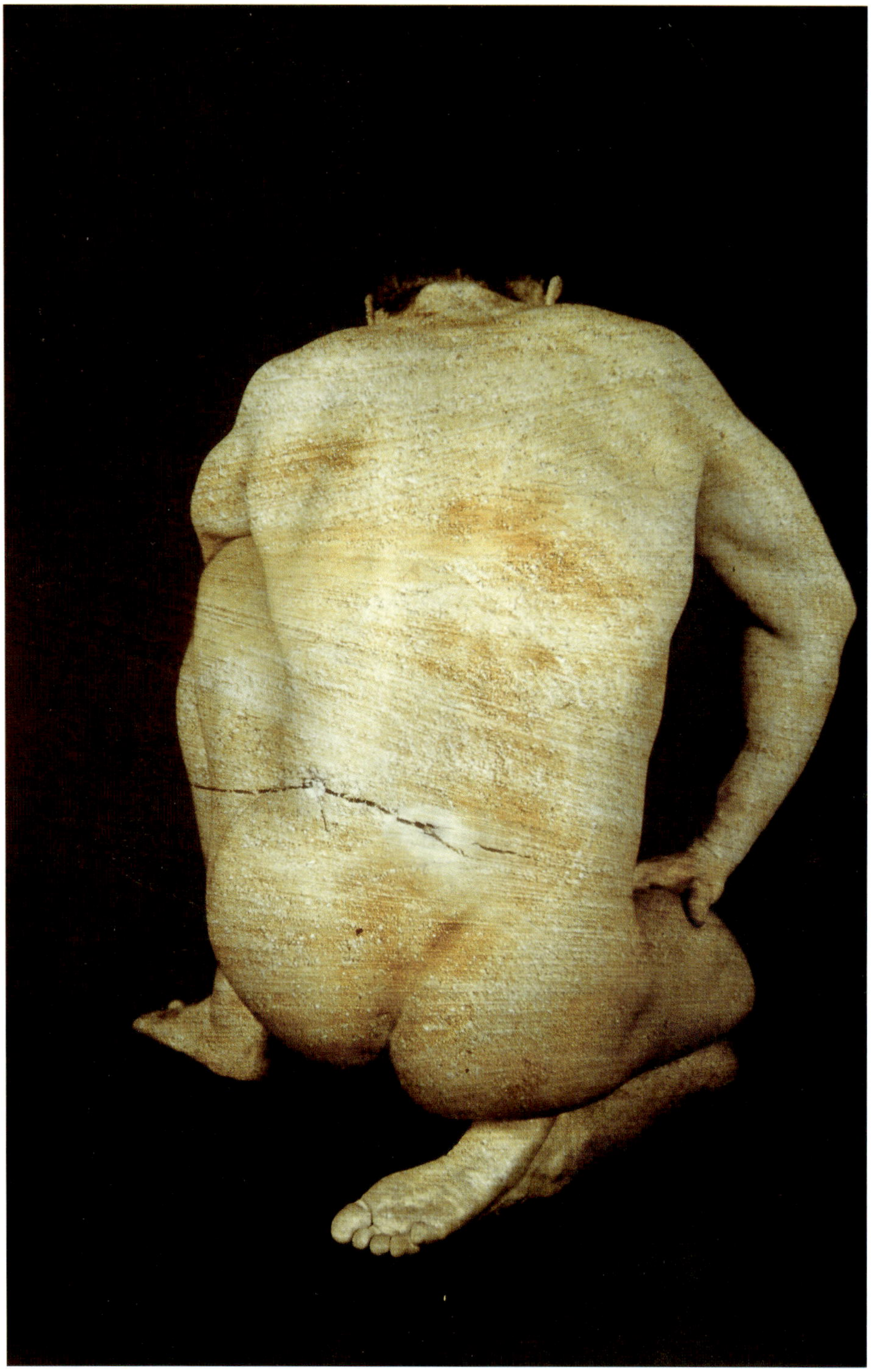

Eine gekonnte Kombination aus Schwarzweißdiapositiv und Farbdia, die zusammen farbvergrößert wurden.
Foto: Harald Grotowsky

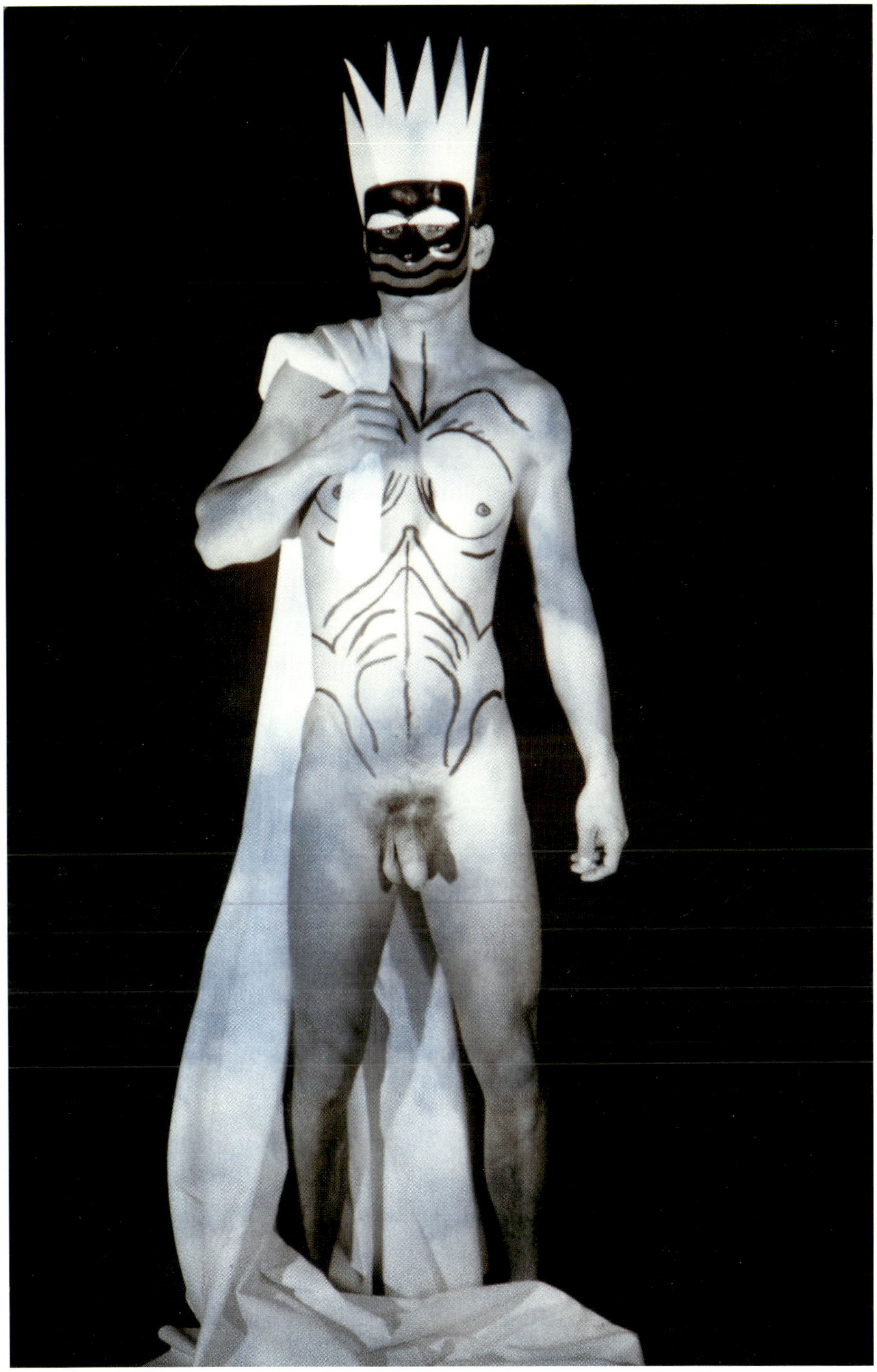

Immer, wenn dem monochromen Bild Farbe zugefügt wird, heißt es Augenmaß zu bewahren und nicht ins Grellbunte zu verfallen. Egal, ob koloriert wird, oder wie hier ein Sandwich aus Schwarzweißdiapositiv und Farbdia zusammengestellt ist.
Foto: Harald Grotowsky

Die im folgenden beschriebenen Lösungen sind nicht ganz ungefährlich. Thioharnstoff etwa steht im Verdacht, krebserregend zu sein und wirkt stark schleierbildend. Als Pulver bleibt er lange Zeit in der Luft und verursacht schwarze Flecken auf Filmen und Papieren. Die Toner sollten Sie deshalb immer nur weit entfernt von den Papieren lagern und anwenden. Beim Ansatz schützen Sie Ihre Augen mit einer Brille und vermeiden jeden Hautkontakt mit den Chemikalien (Schutzhandschuhe). Die Zugabe der Substanzen erfolgt immer in der angegebenen Reihenfolge, und es wird solange gerührt, bis sie sich vollständig aufgelöst haben. Zum Reinigen der Ansatzgefäße und auch der Hände benutzen Sie am besten eine Lösung, die Sie aus 25 ml Haushaltsbleiche und einem Liter Wasser herstellen. Anschließend waschen Sie gründlich mit warmem Wasser nach.

Tonung zur Bildstabilisierung

Die höchste Haltbarkeit ist mit Selentonern zu erreichen. Die allerdings sind hochgiftig und sollten nur fertig konfektioniert verwendet werden. Von einem Selbstansatz ist abzuraten. Nicht ganz so haltbar ist eine Brauntonung. Dosiert und gekonnt angewendet, eignen sich beide Tonungen auch zum Anheben der Tonwerte, ohne den Bildton stark zu verändern.

Zum Tonen werden aus den Stammlösungen zunächst Arbeitslösungen angesetzt. Das Bleichbad wird 1+4 mit Wasser verdünnt, der Toner 1+9. Die Vergrößerung muß sorgfältig fixiert und gewässert sein. Bleichen Sie jetzt, bis nur noch ein blasses Bild stehenbleibt, und wässern Sie, damit das Bleichbad entfernt wird. Es dürfen keine Spuren des gelben Bleichbades mehr zu sehen sein. Nun wird das Bild im Toner neu aufgebaut. Nehmen Sie es kurz vor Erreichen der beabsichtigten Wirkung heraus, da die Tonung noch leicht nachwirkt. Abschließend ist das Bild gründlich zu wässern und zu trocknen.

Gefällt Ihnen der Bildton nicht, der bei der Papiersorte entsteht, dann können Sie das Verfahren auch anders anpacken. Manche Papiere neigen zu einem unschön gelblichen Braunton. Baden Sie das Bild dann erst für zwei bis drei Minuten im Toner. Abwaschen, Bleichen, Abwaschen, Tonen – das sind die folgenden Schritte.

Sie sehen, Versuche lohnen sich durchaus.

Röteltonung

Teuer, aber sehr interessant, ist die Röteltonung, die sich an eine Brauntonung anschließt. Benutzt wird dazu ein Goldtoner, in dem tatsächlich reines Gold (in gelöster Form) enthalten ist. Je nach Vorbehandlung und Verweildauer reicht die Skala bis zu leuchtenden Röteltönen. Sie erreichen damit sehr schöne rotbraune bis rötliche Tonungen von Schwarzweißpapieren. Der letztlich erzielbare Rötelton ist vom Papier abhängig. Nicht so stark braun vorgetonte Papiere ergeben leuchtendere Röteltöne.

Werden die Bilder ohne vorherige Brauntonung direkt in den Goldtoner gegeben, verändert sich der Bildton nach Blauschwarz.

Die Bilder werden nach der Brauntonung im Goldtoner behandelt, bis der gewünschte Ton erreicht ist. Der Tonungsprozeß kann bis zu einer halben Stunde dauern. Dann in bewährter Weise wässern. Ein Liter Goldtoner reicht für ca. einen Quadratmeter Papier. Die Lösung ist sehr haltbar und kann bis zur Erschöpfung ausgenutzt werden.

Lösung für die Brauntonung (Schwefeltonung):

Bleichbad
500 ml Wasser.
50 g Kaliumferricyanid
(rotes Blutlaugensalz).
50 g Kaliumbromid.
Auffüllen mit Wasser auf 1000 ml.

Toner
800ml Wasser.
50g Natriumsulfid.
Auffüllen mit Wasser auf 1000 ml.

Goldbad
900 ml Wasser.
20 g Thioharnstoff.
10 g Zitronensäure.

Blautonung

Bei der Blautonung wird das Bild nicht vorgebleicht, sondern gut gewässert und gleich getont. Knapp belichtete, zarte Bilder eignen sich besonders, da der Toner verstärkend wirkt und hier der Blauton voll zur Geltung kommt.

Achtung! Es sei hier nochmals besonders betont: Halten Sie die Reihenfolge strikt ein. Wenn Sie nämlich zuerst die Schwefelsäure ansetzen und

Lösung A:
900 ml Wasser.
2 g Kaliumferricyanid.
20 ml Schwefelsäure 20 %ig.
Auffüllen mit Wasser auf 1000 ml.

Lösung B
900ml Wasser.
2g Ammonium-Eisen-III-Citrat.
20ml Schwefelsäure 20%ig.

dann Wasser zugeben, fliegt Ihnen die Lösung um die Ohren, so heftig ist die Reaktion.

Kurz vor Gebrauch mischen Sie die Lösungen im Verhältnis 1+1. Die Lösung ist nicht haltbar, mischen Sie deshalb nur soviel, wie benötigt wird. Legen Sie das nasse, gut gewässerte Bild ein und beobachten Sie die Wirkung. Stoppen Sie in einem Stoppbad und wässern Sie gründlich. Nicht heiß Trocknen.

Variable Warmtonungen

Eine ganze Palette vom kühlen Braun bis zum warmen Sepia kann mit folgendem Toner erzielt werden, bei dem zwei Lösungen durch unterschiedliche Mischung verschiedene Tonungen ergeben.

Bleichbad
500 ml Wasser.
50 g Kaliumferricyanid
(rotes Blutlaugensalz).
50 g Kaliumbromid.
Auffüllen mit Wasser auf 1000 ml.

Toner A (warmer Ton)
800 ml Wasser.
4 g Natriumhydroxid.
50 g Borax.
4 g Thioharnstoff.
Auffüllen mit Wasser auf 1000 ml.

Toner B (kalter Ton)
800 ml Wasser.
16 g Natriumhydroxid.
50 g Borax.
4 g Thioharnstoff.
Auffüllen mit Wasser auf 1000 ml.

Zum Tonen mischen Sie die Toner A und B je nach gewünschtem Bildton. Zu der erhaltenen Menge geben Sie dann nochmals die gleiche Menge Wasser. Bleichen Sie das Bild und legen Sie es nach dem Abspülen in die Toner-l ösung, bis sich der gewünschte Ton ergibt. Abschließend gründlich wässern und trocknen.

Präsentation der Bilder

Kleinere Vergrößerungen auf Barytträger bzw. alle PE-Papiere können sehr gut ohne vorheriges Aufziehen gerahmt werden. Hier gibt es keine Probleme mit der Planlage.

Passende Rahmen hält der Handel in mannigfacher Ausführung bereit. Schnell, einfach und preiswert sind Bilder in Wechselrahmen ohne Rand gerahmt. Sie lassen sich auch schnell einmal wechseln. Die schönste und beste Art der Präsentation aber ist das sicher nicht.

Bilderrahmen sollten deutlich größer sein als das Bildformat, damit die Bilder nicht so eingezwängt wirken. Als Faustregel: mindestens fünf Zentimeter Luft auf jeder Seite. Das Bild wird nicht absolut mittig ausgerichtet, sondern leicht nach oben versetzt. Andernfalls wirkt es, als sei das Bild nach unten versetzt.

Eine Antireflex-Glasscheibe mindert zwar Reflexe, kann sie aber nicht völlig verhindern und nimmt zudem dem Bild seine Brillanz. Besser ist es, Klarglas zu wählen und das Bild hell, aber reflexfrei aufzuhängen.

Ein Passepartout aus gutem Karton unterstreicht die Wirkung des Bildes nochmals deutlich. Es gibt sie in den verschiedensten Farben, wobei dunkle, gebrochene Töne oder Grauschattierungen in der Regel am besten geeignet sind, weil sie das Bild nicht »erschlagen«.

Sehr teure, aber ausgezeichnete Passepartoutkartons gibt es im Künstlerbedarfshandel oder in Geschäften, die Bilder rahmen. Hier können Sie sich den Karton auch gleich passend zuschneiden bzw. das Bild komplett rahmen lassen. Und wenn es Ihnen besser gefällt, können Sie statt eines Rechtecks auch ein Oval oder einen Kreis als Bildausschnitt wählen.

Der starke weiße Karton dieses hochwertigen Passepartouts ist mit einem farbigen Papier kaschiert. Er hebt das Glas vom Bild ab und gibt eine erstaunliche Tiefenwirkung. Wird der Bildausschnitt mit einem Passepartoutschneider geschnitten, der die Kante im Winkel von 45° anlegt, dann ergibt sich ein feiner weißer Rand zwischen Passepartoutfarbe und Bild – edler

Dezent angewandt, verändert eine Brauntonung das Bildschwarz kaum, verbessert aber die Haltbarkeit des Bildes ganz entscheidend. Man kann sie aber auch stärker einsetzen, um den Braunton ganz bewußt hervorzurufen.

Eine Röteltonung, kombiniert mit einer Vignette. Bei adäquaten Motiven ergeben sich sehr schöne Bildwirkungen.

Blau wirkt kalt. Die Blautonung kommt für Motive in Frage, die diese kühle Bildwirkung vertragen.

geht es nicht. Eigentlich selbstverständlich, daß dieser Passepartoutkarton aus säurefreiem Karton gefertigt ist. Darauf sollten Sie immer achten, wenn es Ihnen auf die Langzeithaltbarkeit der Bilder ankommt.

Für eine möglichst wirkungsvolle Präsentation können Sie noch einmal den Absatz »Augenrichtige Fotos« im Kapitel »Im Spannungsfeld zwischen Schwarz und Weiß« nachlesen, um die Bildperspektive mit der Bildgröße in Einklang zu bringen.
Weitere Anregungen zur Präsentation:

Die Bildgröße richtet sich nach dem Betrachtungsabstand und der Anwendung. Als Faustformel für Bilder gilt Bilddiagonale = Betrachtungsabstand. Das hieße also 18×24 cm für Alben, 60×70 cm bei einem Meter Abstand usw. Es kann auch noch das nächstkleinere Format sein, 13×18 cm für Alben beispielsweise. Doch nicht zu klein werden!

Viel abgucken, wie Grafiken oder Fotografien gut präsentiert werden, können Sie übrigens, wenn Sie sich einmal in Galerien umschauen.

Aufziehen

Besonders bei großen Bildern kann es notwendig werden, sie zur Stabilisation oder Glättung aufzuziehen. In Frage kommen die verschiedensten Materialien wie Pappe, Holz, Kunststoffe oder Metalle. Es werden verschiedene Kleber zum Sprühen oder Aufstreichen zum sogenannten nassen Aufziehen angeboten. Achten Sie darauf, daß es sich um Kleber handelt, die für Ihren Zweck geeignet sind, sonst kann es passieren, daß sich der Kleber nach einiger Zeit in Form brauner Flecken oder dergleichen auf der Bildvorderseite bemerkbar macht. Im Fotohandel erhalten Sie den richtigen Kleber.

Mit doppelseitigen Klebefolien kann das Bild kalt aufgezogen werden. Hier sind Folien zu bevorzugen, die ein Zurechtrücken des Bildes erlauben, bevor es angepreßt wird (Rollenquetscher). Für gelegentliche Anwendung eignet sich auch Sprühkleber hervorragend, allerdings sind die Spraydosen nicht ganz billig.

Zum heißen Aufziehen ist eine Klebepresse notwendig, in der die Materialien unter Hitze verschmolzen werden. Es ist die professionelle Art, Bilder aufzuziehen.

Ein Gegenkaschieren der Rückseite mit einem Ausschußblatt gleicher Stärke verhindert, daß sich das fertige »Paket« verziehen kann. Für archivfeste Verarbeitung kommen nur säurefreie Materialien in Frage.

Archivieren

Wichtig bei der Archivierung der Negative und Bilder ist ein gutes Ablagesystem, denn innerhalb kürzester Zeit sammelt sich eine beträchtliche Anzahl an Filmen und Bildern an. Selbstverständlich ist, daß die Filme sauber eingetascht und beschriftet werden. Als sehr gut für die Ablage großer Mengen hat sich bei mir eine Hängeregistratur erwiesen, in der jedes Motiv seinen eigenen Hängeordner bekommt; je einer für Negative, Kontakte und Bilder bis zur Größe 24×30 cm. Größere Fotos werden liegend in der Schublade gelagert.

Kommt es Ihnen auf Archivfestigkeit an, dann vergessen Sie nicht, daß die Langzeithaltbarkeit bei allen Materialien entscheidend durch die sorgfältige Ausarbeitung beeinflußt wird. Bei Schwarzweißprozessen ist besonders sorgfältig zu fixieren und zu wässern.

Archiviert wird idealerweise im Dunklen unter 21° Celsius, die Luftfeuchtigkeit soll 50% nicht überschreiten und schädliche Dämpfe sind zu vermeiden. Metallische Behälter sind deshalb besser geeignet als solche aus Holz oder Kunststoff, die oft Konservierungsmittel oder leicht flüchtige Substanzen enthalten.

Bei Folien und Kunststoffen ist darauf zu achten, daß sie aus archivtauglichem Material hergestellt sind und keine Säuren, Weichmacher, Peroxide usw. enthalten.

Stichwortverzeichnis